首都经济贸易大学·法学前沿文库

生态文明视野下
自然资源法治研究

高桂林　杨雪婧　著

Research on the Rule of Law of Natural Resources
from the Perspective of Ecological Civilization

中国政法大学出版社

2021·北京

图书在版编目（ＣＩＰ）数据

生态文明视野下自然资源法治研究/高桂林, 杨雪婧著. —北京：中国政法大学出版社, 2021.12

ISBN 978-7-5764-0137-0

Ⅰ.①生…　Ⅱ.①高…　②杨…　Ⅲ.①自然资源保护法—研究—中国　Ⅳ.①D922.6

中国版本图书馆CIP数据核字(2021)第208641号

出　版　者	中国政法大学出版社
地　　　址	北京市海淀区西土城路 25 号
邮寄地址	北京 100088 信箱 8034 分箱　邮编 100088
网　　　址	http://www.cuplpress.com (网络实名：中国政法大学出版社)
电　　　话	010-58908441(编辑部) 58908334(邮购部)
承　　　印	北京九州迅驰传媒文化有限公司
开　　　本	880mm×1230mm　1/32
印　　　张	11
字　　　数	265 千字
版　　　次	2021 年 12 月第 1 版
印　　　次	2021 年 12 月第 1 次印刷
定　　　价	49.00 元

总　序

　　首都经济贸易大学法学学科始建于 1983 年。1993 年开始招收经济法专业硕士研究生。2006 年开始招收民商法专业硕士研究生。2011 年获得法学一级学科硕士学位授予权，目前在经济法、民商法、法学理论、国际法、宪法与行政法等二级学科招收硕士研究生。2013 年设立交叉学科法律经济学博士点，开始招收法律经济学专业的博士研究生，同时招聘法律经济学、法律社会学等方向的博士后研究人员。经过 30 年的建设，首都经济贸易大学几代法律人的薪火相传，现已经形成了相对完整的人才培养体系。

　　为了进一步推进首都经济贸易大学法学学科的建设，首都经济贸易大学法学院在中国政法大学出版社的支持下，组织了这套"法学前沿文库"，我们希望以文库的方式，每年推出几本书，持续地、集中地展示首都经济贸易大学法学团队的研究成果。

　　既然这套文库取名为"法学前沿"，那么，何为"法学前沿"？在一些法学刊物上，常常可以看到"理论前沿"之类的栏目；在一些法学院校的研究生培养方案中，一般都会包含一门叫作"前沿讲座"的课程。这样的学术现象，表达了法学界的一个共同旨趣，那就是对"法学前沿"的期待。正是在这样的期待中，我们可以发现值得探讨的问题：所以法学界一直都在苦苦期盼的"法学前沿"，到底长着一张什么样的脸孔？

　　首先，"法学前沿"的实质要件，是对人类文明秩序做出了新的揭示，使人看到文明秩序中尚不为人所知的奥秘。法学不同于文史哲等人文学科的地方就在于：宽泛意义上的法律乃是规矩，有规矩才有方圆，有法律才有井然有序的人类文明社会。如果不能对千差万别、纷繁复杂的人类活动进行分门别类的归类整理，人类创制的法律就难以妥帖地满足有序生活的需要。从这个意义上说，法学研究的实质就在于探寻人类文明秩序。虽然，在任何国家、任何时代，都有一些法律承担着规范人类秩序的功能，但是，已有的法律不可能时时处处回应人类对于秩序的需要。"你不能两次踏进同一条河流"，这句话告诉我们，由于人类生活的流动性、变化性，人类生活秩序总是处于不断变换的过程中，这就需要通过法学家的观察与研究，不断地揭示新的秩序形态，并提炼出这些秩序形态背后的规则——这既是人类生活和谐有序的根本保障，也是法律发展的重要支撑。因此，所谓"法学前沿"，乃是对人类生活中不断涌现的新秩序加以揭示、反映、提炼的产物。

　　其次，为了揭示新的人类文明秩序，就需要引入新的观察视角、新的研究方法、新的分析技术。这几个方面的"新"，可以概括为"新范式"。一种新的法学研究范式，可以视为"法学前沿"的形式要件。它的意义在于，由于找到了新的研究范式，人们可以洞察到以前被忽略了的侧面、维度，它为人们认识秩序、认识法律提供了新的通道或路径。依靠新的研究范式，甚至还可能转换人们关于法律的思维方式，并由此看到一个全新的秩序世界与法律世界。可见，法学新范式虽然不能对人类秩序给予直接的反映，但它是发现新秩序的催生剂、助产士。

再其次，一种法学理论，如果在既有的理论边界上拓展了新的研究空间，也可以称之为法学前沿。在英文中，前沿（frontier）也有边界的意义。从这个意义上说，"法学前沿"意味着在已有的法学疆域之外，向着未知的世界又走出了一步。在法学史上，这种突破边界的理论活动，常常可以扩张法学研究的范围。譬如，以人的性别为基础展开的法学研究，凸显了男女两性之间的冲突与合作关系，就拓展了法学研究的空间，造就了西方的女性主义法学；以人的种族属性、种族差异为基础而展开的种族批判法学，也为法学研究开拓了新的领地。在当代中国，要拓展法学研究的空间，也存在着多种可能性。

最后，西方法学文献的汉译、本国新近法律现象的评论、新材料及新论证的运用……诸如此类的学术劳作，倘若确实有助于揭示人类生活的新秩序、有助于创造新的研究范式、有助于拓展新的法学空间，也可宽泛地归属于法学理论的前沿。

以上几个方面，既是对"法学前沿"的讨论，也表明了本套文库的选稿标准。希望选入文库的每一部作品，都在法学知识的前沿地带做出新的开拓，哪怕是一小步。

喻　中

2013 年 6 月于首都经济贸易大学法学院

CONTENTS

目 录

总　序 / 001

导　论 / 001

　　1. 生态文明与法治 / 001

　　2. 自然资源的界定 / 014

　　3. 生态危机与自然资源保护 / 021

　　4. 国内外自然资源法学研究概况 / 031

　　5. 我国自然资源保护的立法、执法与司法 / 048

总　论

第一章　自然资源法概述 / 061

　　第一节　自然资源法内涵与特征 / 061

　　第二节　自然资源法的发展历史 / 065

　　第三节　新时代自然资源法的任务和作用 / 070

　　第四节　自然资源法律体系 / 074

　　第五节　我国自然资源法的发展进程 / 078

第二章　自然资源法律关系 / 081

　　第一节　自然资源法律关系概念 / 081

　　第二节　自然资源法律关系构成 / 084

第三章　自然资源法基本原则 / 089

　　第一节　自然资源公共所有原则 / 089

　　第二节　可持续发展原则 / 095

　　第三节　经济效益与生态效益并重原则 / 097

　　第四节　产权与用益权分立原则 / 100

　　第五节　全面规划与综合利用原则 / 103

第四章　自然资源法的基本制度 / 105

　　第一节　自然资源权属制度 / 105

　　第二节　自然资源许可制度 / 112

　　第三节　自然资源有偿使用制度 / 115

　　第四节　自然资源综合利用制度 / 119

　　第五节　自然资源禁限制度 / 121

　　第六节　自然资源补救、补偿制度 / 124

第五章　自然资源损害、法律责任与救济 / 127

　　第一节　自然资源损害的基本内涵 / 127

　　第二节　自然资源损害的法律责任 / 130

　　第三节　自然资源损害的救济 / 134

第六章　我国自然资源资产产权市场化问题初探 / 138

　　第一节　我国自然资源资产产权市场化现状 / 138

　　第二节　我国自然资源资产产权市场化的建议 / 144

分　论 ■

第一章　水资源法 / 159

第一节　水资源法概述 / 159

第二节　我国水资源立法沿革 / 163

第三节　我国水资源法主要内容 / 167

第四节　国外水资源法律、国际公约简述 / 171

第二章　土地资源法 / 175

第一节　土地资源法概述 / 175

第二节　我国土地资源立法沿革 / 182

第三节　我国土地资源法内容 / 184

第四节　土地资源保护国际公约简述 / 191

第三章　矿产资源法 / 193

第一节　矿产资源法概述 / 193

第二节　我国矿产资源立法沿革 / 198

第三节　我国矿产资源法内容 / 199

第四节　矿产资源管理的国际公约 / 205

第四章　能源法 / 208

第一节　能源法概述 / 208

第二节　我国现有能源法内容 / 213

第三节　我国能源法律制度的构建 / 219

第五章　草原资源保护法 / 224

第一节　草原资源保护法 / 224

第二节　我国草原资源立法沿革 / 229

第三节　我国草原资源法内容 / 231

第四节　国外草原资源保护法律政策简述 / 238

第六章　海洋资源法 / 243

第一节　海洋资源法概述 / 243

第二节　我国海洋资源立法沿革 / 248

第三节　我国海洋资源法内容 / 250

第四节　国外海洋资源法律、国际公约简述 / 253

第七章　渔业资源法 / 256

第一节　渔业资源法概述 / 256

第二节　我国渔业资源立法沿革 / 259

第三节　我国渔业资源法内容 / 260

第八章　野生动物保护法 / 265

第一节　野生动物保护法概述 / 265

第二节　我国野生动物保护立法沿革 / 270

第三节　我国野生动物保护法内容 / 274

第四节　国外野生动物保护法律、国际公约简述 / 279

第九章　林业资源保护法 / 283

第一节　林业资源保护法概述 / 283

第二节　我国林业资源立法沿革 / 288

第三节　我国林业资源法内容 / 289

第四节　国外林业资源法律、国际公约简述 / 296

第十章　自然和文化遗产保护法 / 300

第一节　自然和文化遗产及其保护 / 300

第二节　自然和文化遗产保护法内容 / 303

参考文献 / 310

导　论

1. 生态文明与法治

1.1 生态文明

生态文明是继农业文明、工业文明后的一个新的文明形态，它不同于其他文明，强调的是人类尊重人与自然之间的关系，遵循自然发展的客观规律而获得的物质与精神成果的总和。它将社会文明和自然环境加以融合，是全面的文明。它不只包括各种社会文明（物质文明、精神文明、制度文明等），也将不断变化的自然环境作为主要内容。

1.1.1 生态文明的概念

那么生态文明的定义又是什么呢？生态问题从 19 世纪开始走入大众视野，1866 年，德国科学家海克尔在《生物体普通形态学》中首次提出"生态"的概念。学者卢风和曹小竹追溯了论述生态文明的早期文献，认为迄今为止最早出现"生态文明"一词的文献是 1978 年发表在英文期刊《宇宙》上的伊林·费切尔的文章《人类生存的条件：论进步的辩证法》。该文分析了工业文明的种种危机，批判了源自基督教的进步主义，指出了工业文明发展方向的错误，阐述了走向生态文明的必要性。1984 年苏联学者利皮茨基、1986 年中国农学家叶谦吉，也各自独立地提出了生态文明。三人一致认为，必须谋求人类与自然之间的和谐。但费切尔认为生态文明将是一种超越工业文明的新文明，而利皮茨基和叶谦吉认为生态文明是文明整体的一个维度。[1]

就生态文明的思想内涵而言，马克思与恩格斯在他们的相关著作中就人与自然之间的关系进行多番论述，尽管当时他们并没有直接提出"生态文明"的概念。例如，恩格斯在《英国工人阶级状况》中提及，我们不要过分陶醉于我们人类对自然界的胜利。对于每一次这样的胜利，自然界都对我们进行报复。每一次胜利，在第一线都确实取得了我们预期的结果，但是在第二线和第三线却有了完全不同的，出乎预料的影响，它常常把第一个结果重新消除。美索不达米亚、希腊、小亚细亚以及别的地方的居民，为了得到耕地，毁灭了森林，他们想象不到，这些地方今天竟因此成为不毛之地，因为他们剥夺了这些地方的森林，也就剥夺了水分的积聚中心。当阿尔卑斯山的意大利人在山南坡把那些在山北坡得到精心培育的枞树林滥用个精光时，他们没有预料到，这样一来，就把他们区域里的山区畜牧业的根基挖掉了。他们更没有预料到，他们这样做，竟使山泉在一年中的大部分时间内枯竭了，同时在雨季又使更加凶猛的洪水倾泻到平原上来。在欧洲传播栽种马铃薯的人不知道他们将瘰疬症连同这含粉的块茎一起带了过来。因此我们必须在每一步都记住：我们统治自然界，决不像征服者统治异民族那样，决不是站在自然界以外的某一个人，相反，我们连同肉、血和脑都是属于自然界并存在于其中的。[2]马克思认为，"人们在生产中不仅仅同自然界发生关系。他们如果不以一定方式结合起来共同活动和互相交换其活动，便

〔1〕 卢风、曹小竹："论伊林·费切尔的生态文明观念——纪念提出'生态文明'观念40周年"，载《自然辩证法通讯》2020年第2期。
〔2〕 [德]弗里德里希·冯·恩格斯著，于光远等译编：《自然辩证法》，人民出版社1984年版，第305页。

不能进行生产。为了进行生产，人们便发生一定的联系和关系。只有在这些社会联系和社会关系的范围内，才会有他们对自然界的关系，才会有生产"。[1]马克思更在《1844 年经济学哲学手稿》中提及，无论是在人那里还是在动物那里，人类生活从肉体方面来说就在于人（和动物一样）靠无机界生活，而人和动物相比越有普遍性，人赖以生活的无机界的范围就越广阔。从理论领域来说，植物、动物、石头、空气、光等，一方面作为自然科学的对象，另一方面作为艺术的对象，都是人的意识的一部分，是人的精神的无机界，是人必须事先进行加工以便享用和消化的精神食粮。同样，从实践领域来说，这些东西也是人的生活和人的活动的一部分。人在肉体上只有靠这些自然产品才能生活，不管这些产品是以食物、原料、衣着的形式还是以住房等的形式表现出来。在实践上人的普遍性正表现为这样的普遍性——它把整个自然界首先作为人的直接的生活资料，其次作为人的生命活动的对象（材料）和工具，变成人的无机的身体。自然界，就它自身不是人的身体而言，是人的无机的身体。人靠自然界生活，也就是说自然界是人为了生存而必须与之处于持续不断的交互作用过程的人的身体，所谓人的肉体生活和精神生活同自然界相联系，无外乎是说自然界同自身相联系，因为人是自然界的一部分。[2]马克思对自然的论述继承了费尔巴哈自然观的唯物主义基本原理和黑格尔唯心主义自然观中关于人的主观能动性的合理部分，提出了崭新的实践的人化自然观。因而可以将马克思主义的自然观归纳为一种人与自然的"和解"——也就是今天所提倡的人与自然的和谐的生态文明观。

---

〔1〕《马克思恩格斯全集》（第六卷），人民出版社 1961 年版，第 486 页。

〔2〕马克思："1844 年经济学哲学手稿（节选）"，载《马克思恩格斯选集》（第一卷），人民出版社 1995 年版，第 45 页。

今天的学术界也从不同的角度阐释了生态文明。比较具有代表性的有以下观点：

生态文明是指在社会发展过程中，秉承人与自然和谐相处的奋斗目标，遵循自然规律合理地利用自然资源，使经济与自然以一种可持续趋势稳步发展。

生态文明是以人与自然、人与人、人与社会和谐共生、良性循环、全面发展、持续繁荣为基本宗旨的社会形态。

生态文明是顺应人类历史演进发展的方向，立足中国发展问题的解决，坚持人与自然和谐共生的战略思想。

生态文明解决的问题是人类文明的根本问题——人为与自然之间的矛盾问题的伟大途径和步骤，生态文明指引人类建设真正可持续的文明，谋求人与自然的和谐共生，谋求人道与天道的融合。

生态文明是指人们在改造客观物质世界时，不好的效应也会随之而来，面对新的挑战，要随机应变，及时采取措施，以促进人与自然和谐相处，有利于建立有序的生态运行机制。

生态文明是指人类作为主体在认识自然和改造自然过程中所取得的积极成果，它表现为人类能够依据规律建立和保证与自然和谐的关系，使人类在这种和谐的关系中生存和发展。

生态文明由人类社会与自然环境组成，生态系统生产成果的总和构成了生态文明。在不同的社会，生态文明有不同的形式。古代社会主要强调社会与水环境的和谐统一；近代社会表现为社会与动植物的和谐统一；现代社会则强调社会与整个自然环境的全面和谐统一。可见，生态文明的内涵随着时代变化在不断完善。[1]

---

〔1〕 郭莉：《生态文明背景下农业水权法律保障研究》，中国矿业大学出版社2018年版。

1.1.2 中华民族素有生态文明之思想根基

上下五千多年的中华文明向来尊重自然、热爱自然，也蕴含着丰富的历史生态观念。气候对古人生产和生活的影响非常直接，气候变化会改变他们的生存环境。夏朝的"五行"观，殷周之际的"阴阳"说，都反映出原始社会时期的华夏文明已经把自然界看作是一个普遍联系、不断运动的整体。这种朴素的自然观尤以"阴阳五行说"为代表，既反映出人们对大自然形成的最原始的思考，也反映出人们试图与自然之间建立某种联系，以及探索、认识自然的渴望。春秋战国时期有了"天道"和"人道"的说法，并在汉朝董仲舒的引申下，形成了"天人合一""天人感应"之说。宋明时期的哲学家又继续探索万物起源，形成以"气"为本原的唯物主义自然观，这又间接促进了中医理论的发展……

因此，总体而言，不同时代的古人虽不同程度地崇拜自然、敬畏自然，但并不是盲目地认为自然神秘而不可知，有不少关于人与自然之间相互影响、相互依存的关系的论述，而其中也不乏尊重自然规律的思考。孔子曰："子钓而不纲，弋不射宿。"《吕氏春秋》中有云："竭泽而渔，岂不获得？而明年无鱼；焚薮而田，岂不获得？而明年无兽。"古人关于对自然要取之以时、取之有度的思想，有着十分重要的现实意义。中华传统生态文化所蕴含的"和合"理念，把天、地、人作为一个统一的和谐整体来考虑，并将此思维方式运用于社会各个方面。《易经》中提出"财成天地之道，辅相天地之宜"的原则，其主要含义是，在尊重自然法则、遵循客观规律的基础上发挥主体的能动作用，对自然界的变化加以协助或调节，以达到天人和谐的境界，使大自然更好地造福人类。《周易·系辞传上》提出"知周乎万物，而道济天下"，"范围天地之化而不过，曲成万物而不遗"的理想原则。"范围天地之化""曲成万物"意义比较显豁，即调整自然的变化，协助万物达到完满的成就。《周易·文言传》载:"夫'大人'者,与天地合其德……先天而天弗违,后天而奉天时"。大人即崇高伟大的人格,其品德与天地相合。先天即在自然变化之前加以引导,后天即在自然变化之后加以顺应。既能开导自然的变化,又能适应自然的变化,这样就达到了天人的协调。我国历史上第一部与环境保护有关的法律是秦朝的《田律》,该部法律除对农田水利建设规定外,还对山林保护有所涉及,因此是我国历史上第一部设计环境保护的成文法典。

古人依赖自然,崇拜自然,改造自然,开发、利用大自然提供的可用资源。自然为古人提供生活资源,同时也制约着他们的生活,自然灾害、生态环境恶化等都会影响古人的生活,带来危害。在中国历朝历代治国理政实践中,特别是在律令中,也体现着平衡、节制、有序、内敛的生态智慧。例如,《逸周书·大聚解》记载:"且闻禹之禁,春三月,山林不登斧,以成草木之长;三月遄不入网罟,以成鱼鳖之长。"这是古人对自然规律的总结,也反映出中华文明对自然的敬畏、对自然的积极探索、对自然规律的尊重。

1.1.3 当代中国生态文明的建设

2002 年,党的十六大报告中提出了全面建设小康社会的目标,要求可持续发展能力不断增强,生态环境得到改善,资源利用效率显著提高,促进人与自然的和谐,推动整个社会走上生产发展、生活富裕、生态良好的文明发展道路。[1]2003 年 10 月召开的党的十六届三中全会提出了科学发展观,坚持以人为本,树立全面、协调、可持续的发展观,促进经济社会和人的全面发

———————————

〔1〕 中共中央文献研究室编:《十六大以来重要文献选编》(上),中央文献出版社 2005 年版。

展，统筹人与自然和谐发展是科学发展观"五个统筹"的重要组成部分[1]，蕴含了丰富的生态文明思想。2005 年《中共中央关于制定国民经济和社会发展第十一个五年规划的建议》提出："加快建设资源节约型、环境友好型社会，促进经济发展与人口、资源、环境相协调。"[2]2007 年党的十七大报告中第一次明确使用了"生态文明"这个词，把建设生态文明确定为全面建设小康社会的重要目标，对建设生态文明进行具体部署，把建设资源节约型、环境友好型社会写入党章，成为我国经济社会发展全局的重大战略举措。2011 年召开的第七次全国环境保护大会强调要坚持在发展中保护，在保护中发展，积极探索代价小、效益好、排放低、可持续的环境保护新道路。[3]2012 年党的十八大报告已经把生态文明提升到前所未有的国家战略高度。党的十九大提出的"富强、民主、文明、和谐、美丽"的现代化强国奋斗目标就是与党的十八大提出的经济建设、政治建设、文化建设、社会建设、生态文明建设"五位一体"的总布局一一对应起来的。[4]2013 年 11 月 15 日，《习近平关于〈中共中央关于全面深化改革若干重大问题的决定〉的说明》中提出：山水林田湖是一个生命共同体。2016 年 9 月，《财政部、国土资源部、环境保护部关于推进山水林田湖生态保护修复工作的通知》对各地开展山水林田湖生态保护修复提出明确要求。2017 年 10 月，"统筹山水林田湖草系统治理"写入党的十九大报告。2019 年 1 月，《中共中央、

---

[1]　《胡锦涛文选》（第二卷），人民出版社 2016 年版。

[2]　中共中央文献研究室编：《十六大以来重要文献选编》（中），中央文献出版社 2011 年版。

[3]　吴超："从'绿化祖国'到'美丽中国'——新中国生态文明建设 70 年"，载《中国井冈山干部学院学报》2019 年第 6 期。

[4]　郭思远、杨含："当代中国生态文明建设的现状刍议"，载《艺术科技》2019 年第 1 期。

国务院关于坚持农业农村优先发展做好"三农"工作的若干意见》对统筹推进山水林田湖草系统治理，推动农业农村绿色发展作出部署。2018年3月11日，第十三届全国人大第一次会议经投票表决，通过了《中华人民共和国宪法修正案》，"生态文明"正式写入宪法。

在此期间，以习近平同志为核心的党中央，深刻且全面地回答了为什么建设生态文明、建设什么样的生态文明、怎样建设生态文明的重大理论和实践问题，提出了一系列新理念、新思想、新战略，形成了习近平生态文明思想。进入新时代，党中央大力推进生态文明建设、美丽中国建设，污染治理力度之大、制度出台频率之高、监管执法尺度之严、环境质量改善速度之快前所未有，推动生态环境保护发生历史性、转折性、全局性变化。2012年习近平总书记在对广东相关工作进行考察时曾发表讲话："我们在生态环境方面欠账太多了，如果不从现在起就把这项工作紧紧抓起来，将来付出的代价会更大……很多国家，包括一些发达国家，在发展过程中把生态环境破坏了，搞起一堆东西，最后一看都是一些破坏性的东西。再补回去，成本比当初创造的财富还要多。特别是有些地方，像重金属污染区，水被污染了，土壤被污染了，到了积重难返的地步。要实现永续发展，必须抓好生态文明建设……现在全世界发达国家人口总额不到十三亿，十三亿人口的中国实现了现代化，就会把这个人口数量提升一倍以上。走老路，去消耗资源，去污染环境，难以为继！"2013年9月7日，习近平在哈萨克斯坦纳扎尔巴耶夫大学演讲回答学生们关于环境保护的问题时也强调，宁要绿水青山，不要金山银山，而且绿水青山就是金山银山。2018年5月18日至19日，习近平在全国生态环境保护大会上强调，良好生态环境是最普惠的民生福祉，坚持生态惠民、生态利民、生态为民，重点解决损害群众健康的突出环境问题，不断满足人民日益增长的优美生态环境需要。习近平总书记认为："纵观世界发展史，保护生态环境就是保护生产力，改善生态环境就是发展生产力。良好生态环境是最公平的公共产品，是最普惠的民生福祉。对人的生存来说，金山银山固然重要，但绿水青山是人民幸福生活的重要内容，是金钱不能代替的。你挣到了钱，但空气、饮用水都不合格，哪有什么幸福可言。"[1]

党的十八大以来，大力推动绿色发展取得明显成效。主体功能区制度逐步落实，国土空间布局得到优化，京津冀、长江经济带省（自治区、直辖市）和宁夏回族自治区等 15 个省（自治区、直辖市）的生态保护红线已经划定，山西等 16 个省份基本形成划定方案。供给侧结构性改革深入推进，产业结构不断优化，一大批高污染企业有序退出，京津冀及周边地区"散乱污"企业整治力度空前。能源消费结构发生积极变化，我国成为世界利用新能源和可再生能源第一大国。全面节约资源有效推进，资源消耗强度大幅下降。2017 年，美国宣布退出《巴黎协定》，给全球应对气候变化带来了不确定的消极影响。但以中国为代表的"基础四国"坚持"共同但有区别的责任"，继续履行《巴黎协定》承诺，到 2030 年左右使二氧化碳排放达到峰值并争取尽早实现，充分体现了中国的大国担当。2018 年，我国全国单位国内生产总值能耗、用水量分别比 2012 年下降 23.3% 和 27.5%，[2]全国完成造林面积 707 万公顷，比 2000 年增长 38.5%。截至 2019 年，全国森林覆盖率达 22.96%，森林面积 2.2 亿公顷，人工林面积达到 12 亿亩，居世界首位。2018 年，全国 338 个地级及以上城

---

〔1〕 2013 年 4 月 10 日习近平《在海南考察工作结束时的讲话》。

〔2〕 吴超："从'绿化祖国'到'美丽中国'——新中国生态文明建设 70 年"，载《中国井冈山干部学院学报》2019 年第 6 期。

市中,有 121 个城市空气质量达标,占 35.8%,比 2017 年上升 6.5 个百分点。2020 年 8 月,1940 个国家地表水考核断面中,水质优良(I–Ⅲ类)断面比例为 71.3%,同比上升 0.9 个百分点;劣 V 类断面比例为 3.2%,同比下降 2.7 个百分点。2019 年全国固体废物进口总量为 1347.8 万吨,同比减少 40.4%。

党的十八大以来,以习近平同志为核心的党中央高度重视社会主义生态文明建设,坚持把生态文明建设作为统筹推进"五位一体"总体布局和协调推进"四个全面"战略布局的重要内容,坚持节约资源和保护环境的基本国策,坚持绿色发展,把生态文明融入经济建设、政治建设、文化建设、社会建设的各个方面和全部过程。[1]习近平总书记也发表了一系列关于社会主义生态文明建设的重要讲话,立意高远、思想深刻、内涵丰富,为我们深刻且全面地认识生态文明建设具有重大意义。

1.2 生态法治

1.2.1 生态法治的内涵

绿色发展是构建高质量现代化经济体系的必然要求,是解决污染问题的根本之策。在依法治国的大背景下,推动生态法治建设是实现绿色发展的关键。[2]生态法治,又称生态文明法治,有学者认为生态法治是对生态文明建设实行法治化的状态和过程,是生态文明建设的规范化、制度化、法律化,是社会主义法治建设新的重要组成部分,它以环境和自然资源保护及污染防治法这一重要的法律和法学部门为基础并予以进一步深化、发展和体系

---

〔1〕 参见习近平:"紧紧围绕坚持和发展中国特色社会主义学习宣传贯彻党的十八大精神",载中共中央文献研究室编:《十八大以来重要文献选编》(上),中央文献出版社 2014 年版,第 77 页。

〔2〕 "全面推进生态法治建设",载《中国生态文明》2019 年第 6 期。

化，要求把法治的精神、原则和要求贯彻到关于生态文明建设的立法、执法、司法、守法等各个环节。[1]生态法治是对生态文明建设实行法治化的状态和过程。生态法治的内涵包括生态法治的立法构成和运行实施两个方面。也有学者认为生态法治是法治的生态转向，是应对环境危机的产物。实现生态法治的目的是协调人与自然的关系，维护和实现自然平衡，依法治理和预防环境污染、生态破坏。因此生态法治是一个包含理念、立法、司法、执法、守法、法律监督的系统结构。[2]笔者认为生态法治作为一种治国方略，至少应包含两方面内容：一是形式上的生态法治，二是实质上的生态法治。形式上的生态法治强调生态法律法规系统完备、齐全，协调人与自然关系的方式、制度、运行机制均有其可依据的法律制度作为保障；实质上的生态法治则强调在处理人与自然关系中的绿色、持续原则时，将"制约权力""保障权利""法律至上"等价值、原则、精神贯穿于生态治理与协调过程中，使社会治理、生活的各个环节和方面实现法治化与生态化。这两个方面内容互为表里，共同组成了生态法治的核心内涵。

生态法治既意味着法治理念在环境保护领域的贯彻实施，也意味着生态学和生态主义价值观对法律体系的影响和渗透。[3]法治强调民主自由，生态法治也以民主自由为基本理念，民众的参与是生态法治的基础。

生态文明的核心是"人与自然协调发展"，它把人与自然协调发展作为行为准则，建立健康有序的生态机制，实现经济、社

〔1〕　文正邦、曹明德："生态文明建设的法哲学思考——生态法治构建刍议"，载《东方法学》2013年第6期。

〔2〕　卢风等：《生态文明新论》，中国科学技术出版社2013年版，第151页。

〔3〕　卢风等：《生态文明新论》，中国科学技术出版社2013年版，第150页。

会、自然环境的可持续发展。这种文明形态表现在物质、精神、政治等各个领域，总体体现人类取得的物质、精神和政治成果。[1]生态法治作为生态文明建设的重要环节，不仅有利于缓解当下的生态环境危机，更能够福泽后代，促进我国社会的可持续发展。推进生态法治也是当前全面依法治国的现实需要和关键环节，是通过法治手段调节人、社会与自然关系的必然过程。[2]党的十九大报告提出，"生态文明建设功在当代、利在千秋"，要"推动形成人与自然和谐发展现代化建设新格局"。

1.2.2 全面依法治国与生态法治

全面依法治国是适应中国特色社会主义建设事业发展需求的重大战略举措，构建了新时代法治社会建设的美好图景。全面依法治国覆盖范围广泛，与生态法治建设之间是整体与局部、包含与被包含的关系。全面依法治国是推进生态法治的总引领，贯穿于生态法治的立法、执法及守法三个层面，对生态法治建设的各个环节发挥着作用。

推进生态法治是贯彻全面依法治国的主要途径。生态法治是全面依法治国关于生态环境保护的核心内容，通过对生态法治的探索，使全面依法治国在生态文明建设中得到彰显，并真正发挥出法律制度对生态环境治理的关键作用。生态法治的进步有助于以局部之力带动整体社会法治建设的高效发展，彰显我国法治建设的最新动态和创新能力。建设美丽中国需要依靠全面依法治国引领下的生态法治，包括科学完善的生态立法、严格高效的生态执法以及覆盖广泛的全面守法。生态法治为全面依法治国提供了具象的实践场域和发展方向，使全面依法治国关注美丽中国建

---

〔1〕 陈德敏、梁洋熙："论生态文明视阈下中国自然资源法的完善"，载《重庆大学学报（社会科学版）》2009 年第 1 期。

〔2〕 马生军："推进生态法治 建设美丽中国"，载《人民论坛》2018 年第 14 期。

设，有效检验全面依法治国在生态建设层面上的发展成果，为依靠法治力量推动美丽中国建设创造条件。[1]

1.2.3 生态法治与生态文明的关系

生态法治首先要实现法治的生态化，是法治精神在环境保护领域的体现。法治精神的核心有：宪法和法律的最高权威；法律面前人人平等；民主自由；有法可依、有法必依、执法必严、违法必究；等等。生态法治是生态理念与法治理念在新时代背景下的有机结合，是理想的应然状态，是法治建设过程中法治不断趋于生态化的具体过程，是生态理念在法治建设领域的具体实现，是法治理念在环境保护领域的贯彻落实。[2]德国的柯勒在继承黑格尔的学术思想后，对法律与文明的关系作过经典的论述，他在黑格尔法是文明现象的基础上，看到法对人类文明进化中的促进作用。法一方面维护现有的文明价值，另一方面又促进了新的文明的出现。不同时期、不同种类的文明都必然有与之对应的法律准则，法或法律准则始终与文明有关，它们的内容也会随文明条件的发展而变化。按照这种思路，生态文明则成为生态法治的主要推动力；生态法治则以生态文明的制度维系和秩序增进作为存在依据[3]。

---

〔1〕　马生军："推进生态法治　建设美丽中国"，载《人民论坛》2018 年第 14 期。

〔2〕　卢风等：《生态文明新论》，中国科学技术出版社 2013 年版，第 150—151 页。

〔3〕　邓海峰："生态法治的整体主义自新进路"，载《清华法学》2014 年第 4 期。

2. 自然资源的界定

2.1 自然资源的概念与特征

2.1.1 自然资源的概念

《大英百科全书》把自然资源定义为："可以被人类利用的自然生成物，以及生成这些成分的源泉的环境功能。"联合国环境规划署（UNEP）于 1972 年指出："所谓自然资源，是指在一定时间、地点条件下，能够产生经济价值的、以提高人类当前和未来福利的自然环境因素和条件。"我国 1987 年发布的《中国自然保护纲要》对自然资源的解释为"在一定的技术经济条件下，自然界中对人类有用的一切物质和能量都称为自然资源。"《现代经济辞典》对自然资源的定义为：自然界中能够被人类用于生产、生活的物质和能量的总和。自然资源也即自然界中可供人类生存、发展而开发、利用的原始物资，是人类生活资料、生产资料的来源，是经济增长与发展、社会进步、生态环境协调发展的物质基础与基本要素。[1]《中国方志大辞典》对自然资源的定义为：自然资源是自然环境中在多种自然要素综合作用下形成的人类可以用于生活和生产的物质，通常分为三类：一是取之不尽的，如太阳能和风力等能源资源；二是可以更新的，如生物资源、水资源等；三是不可更新的，如各种矿产资源、土壤资源等。还有以山水名胜、自然风光为主的旅游资源。自然资源可被人类利用的范围是随生产力水平提高而不断扩大的。如果开发利用不合理，会使自然环境遭到污染与破坏，严重地影响人类的生

---

〔1〕 中国社会科学院经济研究所编：《现代经济辞典》，凤凰出版社、江苏人民出版社 2005 年版。

存和发展。[1]罗肇鸿、王怀宁主编的《资本主义大辞典》对自然资源的定义是：人类能直接或间接利用的自然界的能量和物质资源。包括矿藏资源、水利资源、气候资源、土地资源、森林资源、动植物资源和旅游资源等。其中有些资源是可更新资源，如动植物资源；有些资源是不可更新资源，如矿藏资源等，自然资源是人类赖以生存的物质基础，必须合理利用，加强保护和管理。[2]《人口科学辞典》对自然资源的解释是：自然资源是人类进行物质资料生产不可缺少的要素，是人类社会赖以存在和发展的物质基础。[3]《地学辞典》对自然资源的释义是：人类可以直接获得并用于生产和生活的天然存在的自然物。如土地资源、气候资源、水资源、生物资源、矿物资源等。自然资源是自然环境的重要组成部分，是生产的原料来源和布局场所。依其性质可分为可更新资源和不可更新资源。[4]自然资源是自然环境的重要组成部分，是自然界为人类提供物质资料的生产前提和生产条件，是人类社会赖以生存和发展的基础，也是一个国家的潜在的社会财富。[5]

学术界对自然资源概念的讨论也有很多，对自然资源定义比较具有代表性的观点有：

自然资源是指人类从自然环境中摄取并利用与人类生产和生活所必需的各种自然组成成分，主要是指土地、土壤、水、森林、草地、海域、原生动物、植物、微生物以及矿物等，如今的

---

[1] 《中国方志大辞典》编辑委员会编：《中国方志大辞典》，浙江人民出版社1988年版。

[2] 罗肇鸿、王怀宁主编：《资本主义大辞典》，人民出版社1995年版。

[3] 吴忠观主编：《人口科学辞典》，西南财经大学出版社1997年版。

[4] 邓绶林主编：《地学辞典》，河北教育出版社1992年版。

[5] 黄汉江主编：《投资大辞典——谨献给中华人民共和国成立40周年!》，上海社会科学院出版社1990年版。

自然资源还包括空气、太阳能、风能和降水等一些环境要素。[1]

自然资源是有价值的未经人类加工的自然物，通常经过人类的开发提炼而进入人类的经济活动中，是人类社会生存与发展最基本的物质与能量。[2]

自然资源的定义有狭义和广义两种：狭义的自然资源是指在目前技术条件下能够提取的，对人类具有生产价值、使用价值和观赏价值的，可被人类利用的自然物质和自然能量；广义的自然资源包括广泛存在于自然界的具有现实和潜在使用价值的自然物质和自然能量，统统都称之为自然资源。[3]

地理学家齐默尔曼（Zimmermann）在《世界资源与产业》一书中指出无论是整个环境还是其某些部分，只要它们能（或被认为能）满足人类的需要，就是自然资源。并且他还解释道："譬如煤，如果人们不需要它或者没有能力利用它，那么它就不是自然资源。"[4]

查尔斯·W. 豪（Charles W. Howe）认为自然资源是"地球上一切有生命的和无生命的天赐之物……传统上把这个术语限于：对人类有用的或者是在合理的技术、经济与社会环境下对人类可能有用的天然产出的资源与系统。"[5]

其实，作为资源的一种，自然资源是在自然环境的基础属性上突出了其作为资源的可供人加以利用的价值属性。它客观地反

---

〔1〕 吕少仿：《绿色生化技术与小城镇可持续发展》，华中科技大学出版社 2017 年版。

〔2〕 汪慧玲编著：《农业自然资源评估》，甘肃人民出版社 2011 年版，第 1 页。

〔3〕 张寄农、洪乌金、许惠渊主编：《乡村经济管理问题》，北京农业大学出版社 1990 年版，第 90 页。

〔4〕 转引自安海忠、方伟：《资源信息管理》，地质出版社 2009 年版，第 14 页。

〔5〕 转引自 [美] 鲁道斯基著，杨昌明、李万亨译：《矿产经济学——自然资源开发与管理》，中国地质大学出版社 1991 年版，第 1 页。

映出了人与自然之间的能动性关系。笔者认为自然资源并不是指所有大自然中已知或未知的物质和形态，而是自然环境中对人和其他生物生存有价值的，并能直接或间接地用于生产或提供服务的这部分物质。因此，它一定是已被人们认识的现存资源，并且它们是在不断运动着发生变化的。而存在于外太空我们尚未知晓的新元素、新物质或者新能量，以及人类文明存在之前的自然界中的自然物质并不在本书讨论的自然资源之列。理解自然资源的概念应了解其自然属性和社会属性，而经济属性也很重要——自然资源可以直接或者间接地满足人类的生存需求。在此，笔者对自然资源的定义如下：

自然资源是广泛存在于自然环境之中，在特定时期能直接或间接地实际满足人类生存需求并且已经被我们认知的天然存在物、能量、状态与系统。这些天然存在物、能量、状态与系统处于不断的运动中，与人类的能动行为相互影响，在人类发展的不同历史阶段的价值并不相同。

2.1.2　自然资源的特征

自然资源的自然属性、社会属性和经济属性外在化表现为具体的自然资源特点。

（1）系统性。自然资源是生态环境的重要组成部分，自然资源内部有水资源、土地资源、生物资源、气候资源等，它们虽然可被明确地划分，但彼此之间是紧密依存、相互联系又相互制约的关系。这些不同种类的自然资源要素构成了庞大的自然资源系统，变动这个系统中的任何一个要素都会牵连其他要素，从而影响整个自然资源系统。

（2）有限性。有限性也可以理解为经济学中的稀缺性。作为资源的一种，自然资源虽然数量庞大、种类丰富，但绝大多数自然资源的总数是有限的，在人类社会的工业文明开启之后，随着经济、科技的飞速发展，自然资源的消耗速度和消耗量剧增。人口的膨胀与人类对自然需求的无限性使得自然资源的稀缺性日益显著。

（3）分布广泛性、地域性、不均衡性。自然资源分布范围广泛，人所能及之处都会有自然资源存在。不同地区的自然资源分布和组合有着非常大的差异性，因而不同地区的自然资源表现出很大的地域差异。这是由自然资源与生态环境相统一的自然规律决定的。[1] 与此同时，自然资源在不同地域的分布也不均衡，以我国为例，水资源、煤矿资源、风能资源等在不同的省市的分布情况不一，因而不同地区对这些资源的开发、利用情况都有所不同。

（4）动态性。自然资源的范畴具有动态性的特征。在人类文明不同的发展阶段，对自然环境中的不同物质和能量的需求情形不同。自然物质和能量会根据人类社会对它们的需要程度、需求状况而从非自然资源变成自然资源，从自然资源变成非自然资源。因此，自然资源的范畴是在不断发生变化的。目前人类对自然资源的开发利用和保护范围不断扩大，自然资源的范畴也在不断变大。

（5）可开发利用性。自然资源的可开发利用性，也可以理解为其经济性的特征。自然资源可以被人类加以开发和利用，由此而满足人类的生存、生活需要，自然资源的价值亦得以发挥。虽然这些价值有的可以用金钱和数字来衡量，有的难以定量，但是人们总能通过自己的需求强烈程度来判断自己对该自然资源的需求感知。

（6）有效性。自然资源之所以被开发、可利用，是因为其对

---

〔1〕 盖保民：《地球演化》（第三卷），中国科学技术出版社 1996 年版。

人类生活、工作有帮助，因而是有效的。自然资源能够产生经济价值，提高人类当前和未来的福利，能满足人类的需要，否则就不能称之为资源。

（7）用途多样性。自然资源的用途多样性是指每一种自然资源的用途都不是单一的。不同的人可以将同一种自然资源用于不同目的的开发和利用。利用土地资源可以承载农作物的生长，而动物和人也需要在土地上栖息，旅游行业也因地貌不同而得以开发。自然资源用途的多样性意味着人们可以对自然资源进行综合开发和利用，以发挥自然资源的最大效用。

2.2 自然资源的范围与分类

2.2.1 自然资源的范围

自然资源是国民经济与社会发展的重要物质基础。自然资源的范围有三个层面的含义：一是自然资源包含的具体种类，也就是什么资源算是自然资源的问题；二是人类对自然资源的认识能力，即人类认识自然资源、开发自然资源、改造自然资源的动态过程，人类利用自然资源的范围随着科技的发展而不断扩大；三是自然资源的地理空间分布范围。

人们对自然资源的认识也由最初的地表层逐渐向外太空和底层深部空间发展。具体而言，自然资源包括土地资源、水资源、矿产资源、生物资源、气候资源、海洋资源、风能、热能、光能、空气资源……

前文已述自然资源的分布并不均衡。目前，世界各国都高度重视本国的自然资源的存续状况，并积极实施可持续发展战略。美国是世界上的能源消耗大国，广阔的土地上丰富的自然资源是美国保持强大且充满生机的根基。德国的煤炭资源丰富，褐煤产量高，国内石油、天然气资源贫乏，依赖进口，因此德国政府重点投资太阳能、生物能、地热和风能的利用。荷兰的自然资源有限，主要是石油和天然气。瑞典的自然资源丰富，河湖近10万个，水资源蕴藏量达到6000亿立方米，森林资源、矿产资源丰富。新西兰的地热资源丰富，冰川湖河火山湖众多。日本矿产资源贫乏，因此从20世纪80年代开始全面实行"阳光计划""月光计划"以开发新能源和节能技术。我国虽然自然资源总量较大，但自然资源的人均占有量低。

2.2.2 自然资源的分类

根据不同的标准，可对自然资源进行不同的分类。分类的具体标准则由对自然资源认知、研究、作业的人来选择。自然资源比较常见的分类标准主要有以下四个方面：

（1）自然资源的利用和研究角度的标准。自然资源按其利用和研究的角度可以划分为农业自然资源、工业自然资源及舒适性自然资源。这种划分标准主要是依据自然资源实际应用到的具体活动范围。农业自然资源主要是指用于农业生产及相关经济活动的自然资源。工业自然资源是指用于工业生产及其经济活动的自然资源。舒适性自然资源则是指为人类提供舒适性服务，满足人类精神需求的自然环境资源，如各类景观资源、公共土地、国家公园、自然保护区等。[1]

（2）自然资源的存在形式标准。自然资源按其存在方式、表现形态不同，可以分为有形自然资源和无形自然资源。有形自然资源如动植物、土地、水等，是以能被人感知的具体形状出现的自然资源；无形自然资源如光、热、电等，它们虽不具备具体的形状，却可通过其他介质被人们感知。

（3）自然资源的组合分布规律标准。根据自然资源的组合分

---

〔1〕 汪慧玲编著：《农业自然资源评估》，甘肃人民出版社2011年版，第8页。

布规律，可以将之分为矿产资源、气候资源、水资源、土地资源和生物资源。这五类资源各成系统，具体可对应地壳、大气圈、水圈、地表、生物圈。

（4）自然资源的数值特征标准。自然资源按其静态数值特征可以划分为有限资源和无限资源，这主要是由于自然资源存在和能被人类使用的量不同。根据自然资源的动态数值特征可以将自然资源划分为耗竭性自然资源、稳定性自然资源和流动性自然资源。耗竭性自然资源通常都是不可再生的，或因形成周期漫长，一旦使用完结，短期内难以再生，如矿藏资源；稳定性自然资源的数量较为固定，如土地资源；流动性自然资源也被称作可再生自然资源，它们以一定的速度不断消失，同时又以稳定的速度不断再生，阳光、水能、生物等皆是如此。

英国的地理学家哈格特也提出了较为类似的分类方法，他将自然资源划分为恒定性资源、储存性资源和临界性资源。恒定性资源是指不会因人类的利用而枯竭的资源，如太阳能、风能、潮汐能、原子能、气候资源、水资源等。储存性资源是指总量一定的矿产资源，因为它们的形成周期远远慢于被人类开采的速度，所以可能被耗竭。临界性资源是指在正常情况下可以通过自然过程再生的资源。但一旦利用的速度超过再生的速度，它们也可能被耗竭，如土地资源和生物资源。

3. 生态危机与自然资源保护

3.1 生态危机及其成因

3.1.1 生态危机

生态危机是指由于人类不合理的活动，在全球规模或局部区域导致生态系统的结构和功能的损害、生命维持系统瓦解，生态平衡的破坏，从而危害人的利益、威胁人类生存和发展的现象。生态危机最开始被描述为"生态失衡"。1949 年美国的福格特（W. Vogt）在《生存之路》中把自然环境在千百万年中形成的生态特征称为"生态平衡"。他把因人类对自然环境的过度开发等引起的生态条件恶化，产生不利于人类生存发展的现象称为"生态失衡"。[1]

20 世纪中后叶，环境问题由区域性问题发展成为全球性问题。由于生态危机对人类的威胁可以称得上是灭顶之灾，学者开始了对环境、资源问题的关注，不少学者奔走呼吁要爱护自然、保护自然。

生态危机的具体表现有很多方面，除环境问题之外，涉及自然资源的主要有：

（1）濒危物种、灭绝物质增加，生物多样性逐渐丧失。由于人类对大自然的无节制的破坏和索取，一些物种的生存环境发生了改变，如人类活动造成的二氧化碳的增加导致全球气候持续变暖，冰川融化、海平面上升，北极熊无以为家；大量海洋垃圾导致海洋中的鱼群大量死亡、变异；森林的砍伐、烧毁导致很多动物丧失家园……另一些生物因食用价值、药用价值和其他商业价值而被人类大肆捕杀。穿山甲、大象、犀牛等动物已面临灭绝。物种的灭绝会导致食物链发生改变，影响到整个生物圈，从而影响整个生态环境发生改变。

（2）资源破坏。森林和湿地是地球的肺，然而近一百年来森林砍伐和湿地的迅速消失，导致动物生存环境恶化。人类为了经济利益而疯狂开发矿藏资源，炸山、挖煤等活动不断，而在使用上不加节制，浪费现象严重。淡水资源减少，空气质量下降……

---

〔1〕 朱贻庭主编：《伦理学大辞典》，上海辞书出版社 2002 年版。

自然资源的破坏行为随处可见。

（3）气候异变，生存环境更加恶劣，自然灾害频发。随着工业文明的发展，人口剧增，人类生产、生活所产生的垃圾越来越多，严重超出了环境的正常可承载量。人类活动的排放物、污染物正在改变地球的气候，全球变暖，海平面上升，同半球南北气候发生对变。据统计，20世纪60年代有16次全球性的自然灾害，80年代增加到68次，同时期还发生了不计其数的洪灾和旱灾。21世纪全球自然灾害进一步加剧，2002年全球发生各种灾害共造成400亿美元的损失，导致1.9万人死亡。[1]2011年日本东北部海域发生地震兼海啸，同时造成日本福岛第一核电站发生核泄漏事故……

生态危机已严重影响到所有生物的生存状态，导致了生态安全的问题。它迫使人们探索寻求生态危机的根源，以求找到解决之道。

3.1.2 生态危机的成因

生态危机的出现，从根本上说与人口激增、人类无节制地作业活动有着密切的联系，这既是生态危机的客观表现，也是生态危机出现的客观原因。这些原因具体来看主要有：政府对生态问题的态度和措施、人口问题、产业布局问题、浪费问题、污染问题、利用效率低下问题、科技异化……除了人口压力、工业化压力、市场压力，从不同角度来看，生态危机的形成也有其他的解释：

（1）公共资源非排他性。生态资源和生态环境作为公共资源，任何人都可以享用，但是他们无法排除其他人的使用。根据经济学个人的理性角度分析，所有理性人都试图使自己尽量去占

---

〔1〕 程伟礼等：《中国一号问题：当代中国生态文明问题研究》，学林出版社2012年版，第86页。

有更多的自然资源，"公地悲剧"的出现就成了必然的结果。而在污染环境过程中机会主义横行，虽然现在政府普遍采用征收污染税、发放排污权等办法来减少工厂的排污，但是由于环境污染结果出现的间接性和间隔性会导致对实际污染影响程度的判断困难，实际的预防和治理效果与排污量无法对接。

（2）"人类中心主义"观念。人类中心主义涉及生态伦理议题，认为人与自然界的关系从本质上来看，是从属于人与人之间的关系，是人与人之间关系的具体体现。它认为离开了人与人的关系谈人与自然之间的关系就没有任何意义。人类中心主义的核心观点是：人是宇宙的中心，人是自然界的主人，是万物的主宰；人是其他物种赖以存在的目的，万物的存在和发展都是为了满足人类的需求；人类的价值观是衡量其他存在物价值的唯一尺度。[1]古希腊的普罗塔格拉认为"人是万物的尺度"，这是人类中心主义思想最早的表达。随着生态环境的恶化，人类中心主义将人的贪婪性和侵略性展现得淋漓尽致。人类于是对这种观念进行了批判，泰勒在《尊重自然：一种环境伦理学理论》中写道："采取尊重自然的态度，就是把地球自然生态系统中的野生动植物看作是具有固有价值的东西"[2]。

（3）科技的不当利用。科技是一把双刃剑，人类社会因其发展和进步而受益，但是使用不当就会反受其弊。人类在科技发展的过程中克服了各种大型自然灾害，战胜了其他天敌，掌握了丰富的生活资料，消灭了天花、鼠疫等传染病病菌，享受了更为舒适的生活。但是与此同时人类也应反思是否能够正确地驾驭科技的力量。核武器的研发、生化武器的研制带来了很多问题。事实

〔1〕 夏文利：《现代生态哲学视阈中的淮南子研究》，民族出版社2016年版，第1页。

〔2〕 转引自陈亮：《人与环境》，中国环境出版社2017年版，第81页。

证明，在广岛原子弹爆炸前，人类对其破坏力的了解只是冰山一角。美国生物学家蕾切尔·卡森（Rachel Carson）指出，工业与农业中大量使用化学物质造成很多健康问题。"1959 年 7 月的人口统计办公室月报报道了包括淋巴和造血组织恶变在内的恶性病的增长情况，1958 年的死亡率为 15%，而 1900 年仅为 4%。"[1]20 世纪 30 年代至 60 年代，世界范围内发生了 8 起震惊世人的公害事件，它们分别是比利时马斯河谷烟雾事件、美国多诺拉镇烟雾事件、伦敦烟雾事件、美国洛杉矶光化学烟雾事件、日本水俣病事件、日本富山骨痛病事件、日本四日市气喘病事件、日本米糠油事件。

3.2 自然资源保护

生态危机下生物多样性逐渐丧失、自然资源被破坏、气候异变，生存环境愈加恶劣。这让我们不得不为人类的存续而爱护自然、保护自然资源。人们根据对生态危机成因的分析，采取了不同的自然保护措施。

3.2.1 自然资源保护相关理论

在学术理论上，西方生态思想萌芽出现于古希腊时期，经历了中世纪的混沌走向今天[2]。中国古代也有许多关于合理使用自然资源的论述，笔者不再详述，只探讨与自然资源保护相关的现代理论。西方近代生态思想研究主线是就人与自然主体地位进行的。[3]例如，黑格尔指出：人类理性是战胜自然的法宝，人类

---

〔1〕 ［美］蕾切尔·卡森著，吕瑞兰、李长生译：《寂静的春天》，上海译文出版社 2011 年版，第 217 页。

〔2〕 参见牛文浩：《生态思想维度中社会主义生态文明研究》，经济日报出版社 2019 年版，第 32 页。

〔3〕 牛文浩：《生态思想维度中社会主义生态文明研究》，经济日报出版社 2019 年版，第 36 页。

可以发挥自身意志力等作用来强化对自然的制约。康德则认为，人与自然是互为目的和手段的关系。

1776年，英国哈姆弗里·普莱麦特发表博士论文《论仁慈的义务和残酷对待野生动物的罪孽》，引发了英国对动物权利问题的热烈讨论。1789年英国杰罗米·边沁也提出要给予动物道德关怀。1798年英国经济学家马尔萨斯就人口潜在的指数型增长在《人口论》中对社会发出警告：若不对人口加以控制，人口增长将超出一个国家或者整个世界所能生产食物的能力。1845—1847年梭罗幽居于瓦尔登湖畔的木屋中，创作了《瓦尔登湖》，将简朴生活主义表达得淋漓尽致。1864年美国学者乔治·马什出版了《人与自然》，控诉人类对自然犯下的罪行。1915年阿尔贝特·史韦兹提出了"敬畏生命"的生态思想，并在后半生到各地积极宣传自己的观点，由于他的观点深受中国古代道家、儒家等思想影响，又以印度文化作理论支撑，他的理论又被称为"东方哲学的现代形式"。[1]1950年哈里森·布朗（Harrison Brown）写下《人类未来的挑战》，提出解救之道是由政府来仔细规划并对个体活动加以严格限制。[2]

20世纪兴起的法兰克福学派最早提出生态问题，并明确揭露了当时的资本主义生态危机。法兰克福学派指出：资本主义社会人与自然失衡的现实根源是近代以来西方社会对科学理性主义的盲从，科学技术进步实现了人对自然的统治，从而导致了资本主义的生态危机。

20世纪60年代之后，学界出现了"人类中心主义"与"非

---

〔1〕 参见孙燕华：《当代生态问题的文学思考——台湾自然写作研究》，复旦大学出版社2009年版，第64页。

〔2〕 程伟礼等：《中国一号问题：当代中国生态文明问题研究》，学林出版社2012年版，第87页。

人类中心主义"两派的大争论。"人类中心主义"是站在人类利益的基础上的，以诺顿、默迪、帕斯莫尔、麦克洛斯基为代表。"非人类中心主义"由动物解放论、生物中心论、生态中心论等理论组成，以辛格、泰勒、阿恩·纳斯、福尔摩斯·罗尔森为代表。

1962 年卡森《寂静的春天》一书出版，首次将农药污染危害呈现在世人面前，引发了美国乃至全世界对环境保护问题的关注。此后，《人口爆炸》《增长的极限》《小即是美》等书相继问世。20 世纪 60 年代的自然保护关注集中于生物环境主义关于人口、消费与增长极限之间关系的讨论，强调人口压力对增长的限制。[1]

早期的环境保护运动浪潮推动了 20 世纪六七十年代"环境权"理论的形成，80 年代美国现代民权运动与现代环境保护运动共同孕育了环境正义理论，美国黑人因垃圾倾倒问题而掀起的"沃伦抗议"是环境正义运动的起点。1987 年，华伦县居民的示威活动宣传册《必由之路：为环境正义而战》首次使用了"环境正义"一词。随后，世界各国的伦理学、社会学、政治学、法学以及环境学科等诸多领域的学者、研究团队、社会团体都围绕环境问题展开了各种形式的研讨。比较有代表性的观点，如班扬·布赖恩特（Bunyan Bryant）认为环境正义是通过自上而下的公共政策来有效处理环境平等问题。[2]

自然资源经济学理论研究也初现端倪。1974 年，查尔斯用经济学理论论述了自然资源的问题，对自然资源的属性、共享资源的治理、自然资源非市场效益的评价进行了讨论。20 世纪 80 年代美国的艾伦·兰多尔（Alan Randoll）在《资源经济学》一书中认为资源经济学不仅是微观经济学的分支，更是研究自然资源

---

〔1〕 刘慧："当代西方环境治理流派之争评析"，载《西部学刊》2014 年第 5 期。
〔2〕 参见苑银和："环境正义论批判"，中国海洋大学 2013 年博士学位论文。

和环境政策的一个分支。该书中首次提到对矿产等自然资源的开发不仅创造了效益，而且引发了环境问题，应通过政策设计来解决资源开发带来的环境问题。麦克·哈奇（Mc Hargde）提出区域规划的生态学研究框架，研究出因子叠合的生态规划法，并于1982年探讨了在生态平衡基础上如何建立自然与人和谐关系的方法。

在自然资源公共信托方面，1970年约瑟夫·L.萨克斯（Joseph L. Sax）发表《自然资源法中的公共信托原则：有效的司法干预》疑问，在美国学界、立法及司法中引起了巨大的反响。理查德·德尔加多、卡罗尔·罗斯、艾伦·坎纳、劳埃德·科恩、詹姆斯·霍夫曼等学者都进行了不同角度的研究。

如何评估全球性环境发展问题的社会后果及其对社会未来发展的影响，并根据这种估价制定适当的社会发展战略，是未来主义生态学派研讨的基本问题。罗马俱乐部和赫德森研究所对之进行了不同方面的讨论，一个提出了"零增长"的悲观主义观点（米都斯），后来演变为"有机增长"和"新人道主义"等理论，一个提出"没有极限的增长"的乐观主义观点。

马克思主义的自然观要求全面理解和把握人在自然界中具有双重属性、双重地位的观点，避免在对待环境问题上出现两种极端认识：一种极端认识是看不到人和自然界之间休戚相关的密切关系，把自然界当作敌人，只知索取，不知保护，或是狂妄自大，认为人可以在自然界为所欲为，不受自然规律的制约，凭借手中掌握的知识、技术和生产工具毫无节制地开发自然，浪费自然资源，破坏生态平衡，污染人类生存环境，导致人类社会发展的不可持续性。另外一种极端认识就是看到了环境危机的严重后果，对环境保护的重要性有了一定的认识，却从一个极端走到另外一个极端，无视人的社会属性，看不到或不愿看到人和动物的根本区别，把人贬低到与动物相同的地位，认为人和其他动物的根本区别是"平等"的，把自然界看得至高无上、神圣不可侵犯，将人类一切的生产活动都看作是对自然界的犯罪，从而主张"零增长"甚至回到"田园时代"，并提出一些极端的口号。[1]

市场自由主义流派始于 1987 年，世界环境与发展委员会（WCED）成员将历经四年研究论证的报告《我们共同的未来》提交联合国大会，正式提出了"可持续发展"的概念和模式。该概念从理论上明确了发展经济同保护环境和资源是相互联系、互为因果的观点。当前的气候治理框架是由发达国家占优势地位的市场自由主义发展和管制模式，是从推崇市场机制的新自由主义思潮出发的，本质上是经济自由主义者有意识的自我调适。这种模式将气候治理的主体推向市场和企业。用于解决气候危机的各种手段，实际上就是"购买"适应和减缓措施，如碳交易、碳定价、碳税等。[2]

绿色社会政治思想则把矛头指向生态问题背后的权力结构，特别是由跨国公司和发达国家政府组成的霸权集团，关注不平等问题。它源于以新葛兰西主义和历史唯物主义为代表的经济和社会理论。绿色社会政治思想认为资本主义过度生产和过度消费这两大问题，不仅加剧了人的异化，而且造成了生态危机。[3]

除此之外，制度主义、生物环境主义等流派观点也都对当今的自然资源保护理论发展发挥了作用。

3.2.2 各国自然资源保护

在自然保护意识普遍形成后，各国政府都开始积极发布相关

[1]　广州市环境保护宣传教育中心编：《马克思恩格斯论环境》，中国环境科学出版社 2003 年版，第 13 页。
[2]　刘慧："当代西方环境治理流派之争评析"，载《西部学刊》2014 年第 5 期。
[3]　刘慧："当代西方环境治理流派之争评析"，载《西部学刊》2014 年第 5 期。

政策，制定计划和措施，加大对自然资源的保护力度，以减少本国自然资源和环境的衰退，提高本国的自然资源占有率和利用率。不同国家都采取了相应的措施来保护自然，如美国在前罗斯福总统第二个任期内，在自然资源保护方面取得了空前的成就。1933 年美国设立了土壤侵蚀局（后改名为土壤保持局），开始不断在地图上标出由农民和政府合作完成的样板工程，这些项目的服务工作由民间资源保护队（CCC）来完成。1934 年通过了"泰勒放牧法"，批准 8000 万英亩公有土地禁止过度放牧。同年，行政命令在此拨付 1500 万美元，用于种植"防护林带"。[1]1936 年成立土壤保护服务局，主要职责是防止土壤侵蚀、水土流失。澳大利亚的矿业公司在开采矿藏后应对开采结束的矿区范围内进行科学的地形整理和表土覆盖，然后将整理好的矿区用经济协议的形式转交给复垦公司，以抵押金制度来确保矿区复垦的顺利实施。[2]俄罗斯建立了生态鉴定制度，通过优化联邦政府结构增强政府的环境监察权力，重组自然资源与环境保护部。

我国的自然资源保护较其他发达国家起步晚，经历了一个相对漫长的过程。新中国成立以来，国家制定了一系列自然资源开发利用的政策和法规。我国《宪法》第 9 条第 2 款明确规定："国家保障自然资源的合理利用，保护珍贵的动物和植物。禁止任何组织或者个人用任何手段侵占或者破坏自然资源。"我国的自然资源保护政策随着我国经济的发展、人们对生态资源的认知变化而逐渐演变。有学者认为，自改革开放以来的自然资源政策演进可分为五个阶段：第一个阶段是在 1986 年以前，国家对自

---

〔1〕 参见［美］迪克逊·威克特著，王水编译：《美国总统经济学》，北京时代华文书局 2015 年版，第 160 页。

〔2〕 曾晖：《丘陵矿区土地利用安全格局研究》，中国大地出版社 2010 年版，第 6 页。

然资源的主要政策是资源由产业部门以计划的手段集中处置，以资源换经济；第二个阶段是 1991—1997 年，在这个阶段开始强调耕地保护和节约用水；第三个阶段 1998—2003 年是自然资源政策发展的重要阶段，开始注意资源开发利用的生态环境效应问题，2003 年首次提出保护资源的基本国策；第四个阶段是 2004—2010年，以资源调控经济，将节约能源和保护资源列入各级人民政府的考核体系；第五个阶段是 2011 年至今，资源保护政策主要表现是重点强化资源节约利用和优化配置，明确水资源管理的"三条红线"，[1]促进政府生态建设能力现代化。

4. 国内外自然资源法学研究概况

国内外关于自然资源法学的学术研究十分丰富，笔者拟从自然资源利用方面、自然资源资产化方面、生态环境与自然资源保护方面三个维度的法学研究进行综述。

4.1 自然资源利用相关法律研究现状

4.1.1 节约资源方面法律研究

节约资源是我国的基本国策，国内学者对之的相关研究主要有以下内容：

（1）对国内资源节约相关法律研究。中国自然资源经济研究院（2020 年）：节约资源和保护环境是我国的基本国策。为推动矿产资源节约和综合利用，我国先后发布实施了《矿产资源法》

---

〔1〕 参见王曦主编：《生态文明建设议政文集：中国民主建国会中央人口资源环境委员会参政议政成果精选（2008—2012 年）》，上海交通大学出版社 2013 年版，第147—149 页。

《节约能源法》《循环经济促进法》《资源税法》[1]等法律，加强对环境和资源的保护，促进资源的有效利用和清洁能源的开发，基本形成了矿产资源节约集约利用的法律体系。

杨玲（2019年）：煤炭资源节约与综合利用存在的问题：政策体系不完善与优惠扶持政策执行不力，煤炭资源节约与综合利用法规体系尚不健全，已经出台的一些政策在执行中还存在一些问题，综合利用相关政策支持、信息指导、咨询服务、政策配套协调等方面工作不到位。

韩小丽、王泓凯（2019年）：运用生态学规律，在人类社会经济活动上作出指导性建议，并建立起物质的循环利用模式，把经济活动实现闭环运转，达到较少资源投入，极大报酬支出，并达到良好的生产目的及消费目的。在生产中减量，在包装上从简，减少污染废弃物排放，以达到高效率使用、最大限度利用。

张晓娟（2019年）：针对节约型绿色财政税收政策的执行，已经取得了显著的成果，带来了十分优质的社会经济效益。在新的时代背景下，就需要保持创新型发展策略，要能够针对绿色财政税收制度执行过程中存在的一些不合理情况进行改进创新。不断地优化具体的政策制度，提高执行力。加大财政税收优惠力度，扶持一些节能环保型企业。

……

（2）对国外资源节约相关法律研究。中国自然资源经济研究院（2020年）在研究外国资源节约方面的总结如下：

1）美国。美国主要通过管理制度设计达到节约与综合利用

---

[1] 全称为《中华人民共和国矿产资源法》《中华人民共和国节约能源法》《中华人民共和国循环经济促进法》《中华人民共和国资源税法》，为行文流畅，下文提及我国法律均省去了"中华人民共和国"。

矿产资源的目的。1976 年颁布的《联邦煤矿租赁修正法》提出了节约资源、防止资源浪费的管理目标。一是最大限度的经济回采制度。出让租约时，联邦土地管理局会确定租约的经济可采储量，并监督企业最大限度回收经济可采的矿产资源，防止矿产资源浪费。二是合理采矿单元制度。

2）加拿大。《加拿大石油和天然气开发法》规定对石油和天然气资源要进行合理的、高效的利用，如果对这两种资源有浪费的现象，则要受到法律的处罚。该法第 18 条还准确且详细地定义了"石油和天然气资源的浪费"这一概念所包含的七种情况。

3）巴西。《巴西矿业法典》规定：在开采过程中应当谨慎对待新发现的共生、伴生矿产资源，及时向管理部门汇报。对于暂不需要开采的矿产资源要保护起来，以免损害和浪费。

4）澳大利亚。澳大利亚将资源合理利用融入资源评估要求中。1989 年通过《资源评估委员会法》，该委员会的职责是：依照本法案的规定，对有关资源的事项进行咨询调查，并且作出报告，其中包括资源利用。在委员会开展工作时，有一个重要的原则是资源利用决定应该寻求合理的方法使对于来自国家的团体资源利用利益最优化，并注意资源利用的功效、环境事项、生态完整性和可持续性、生态系统完整性和可持续性，以及资源回收的公平分配。

5）俄罗斯。俄罗斯矿产资源节约与综合利用政策主要有四个方面：一是立法要求；二是国家监督；三是损害赔偿；四是税费优惠。

李婉琦（2014 年）：新加坡的水资源循环技术较完善，我国在此方面应当积极地引进、借鉴，鼓励工厂在部分生产环节中，如制冷、涮洗，使用已被处理过的废水来完成流程运作。

……

研究评述：

可以看出，除了对节约技术和工艺的探讨，我国学者在节约资源方面较多的是通过对具体自然资源的节约政策进行研究，强调政府应出台各项鼓励措施来帮助企业实现对自然资源和能源的节约目标。也有部分学者从鼓励新能源开发的角度来研究如何减少自然资源的浪费。而更多的学者则是通过分析国外自然资源节约政策和出台的保障措施，寻找我国与之差距，进而提出我国节约自然资源的具体建议，但是缺乏对节约资源各项政策和措施实施后的效果的评价和分析，也缺乏较为系统性的整理。节约资源作为基本国策和中华民族的传统美德，已经深入民心，如何让思想转变为实实在在的行动，资源税法等均会发挥重要的作用，我国已于2020年9月1日起实施《资源税法》，学界对之展开了充分的讨论。

4.1.2 资源高效利用方面法律研究

国内外学者有关资源高效利用制度理论研究代表性观点主要有：

（1）关于建立自然资源高效利用制度的理论研究。

钟兴（2019年）：落实资源有偿使用制度，全面建立覆盖各类全民所有自然资源的有偿出让制度，严禁无偿或低价出让。实行资源总量管理和全面节约制度，完善最严格的耕地保护制度和土地节约集约利用制度，完善最严格的水资源管理制度，建立能源消费总量管理和节约制度，建立天然林、草原、湿地保护制度，建立沙化土地封禁保护修复制度，健全海洋资源开发保护制度，健全矿产资源开发利用管理制度。全面建立资源高效利用制度，要求强化约束性指标管理，实行能源和水资源消耗、建设用地等总量和强度双控行动，建立目标责任制，合理分解落实。研究建立双控的市场化机制，建立预算管理制度、有偿使用和交易制度，更多用市场手段实现双控目标。

袁一仁、成金华、陈从喜（2019年）：新中国成立以来，我国自然资源管理体制顺应时代发展，历经"不断探索—初步建立—加速完善—全面深化改革"四个阶段，实现了自然资源管理理念、管理机构、管理制度和实践方式的全方位转变，自然资源领域治理体系和治理能力现代化水平显著提升。

郑少华（2014年）：应将我国环境监督员定位于多重发生职能的受托人地位。企业环境监督员作为受托人，同时具备行政受托人、公众受托人与企业受托人地位，在实际运作过程中，往往存在角色冲突。必须从企业环境监督员在法律规则方面的制度设计上加以改善，否则，"一仆三主"的困境将导致企业环境监督员制度运转失灵。

（2）关于某一具体资源的高效利用研究。

1）国内学者有关水资源利用研究代表性观点。

季丽、杨兵来（2019年）：要细化用水指标、采用配水定额监管、完善"三水"联合调度制度，推行差别水价制度，推广高效节水技术，加强水资源管理，进而保证生活用水、农业用水、工业用水。

梁丽莎、任世芳（2019年）：规划大规模雨水收集系统的可行性大为提高，如果这一措施运用得当，不仅可以达到节约用水的目的，甚至能进一步发挥培育环境资源的功能。利用屋顶做集雨面的雨水集蓄利用系统，主要用于校园浇灌、冲厕、洗衣、冷却循环等中水系统。

佟长福等（2019年）：水权转换工程实施后，提高了水资源的利用效率和效益，拓宽了水利工程的融资渠道，加快了土地流转整合，提高了土地规模化和集约化水平，支持了现代农牧业的发展，同时推动了灌区管理体制的改革。

周玉玺等（2019 年）：水资源管理制度创新是人们水资源利用伦理观的改变、宏观经济体制的变革、经济增长方式的转变、现行水资源管理体制的运行障碍以及水资源供求形势变化共同作用的结果。

2）关于土地资源利用的代表性观点。

孙强（2019 年）：新时期黄河三角洲土地开发利用新途径：探索国土空间，规划编制新思路；建立耕地保护、未利用地生态建设红线和建设用地统筹集约利用为主线的土地开发利用新机制；大力开展多种模式农村土地综合治理，打造黄河三角洲地区田园式新农村；北部沿海未利用地以湿地生态建设和盐碱地综合开发为主，建设全国重要的生态保护区和后备土地资源区。

汪友明（2019 年）：为了提高土地资源利用水平，我国大力倡导土地利用转型与土地管理工作，结合当前土地利用形态处理土地资源管理中存在的一些问题，能够更好地推动土地管理工作的顺利进行，相关部门应该加大土地整理力度、做好土地资源长期规划、开展节约集约化管理、保障土地整理的实效性，从多方面入手落实土地利用与管理工作，为我国社会经济和谐发展奠定基础保障。

3）关于矿产资源利用的代表性观点。

赵恒勤、张红新（2019 年）：破解资源节约和资源保障之间的矛盾，唯有通过资源综合利用技术创新。一方面，通过综合利用技术创新可以提高矿产开发利用的"三率"指标，进而减少矿产资源消耗。另一方面，通过综合利用技术创新，可以充分挖掘我国矿产资源利用的潜力。我国矿产资源的特点是共伴生组分多、综合利用潜力大。

刘应冬（2019 年）：攀枝花地区大部分尾矿资源具备综合利用价值，可进行铁、钛、硫、钴、磷等有价元素的二次开发利用。尾矿的二次利用不仅能减少资源浪费、增加企业利润，还能整合星罗棋布的大量小尾矿库，减少土地资源占用，减少安全隐患风险。

刘红召（2019年）：我国矿山尾矿蕴藏的金属矿物组分资源化潜力大、经济价值高，其中的非金属矿物也具有很好的资源化潜力。要实现尾矿的减量化、资源化、无害化，还需要尽快摸清矿山尾矿资源家底，开展综合利用技术创新，并建立尾矿分级分类标准体系。

孟庆江（2019年）：行业标准体系建设的滞后造成稀土行业管理的粗放型；多年来离子型稀土开发利用关键技术成果的工业化应用中技术和管理标准不完善或执行不到位，造成资源利用率不高，也是造成环境和生态问题的主要原因之一。

4）关于海洋渔业资源利用的代表性观点。

刘勤（2011年）：研究表明，海洋空间资源性资产利用效率流失的原因是多方面的，因此需建立一个海洋空间资源性资产流失治理体系。

孙子淇、王传会（2019年）：通过 DEA-Malmquist 生产率指数模型，测算分析 2010—2016 年我国渔业资源利用效率的分解指标与全要素生产率。研究表明，自 2013 年我国渔业资源利用效率不断提高，其主要原因是纯技术效率和技术进步率显著提高。因此，各省份应据此创新海洋技术发展，完善海洋功能区划的技术支撑体系，以技术带动资源利用效率的提高。

5）关于林业资源利用的代表性观点。

付晓燕（2019年）：科学保护自然保护区林业资源，是实现经济与生态环境效益的最大化，需要政府对林业资源大力支持，对开发自然保护区建设起关键作用。要科学规划林业资源的开发利用，从业人员要加强学习相关法律法规，共同促进自然保护区林业资源的可持续发展。

(3) 关于资源利用效率评价方法研究的代表性观点。

白惠婷等 (2019 年):采用可拓层次分析法确定各层指标权重,采用模糊综合评价模型确定各指标利用效率的隶属度,最终通过逐层计算对典型园区水资源利用效率进行评价。

对以上三类研究的评述:

在国内方面,除上述观点外,有很多学者也为我国资源利用方面的研究作出了贡献:林伯强着重对资源经济学理论与政策实践进行了较为详细的阐述;常毅军从碳环境推动下的生物产业革命的视角,对新生态下的新能源的使用效率进行了分析;陈昭玖与翁贞林从新能源角度阐释了能源经济的结构与资源的高效利用;段茂盛与周胜从系统学角度研究了资源的使用与气候变化;李植斌等人从低碳能源的角度研究了低碳经济在生态经济中的地位和作用;张瑞通过对"能源—环境—经济"中的"倒逼"理论进行阐述论证,详细地阐述了环境规制、能源生产力与中国经济增长之间的关系;张一清与刘晓燕从博弈论角度研究了能源优化配置机制的博弈与投入产出之间的关系。这些理论对于我们研究马克思主义理论下生态友好型社会发展、促进能源消费结构调整、资源高效利用过程中的均衡调控,具有借鉴意义。

在国外方面,关于能源消费结构调整与高效利用的研究成果较多,比较有代表性的是:德国保罗·维尔芬斯等人从德国生态税改革的角度来对欧盟能源政策作出的介绍;美国阿兰·尼斯等人从自然资源稀缺性角度对资源经济的发展进行的论述;日本的滨川圭弘等人从资源对环境的影响方面来揭示能源的科学利用;英国的萨布海斯·C. 巴塔查亚从能源市场与环境治理方面来揭示资源经济的发展定位。国外这些作者对于资源经济学的研究,对我国研究能源消费结构调整资源高效利用具有借鉴意义。

目前国内关于自然资源高效利用的理论及制度创新的文献主要集中在对某一具体自然资源在开发和利用时的利用理论研究上，而从整体上去把握、协调管理自然资源高效利用的理论与制度研究非常少，有不少学者提出要激励资源高效利用，但缺少直接的关于激励机制建立的研究。也有部分学者提到要加强政府对资源利用的管理，但是没有将之与市场激励联合在一起。究其原因，首先思想层面上可能与多年来我们对生态文明建设中的环境保护、污染治理的关注度更高，有关自然资源利用方面的关注也往往只停留在节约资源、节能减排上。其次在实操过程中，由于对自然资源的节能减排的手段和措施都非常直接，而高效用无论从技术创新研发、拓展应用和效果评价上都存在难度，再加上缺乏合理的激励机制来吸引企业，造成了一直以来对资源的高效利用总体方向研究较少，甚至一些学者研究了部分内容后就搁置了，缺乏后续跟踪研究成果。

4.1.3 资源循环利用方面法律研究

（1）学者对国内资源循环利用相关法律政策的代表性研究主要有：

温宗国（2019 年）：近十年来，在循环经济政策的驱动下，我国资源循环利用产业在降低原生资源消耗、提高资源产出率以及资源环境保护方面取得了明显成效，对缓解可持续发展面临的资源和环境难题发挥了重要作用。

杜欢政、张菲菲、刘飞仁（2019 年）：资源循环利用产业正是通过将废弃物不断转化为资源，重新投入经济系统当中，而且通过技术创新、商业模式创新等，持续提高废弃物转化的效率和效益，最终目的正是实现资源的永续利用。我国的资源循环产业并不是孤立的，而是广泛参与到国际资源大循环当中，是全球资源循环链条上的重要一环。在其发展初期，我国资源循环产业扮演的是废弃物的转化者和原材料的提供者。

成金华、陈嘉浩（2019年）：推进资源全面节约和循环利用是我国生态文明建设的重要内容，是解决资源环境问题、倒逼经济发展方式转变、推动经济高质量发展的重要措施。

段金廒等（2019年）：中药资源循环经济体系的构建不仅取决于科学技术的发展程度，同时与配套政策法规的建设密切相关，现有政策法规在一定程度上制约了中药废弃物及副产物多元化利用研究成果的有效转化。

……

（2）对国外资源循环利用相关法律政策的代表性研究主要有：

谭琦璐、康艳兵（2020年）：日本法律体系为三层次金字塔结构，从上到下分别为1部基本法、2部综合法和6部专门法。基本法为《循环型社会形成基本推进法》。日本法律体系还有如下特点：一是立法过程是循序渐进的。法律体系的三层次金字塔结构并不是一开始就确定的，而是经历了从单项法到基本法，再由基本法指导单项法的修订的过程，不断趋于完善。二是具有极强的可操作性。

谭琦璐、康艳兵、赵盟（2019年）：欧盟通过资源效率来反映循环经济发展水平，构建了一套资源效率指标体系，第二层为宏观层，包括土地、水、碳三大类资源的8项指标。第三层为参考层，涵盖各种废弃物转变成资源的循环利用率指标，包括环境税、能源税、生态创新等经济指标，还有从生物多样性，保护清洁空气、土地和土壤等三个方面反映资源利用对环境的影响指标，涉及食品、建筑、交通三个关键领域。

朱薇（2017年）：日本低碳循环农业发展主要呈现以下三个方面的特点：一是安全性较高，严格控制化学农药及添加剂的使用，而且用"生态减灭"方式进行农业病虫害的防治与去除，从而对农产品质量及其安全性、保健性的提高都起到了重要的保障作用。二是高效性，减少了化学制剂的使用，有效降低了农业生产成本，从而有效增加了农民收入的同时提高了农业经济效益。三是社会和谐性农业，低碳农业的大力发展，减少了二氧化碳的排放，在一定程度上对温室效应产生的全球变暖情况起到了缓解作用，从世界环境来说属于社会和谐型农业。

王瑛（2008 年）：德国是先在具体领域实施循环经济思想，然后建立系统整体的循环经济法规，而日本是先有总体性的立法，再向具体领域推进，其法律体系主要分为基础层次、综合层次与具体层次三个层次。虽然两国推进立法的方式不同，但是两国都是既有发展循环经济的基本法律，又有一系列具体的法律、法规，从而形成了一个系统、全面的法律体系。关于欧盟循环经济立法，有学者从清洁生产、生态工业、废物回收管理和再生能源利用这三个层次论述了其制定模式是以专业型政策计划为主导，系统型和分散型立法各具特色，综合采取了技术推进、经济刺激、法律责任等方法。

……

研究评述：

从资源循环利用到循环经济的研究，各国政府和社会学界都已将之作为重点研究建设途径和目标。学者对国内相关法律政策的研究从国家政策支持到企业技术开发，再到具体某一自然资源的循环利用都非常丰富，对国外的政策研究较为集中于发达的欧美、日、澳等国家和地区，研究内容详尽。

4.2 自然资源资产化相关法律研究现状

（1）自然资源资产所有权、使用权、治理安排权方面。

王克稳（2018 年）：国有与集体所有自然资源在范围与边界方面的冲突集中体现在林地、草地、荒山、荒地以及滩涂资源的所有权归属方面。

王灵波（2018 年）：当政府错误或怠于行使信托义务时，法院通过司法审查的方式维护公众的信托利益……从公共信托的角度，我国应明确国家所有的公权属性、还原全民所有的财产权本质，并在此基础上实行资源属地化管理制度、完善我国资源配置的公众参与制度、加强法院对资源配置行为的审查。

叶榅平（2018 年）：应在充分确认人大监督对于实现自然资源国家所有权具有重要意义的基础上，有针对性地对自然资源国家所有权行使的人大监督进行专门立法，并从设立监督机构、明确监督权行使的形式、确定监督重点、完善监督程序等方面具体展开。

黄剑勇（2018 年）：国家所有权实际上是指在宪法层面上赋予了国家对私人所有权进行限制的权力与职责，是以规范和制约公共权力、参与和监督公共事务、增进和分配公共利益为指归的公权，是一种立法权和管理权，并非传统私法领域以财产权和人身权为指归的私权。

黄萍（2018 年）：自然资源国家所有权的属性使国家享有生态环境损害索赔权具有了正当性和合理性，地方人民政府作为国家的代表机关行使生态环境损害赔偿权，但应根据生态环境损害影响范围确定不同等级的地方人民政府作为生态环境损害赔偿权利人。

王社坤（2018 年）：自然资源产品取得权的核心权能是分离

和取得权能，是自然资源所有权使用和收益权能的转化形态。自然资源产品取得权的占有权能具有特殊性，更多表现为对自然资源观念上的抽象占有。

郑佳宁（2018 年）：能源资源使用权制度的构建有助于拓展能源资源的使用价值，筑牢能源资源开发利用的法律根基。不同于用益物权，能源资源使用权属准用益物权，具有明显的公权色彩。

邓玲（2019 年）：建立和完善由政府、市场和社会共同参与的多元治理体系，实现自然资源国家所有权到社会主体资源使用权的传导，加强资源治理的系统性、完整性、多元性，更好地发挥自然资源的经济价值、生态价值和社会价值。

……

（2）关于自然资源资产市场化价值评估与交易法律问题方面。

孙伯驰、王云龙（2015 年）：随着经济的高速发展，资源环境问题不断显现，人类与自然界矛盾重重，有关自然资源价值补偿的问题更多地引发关注。作者从西方经济学价值理论角度论证了自然资源的价值，解释了自然资源没有得到补偿的原因，进而提出了相关的政策建议来正视自然资源价值补偿问题。

陈志峰（2018 年）：市场配置资源的关键在于绿证交易市场的完善，而绿证基础权利是市场的基石。以环境容量理论为基础，借鉴自然资源物权并结合当前实践，建立环境容量资源利用权利体系的条件已经成熟。在这一权利体系下绿证基础权利与排污权、碳排放权等典型的环境容量资源利用权形态本质相同，但内含利益的性质截然不同，内容也更为复杂，因此有必要形成新的权利类型。

杨曦（2018 年）：为了防止职能的重复设置、方便资源的配置，公共资源交易平台应当在明确其职能的情况下进一步整合自然资源交易平台。整合之后，公共资源交易平台应当拥有出让国有自然资源的执行权，成为一个统一的代表国家出让自然资源的主体。

常纪文（2019 年）：自然资源产权管理和专业监管的分立可充分发挥市场作用，进一步促进简政放权，实现对山水林田湖草的综合管理，克服监管盲点，提升综合保护绩效。设立专门机构开展自然资源资产管理，《生态文明体制改革总体方案》等规定了改革依据；自然资源统一确权登记试点取得积极进展，奠定了工作基础；与自然资源资产负债表、绿色 GDP 核算、生态文明建设目标评价考核等结合起来，促进改革的系统化和连贯化；建议在国家和省、市成立三级国有自然资源资产管理机构，在部分区域和流域派驻机构。为保障改革的实施，需界定国有自然资源资产的范围及所有权、监管权的角色和权限；改革生态补偿、排污权有偿使用、资源有偿利用等制度；明晰流域与属地的权力（利）关系；明确自然资源资产管理职责和生态环保党政同责的关系；重构环境保护税、资源税和自然资源资产使用费的关系；规定自然资源资产管理的原则、体制、制度和责任；建立自然资源资产清单、权利清单和管理信息平台；厘清各方权利边界和监管边界，建立评价考核和奖惩机制。

罗弘毅（2019 年）：基于公共风险对现行资源收益分配制度进行的反思发现，当前央地收入分配制度缺乏稳定性、收益分配与风险治理不匹配、收益缺乏风险定价、资源收益没有得到统一管理的缺陷，可能是上述风险产生的主要原因。

严金明（2019 年）：自然资源资产具有"公、私"交融的特性，明晰自然资源资产的"公权管治"和"私权保护"的管理本质，分析自然资源资产产权制度的改革重点，建立"有为政府"

和"有效市场"等，都将成为自然资源资产产权制度改革的关键。

……

（3）关于自然资源资产司法公平量化问题的主要研究内容。

屈茂辉（2009年）：计量方法在法学研究中的运用是法学现代化与国际化的必然趋势，具有现实性和可行性。

王树义（2014年）：环境问题的解决，是一个综合性的系统工程。首先要转变观念，不能再走以牺牲环境为代价的经济道路，必须坚持可持续发展观走科学发展的道路。其次，坚持发展循环经济和清洁生产，充分利用环境保护的现代科学和技术，预防、减少和消灭环境污染。最后，加强环境法治，走依法治理环境的道路。

叶锋（2016年）：对环境侵权因果关系的认定应建立一套可供使用及检验的逻辑结构体系。因果关系推定仅适用于责任成立的因果关系，不适用于责任范围的因果关系。受害人对因果关系证明的标准是一般盖然性，法官在内心确认可能存在关联性即可。

杨朝霞（2016年）：通过环境司法专门化，特别是环境法庭的建设，可以为日益增加的环境案件提供专门的司法"平台"，有利于提升环境司法裁判的专业性、效能性和统一性，但另一方面，却无法解决无人起诉、无案可审、"等米下锅"的问题。

……

国内学者研究评述：

关于自然资源资产市场化价值评估与交易的研究，法学方面的研究成果比较少，需要进一步探讨自然资源资产市场化价值评估与交易的法律路径。国内的法学研究大多是在定性分析、价值判断以及规范分析的基础上进行的逻辑推演，运用计量方法对法学的量化研究并不深入，涉及的法律部门并不广泛，亟须做出进一步的研究。

4.3 生态环境与自然资源保护相关法律研究

生态环境与自然资源的保护往往是联系在一起的，学者对这方面的研究较为系统、丰富。笔者拟从生态环境承载能力研究、生态修复研究、政府生态保护职能三方面对生态环境与自然资源保护相关法律研究的代表性观点进行概括。

（1）生态环境承载能力研究。

史云娣（2019 年）：相关工程施工管理人员应积极转变传统经营模式，增强岩土工程现场地质勘查工作，强化不同基础形式下的施工质量控制，以地质条件为依据，合理选择基础形式等，以此推动复杂地质中岩土工程中桩基施工管理质量和效率的提升。

段雪琴（2019 年）：坚持市场资源配置与政府干预相结合的原则，将资源环境承载能力评价与监测预警结论纳入自然资源及其产品价格形成机制，根据区域资源环境超载及监测预警等级，结合市场供求和环境成本情况作出科学化、条理化的价格决策，最终实现自然资源及其产品价格定价调整。

粟维斌、刘诚言（2019 年）：建立乡村旅游环境承载能力的预警系统能够实现对乡村旅游承载能力的合理管控，进而针对季节变化、节假日合理调整乡村旅游资源，分配旅游人数，保障乡村环境的稳定。

……

（2）生态修复研究。

李国平、刘生胜（2018 年）：生态保护补偿的上限是从效益角度对自然资源保护者供给的所有社会效益的补偿（新增社会效益减去新增私人效益），货币化后即是生态保护行为外溢的生态服务价值。生态保护补偿的底线和上限构成充分补偿标准的选择空间，并随着经济社会发展水平的变化而变化。

胡桂林（2020年）："修复优先"原则的本质是在生态环境损害责任实现的方式上尽可能地对义务人施加金钱赔偿以外的责任承担方式，生态环境的自然属性和社会属性都需要通过一种有效的修复方式来实现利益的平衡。

易行等（2020年）：首先，汲取各学科研究方法，提升国土生态修复方法的科学性和创新性，同时需要考虑经济性，也需要结合人文精神，更需要可靠的技术和装备的支撑，三者缺一不可；其次，国土生态修复是一个系统性工程，在根据不同区域、类型及破坏情况进行修复的同时，需要考虑到国土生态系统的破碎性，防止出现国土生态修复的孤岛现象。

……

（3）政府生态保护职能。

魏莉华（2019年）：自然资源部的组建、自然资源开发利用和保护监管体系的建立、国土空间规划体系的建立与监督实施，标志着我国自然资源治理由分散走向统一、由单纯的资源管理走向五位一体的生态文明系统治理的变革。

朱先高、章淇华（2019年）：自然资源管理不仅牵涉面广，且关系国计民生的重大事项，影响社会经济生产、生活、生态等各个方面，稍有不慎，就容易出现行政行为不合法问题，成为检察机关监督的对象。为此，自然资源部门要主动争取当地党委政府的重视，善于总结经验教训，化被动为主动，携手检察机关，发挥部门合力，恪守依法行政，建立健全有利于生态环境和资源保护的机制，提高自然资源治理能力，把自然资源管理工作推向新时代。

耿建新、吕晓敏、刘尚睿（2019年）：总的来看，目前领导干部自然资源资产离任审计的理论研究和实务开展，无论从审计范围、内容，还是到程序、方法等，均未关注到资源环境承载能力的相关内容或指标；研究的内容仍停留在审"钱"的财政、财务资金审计和审"政策"的问责审计，且多为事后审计，较少或几乎未涉及审"绿"的内容，也缺少对自然资源可持续发展的考虑。

......

研究评述：

自然资源保护离不开对其所存在的环境的保护，因此学者普遍将生态资源与环境保护作为整体研究，很多学者都对中华人民共和国成立后我国自然资源保护的历史及现状进行梳理，也有部分学者寻古论今，将孔孟之道应用于当今的资源保护理念中。习近平生态资源保护思想较为系统地阐释了可持续发展的自然生态观，因而目前很多学者都对其相关理论进行了研究。在自然资源治理方面，生态修复与国土综合整治、资源环境承载力与空间规划、生态旅游等都是近几年研究的热点，由于一些重要的自然资源具有流动性、整体性和系统性，跨区域生态补偿研究也一直是自然资源损害的研究重点。

5. 我国自然资源保护的立法、执法与司法

5.1 我国自然资源保护立法概况

在土地资源保护上，我国 1950 年出台了《土地改革法》；1982 年《宪法》第 9 条第 2 款中提出"自然资源的合理利用"，同时出台《国家建设征用土地条例》和《水土保持工作条例》；1986 年出台《土地管理法》，后于 1988 年修正，1998 年修订，2004 年、2019 年修正；1991 年发布《土地管理法实施条例》，后于 1998

年、2011 年、2014 年、2021 年修订；1993 年发布《土地增值税暂行条例》，后于 2011 年修订；1994 年发布《基本农田保护条例》，后于 1998 年、2011 年修订；2001 年颁布《防沙治沙法》，后于 2018 年修正；2011 年发布《土地复垦条例》；2018 年颁布《耕地占用税法》。

在草原资源保护立法方面，1985 年我国颁布了《草原法》，后于 2002 年修订，2009 年、2013 年、2021 年修正；1993 年颁布《草原防火条例》，后于 2008 年修订。

在森林资源保护上，我国 1963 年颁布《森林保护条例》；1979 年发布《森林法（试行）》；1984 年颁布《森林法》，后于 1998 年、2009 年修正，2019 年修订。除此之外还有义务植树、城市绿化等办法与条例。2000 年发布《森林法实施条例》，后于 2011 年、2016 年、2018 年修订；2002 年发布《退耕还林条例》，后于 2016 年修订。

在野生动植物保护方面，中国早期颁布的有关动物保护的行政法规包括：《关于稀有生物保护办法》（1950 年发布）、《国务院关于积极保护和合理利用野生动物资源的指示》（1962 年发布）、《自然保护区暂行条例（草案）》（1973 年发布）、《水产资源繁殖保护条例》（1979 年发布）、《进出口动植物检疫条例》（1982 年发布）、《国务院关于严格保护珍贵稀有野生动物的通令》（1983 年发布）、《森林和野生动物类型自然保护区管理办法》（1985 年发布）、《关于坚决制止乱捕滥猎和倒卖、走私珍稀野生动物的紧急通知》（1987 年发布）等。在过去的 20 多年中，中国制定了一些有关动物的正式法律，最重要的一部以动物保护为核心的法律是《野生动物保护法》（1988 年 11 月 8 日第七届全国人大常委会第四次会议通过《野生动物保护法》，2004 年 8 月 28 日第十届全国人大常委会第十一次会议《关于修改〈中华人民共和

国野生动物保护法〉的决定》第一次修正《野生动物保护法》，
2009 年 8 月 27 日第十一届全国人大常委会第十次会议《关于修
改部分法律的决定》第二次修正《野生动物保护法》，2016 年 7
月 2 日第十二届全国人大常委会第二十一次会议修订《野生动物
保护法》，2018 年 10 月 26 日第十三届全国人大常委会第六次会
议《关于修改〈中华人民共和国野生动物保护法〉等十五部法律
的决定》，第三次修正《野生动物保护法》）。其他一些包含动物
保护的条款的法律包括《环境保护法》（第七届全国人大常委
第十一次会议于 1989 年 12 月 26 日通过，第十二届全国人大常委
会第八次会议于 2014 年 4 月 24 日修订通过）、《海洋环境保护
法》（1982 年 8 月 23 日第五届全国人大常委会第二十四次会议通
过，1999 年 12 月 25 日第九届全国人大常委会第十三次会议修订
通过，根据 2013 年 12 月 28 日第十二届全国人大常委会第六次会
议《关于修改〈中华人民共和国海洋环境保护法〉等七部法律的
决定》第一次修正，根据 2016 年 11 月 7 日第十二届全国人大常
委会第二十四次会议《关于修改〈中华人民共和国海洋环境保护
法〉的决定》第二次修正，根据 2017 年 11 月 4 日第十二届全国
人大常委会第三十次会议《关于修改〈中华人民共和国会计法〉
等十一部法律的决定》第三次修正）、《森林法》（1984 年 9 月 20
日第六届全国人大常委会第七次会议通过，根据 1998 年 4 月 29
日第九届全国人大常委会第二次会议《关于修改〈中华人民共和
国森林法〉的决定》修正，根据 2009 年 8 月 27 日第十一届全国
人大常委会第十次会议《关于修改部分法律的决定》第二次修
正，根据 2019 年 12 月 28 日第十三届全国人大常委会第十五次会
议修订通过）、《草原法》（1985 年 6 月 18 日第六届全国人大常
委会第十一次会议通过，2002 年 12 月 28 日第九届全国人大常委
会第三十一次会议修订通过，根据 2009 年 8 月 27 日第十一届全

国人大常委会第十次会议《关于修改部分法律的决定》修正，根
据 2013 年 6 月 29 日第十二届全国人大常委会第三次会议《关于
修改〈中华人民共和国文物保护法〉等十二部法律的决定》第二
次修正，根据 2021 年 4 月 29 日第十三届全国人大常委会第二十
八次会议《关于修改〈中华人民共和国道路交通安全法〉等八部
法律的决定》第三次修正)、《渔业法》（1986 年 1 月 20 日第六
届全国人大常委会第十四次会议通过，根据 2000 年 10 月 31 日第
九届全国人大常委会第十八次会议《关于修改〈中华人民共和国
渔业法〉的决定》修正，根据 2004 年 8 月 28 日第十届全国人大
常委会第十一次会议《关于修改〈中华人民共和国渔业法〉的决
定》第二次修正，根据 2009 年 8 月 27 日第十一届全国人大常委
会第十次会议《关于修改部分法律的决定》第三次修正，根据
2013 年 12 月 28 日第十二届全国人大常委会第六次会议《关于修
改〈中华人民共和国海洋环境保护法〉等七部法律的决定》第四
次修正)、《农业法》（1993 年 7 月 2 日第八届全国人大常委会第
二次会议通过，2002 年 12 月 28 日第九届全国人大常委会第三十
一次会议修订通过，根据 2009 年 8 月 27 日第十一届全国人大常
委会第十次会议《关于修改部分法律的决定》修正，根据 2012
年 12 月 28 日第十一届全国人大常委会第三十次会议《关于修改
〈中华人民共和国农业法〉的决定》第二次修正)。围绕国家有关
动物保护的法律，还制定了很多配套的行政法规和规章，比较重
要的包括：《国家重点保护野生动物驯养繁殖许可证管理办法》
（1991 年发布，2015 年修改)、《陆生野生动物保护实施条例》
（1992 年发布，2011 年、2016 年修订)、《水生野生动物保护实施
条例》（1993 年发布，2011 年、2013 年修订)、《猎枪弹具管理办
法》（1993 年发布)、《陆生野生动物资源保护管理费收费办法》
（1993 年发布)、《关于禁止犀牛角和虎骨贸易的通知》（1993 年

发布）、《自然保护区条例》（1994 年发布，2011 年、2017 年修订）等。各省、自治区、直辖市也制定了地方《〈野生动物保护法〉实施办法》及《保护野生动物名录》等。《刑法》（1997 年修订）增加了与保护野生动物有关的条款，法定最高刑为死刑。此外，我国还制定了一些有关动物健康的法规，包括《家畜家禽防疫条例》（1985 年发布）、《家畜家禽防疫条例实施细则》（1987 年发布，1992 年修订）、《动物防疫法》（1997 年发布，2007 修订，2013 年、2015 年修正，2021 年修订）、《进出境动植物检疫法》（1991 年发布，2009 年修正）、《进出境动植物检疫法实施条例》（1996 年发布）、《食品卫生法》（1995 年发布）等。

在渔业资源保护方面，我国 1979 年颁布了《水产资源繁殖保护条例》《渔政管理工作暂行条例》；1986 年颁布了《渔业法》，后于 2000 年、2004 年、2009 年、2013 年修正；1987 年颁布了《渔业法实施细则》，后于 2020 年两次修订；1993 年颁布了《水生野生动物保护实施条例》，后于 2011 年、2013 年修订。

在水资源和水土保持方面，我国 1988 年颁布了《水法》，后于 2002 年修订，2009 年、2016 年修正；1988 年颁布了《河道管理条例》，后于 2011 年、2017 年、2018 年修订；1991 年颁布了《防汛条例》，后于 2005 年、2011 年修订；1993 年颁布了《取水许可制度实施办法》；1982 年颁布了《水土保持工作条例》；1991 年颁布了《水土保持法》，后于 2009 年修正，2010 年修订；2006 年发布了《取水许可和水资源费征收管理条例》，后于 2017 年修订。

在对矿产资源的保护上，我国 1950 年发布了《矿业暂行条例》；1965 年颁布了《矿产资源保护试行条例》；1986 年颁布了《矿产资源法》，后于 1996 年、2009 年对其进行修正；1992 年颁布了《矿山安全法》，后于 2009 年修正；1993 年发布了《对外合作开采陆上石油资源条例》，后于 2001 年、2007 年、2011 年、2013 年修订；1994 年发布了《乡镇煤矿管理条例》，后于 2013 年修订；1994 年发布了《矿产资源补偿费征收管理规定》，后于 1997 年修订；1994 年发布了《矿产资源法实施细则》；1998 年发布了《探矿权采矿权转让管理办法》《矿产资源勘查区块登记管理办法》《矿产资源开采登记管理办法》，这三部法规后均于 2014 年修订；2005 年发布了《关于预防煤矿生产安全事故的特别规定》，后于 2013 年修订；2010 年发布了《古生物化石保护条例》，后于 2019 年修订。

在对特殊区域的环境资源保护上，1958 年中国政府发布关于领海的声明，1985 年颁布了《风景名胜区管理暂行条例》《森林和野生动物类型自然保护区管理办法》《海洋倾废管理条例》，《海洋倾废管理条例》后于 2011 年、2017 年修订；1988 年发布了《防止拆船污染环境管理条例》，后于 2016 年、2017 年修订；1989 年发布了《渔港水域交通安全管理条例》，后于 2011 年、2017 年、2019 年修订；1990 年发布了《防治海岸工程建设项目污染损害海洋环境管理条例》，后于 2007 年、2017 年、2018 年修订；1992 年颁布了《领海及毗连区法》，同年发布了《关于外商参与打捞中国沿海水域沉船沉物管理办法》，该办法后于 2011 年、2016 年、2020 年修订；1994 年颁布了《自然保护区条例》《森林公园管理办法》，《自然保护区条例》后于 2011 年、2017 年修订，《森林公园管理办法》后于 2016 年修改；1998 年颁布了《专属经济区和大陆架法》；2001 年发布了《国际海运条例》，后于 2013 年、2016 年、2019 年修订；2001 年颁布了《海域使用管理法》；2006 年发布了《防治海洋工程建设项目污染损害海洋环境管理条例》，后于 2017 年、2018 年修订；2009 年颁布了《海岛保护法》，同年发布了《防治船舶污染海洋环境管理条例》，后于 2013 年修订，2014 年修正，2016 年、2017 年、2018 年修订。

在能源使用方面，我国 1997 年颁布了《节约能源法》，后于 2007 年修订，2016 年、2018 年修正；2005 年颁布了《可再生能源法》，后于 2009 年修正。

关于内河资源保护方面，我国 2001 年发布了《长江河道采砂管理条例》。

在海洋资源保护方面，我国 1982 年发布了《对外合作开采海洋石油资源条例》，后于 2001 年、2011 年、2013 年修订；1983 年发布了《海洋石油勘探开发环境保护管理条例》；1987 年发布了《航道管理条例》，后于 2008 年修订；1990 年发布了《防治陆源污染物污染损害海洋环境管理条例》；1996 年发布了《涉外海洋科学研究管理规定》；2016 年颁布了《深海海底区域资源勘探开发法》。

在环境影响方面，我国 1989 年颁布了《环境保护法》，后于 2014 年修订；1982 年颁布了《海洋环境保护法》，后于 1999 年修订，2013 年、2016 年、2017 年修正；2002 年颁布了《环境影响评价法》，后于 2016 年、2018 年修正；2003 年颁布了《港口法》，后于 2015 年、2017 年、2018 年修正；2003 年发布了《地质灾害防治条例》；2009 年发布了《规划环境影响评价条例》；2012 年发布了《海洋观测预报管理条例》；2016 年颁布了《环境保护税法》，后于 2018 年修正。

1992 年我国政府向联合国环境与发展会议提交了《环境与发展报告》，并制定了"中国环境与发展十大对策"，提出走可持续发展道路是中国当代以及未来的选择；1994 年，中国制定了《中国 21 世纪议程——中国 21 世纪人口、环境与发展白皮书》，确立了中国 21 世纪可持续发展的总体战略框架和各领域的主要目标。

在对自然资源税的征管上，我国于 1993 年发布了《资源税暂行条例》，后于 2011 年修订；2019 年 8 月颁布了《资源税法》，于 2020 年 9 月 1 日起施行。

除此之外，我国近年来还颁布了一些部门规章，如《自然资源部、财政部、生态环境部、水利部、国家林业和草原局印发〈自然资源统一确权登记暂行办法〉的通知》（自然资发〔2019〕116 号）为建立和实施自然资源统一确权登记制度，推进自然资源确权登记法治化，推动建立归属清晰、权责明确、保护严格、流转顺畅、监管有效的自然资源资产产权制度，对实现山水林田湖草整体保护、系统修复、综合治理作出指导。在此之后，自然资源部办公厅印发了《自然资源确权登记操作指南（试行）》（自然资办发〔2020〕9 号），进一步明确了自然资源确权登记的技术标准和操作要求。2020 年 6 月 24 日，自然资源部又印发了《自然资源标准化管理办法》，来提升自然资源治理效能，促进科学技术进步，加强自然资源标准化工作。

5.2 当代中国生态资源保护的执法与司法

5.2.1 当代中国生态资源保护执法

在生态环境保护上，2006 年国家环保总局与经济政策研究中心对《环境保护法》实施状况展开调查研究，通过对新疆、安徽、广东、上海等 20 多个自治区、省市进行实地调研，形成报告。报告中指出，环境保护统一监管制度赋予了各级环境保护行政主管部门对环境保护统一监管的权力和职责，使环境管理行政有了法律支持，取得一定的成效。但是由于配套法律不完善，环境监管职责存在不明确和职能交叉，环保部门难以行使环保统一职责。

2018 年 3 月，自然资源部正式成立，履行全民所有土地、矿产、森林、草原、湿地、水、海洋等自然资源资产所有者职责和所有国土空间用途管制职责。负责自然资源调查监测评价、自然资源统一确权登记、自然资源资产有偿使用、自然资源的合理开发利用、建立空间规划体系并监督实施、统筹国土空间生态修复、组织实施最严格的耕地保护制度、管理地质勘查行业和全国地质工作、落实综合防灾减灾规划相关要求、管理矿产资源、监督实施海洋战略规划和发展海洋经济、监督管理海洋开发利用和保护、测绘地理信息管理、推动自然资源领域科技发展、开展自然资源国际合作、地方人民政府落实党中央、国务院关于自然资源和国土空间规划的重大方针政策、督察决策部署及法律法规执行情况、管理国家林业和草原局、中国地质调查局等[1]。

自然资源管理工作历经改革和发展，执法监察工作始终是保障和促进自然资源管理工作科学发展的重要环节。[2]在具体工作的执行中，自然资源部门与乡、镇人民政府共同进行处理，双管齐下，在准确把握政策方向的同时做到了对具体案例的处理，贯彻落实好如《土地管理法》《矿产资源法》等自然资源相关法律。搞好自然资源执法监察工作是一项长期、复杂的工作，需要各级党政组织的统一领导、统一规划、统一管理、统一行动。当前的生态资源保护工作，需要加强网络建设，充分发挥县（区）、乡镇、村、所"四位一体"执法监察工作"网络"的作用，提高执法工作的快速反应能力，加强队伍建设，不断提高执法能力和工作水平，为从根本上改进和提高自然执法水平创造条件，从源头上防止涉地、涉矿等自然资源违法行为的发生。

---

〔1〕 详情见自然资源部网站职能配置，载 http://www.mnr.gov.cn/jg/#znpz，最后访问日期：2020 年 2 月 14 日。

〔2〕 参见许传刚、尹丹："浅谈自然资源执法监察工作新思路"，载《国土资源》2019 年第 6 期。

5.2.2 当代中国生态资源保护司法

国家司法机关依据法定的职权和法定程序，应用具体的环境资源法律处理相关案件的活动为环境司法。[1]在我国，生态资源保护司法权分为审判权、检察权和法律监督权。环境司法活动最主要的表现形式是各种环境（资源）诉讼活动。环境（资源）诉讼可按其内容和运用的程序法不同分为环境（资源）行政诉讼、环境（资源）民事诉讼和环境（资源）刑事诉讼。

近年来，随着国家对生态安全的宣传教育和普法活动，越来越多的生态环境争议被诉至法院。司法活动数目增加并非意味着我国在生态保护上的问题越来越多，而是人们对生态环境的保护意识逐渐增强。

新时代下，我国的环境司法面临着新的机遇和挑战，但"人与自然和谐共生"的生态观为环境资源司法提供了价值遵循，"节约优先、保护优先、自然恢复为主"的方针为环境资源司法提供了明确的司法理念，统筹"山水林田湖草"的系统治理体系为环境资源司法专门化的推进拓展了巨大空间。[2]

---

〔1〕　参见史玉成主编：《环境与资源法学》，兰州大学出版社 2006 年版，第 128 页。

〔2〕　吕忠梅："新时代中国环境资源司法面临的新机遇新挑战"，载《环境保护》2018 年第 1 期。

总　论

第一章 自然资源法概述

第一节 自然资源法内涵与特征

一、自然资源法的内涵

《汉语大词典》对内涵的定义是"一个概念所反映的事物的本质属性的综合，也就是概念的内容。"事实上，事物的概念包括内涵和外延，内涵是对事物内部特质的指向，往往是反映对象的本质属性；外延是指适合于某一概念的一切对象，即概念的适用范围。《中华法学大辞典》和《资源环境法词典》对自然资源法的概念定义为：调整人们在自然资源的开发、利用、保护和管理过程中所发生的各种社会关系的法律规范的总和。[1]这一定义只是反映了部分自然资源法的内涵，但仍未说透自然资源法的本质属性。

其实，就法的本质而言，马克思认为它是统治阶级意志的体现。同一经济条件下，不同阶级对同一事物的立场不同，统治阶级需要制定法，并通过国家强制力保证法的实施，以让被统治阶级服从他们的意志。因此，法是阶级斗争的产物。不同时代经济条件下，统治阶级的意志内容不同。自然资源法是在社会化大生产和经济发展、科学技术比较发达的情况下，人们广泛利用自然

---

〔1〕 江伟钰、陈方林主编：《资源环境法词典》，中国法制出版社 2005 年版。

资源时出现的。不同社会制度下自然资源法的性质不同。在资本主义制度下，资产阶级将这类法律作为其垄断自然资源，用以奴役和剥削劳动人民的工具。在社会主义制度下，广大人民为了保护、开发和合理利用自然资源而制定了自然资源法，其目的是保证社会主义现代化建设的需要，保障国计民生，不断提高广大人民的物质和文化生活需要。[1]自然资源法的发展史也可以理解为统治阶级对自然资源意志的发展史。从这个意义上，自然资源法可以理解为是由国家统治阶级制定的，由国家强制力保证实施的，调整有关自然资源保护、开发、利用和管理中所形成的各种社会关系的法律规范总和。

我国是人民当家做主的社会主义国家，因此我国的自然资源法反映的是人民对自然资源的基本立场和态度，反映的是人民对生活在美好自然环境中，与其他生命和谐共处的向往和子孙后代可以公平、持续享有这种生活权利的意志。

但是，在理解自然资源法的内涵时应注意：自然资源法不是对自然资源包罗世间万物且固定不变的立法，它也有自己在某一特定时期的特定保护对象。自然界的物质在不停地发生转换，而只有当它们对人类有了利用价值时才能称之为"资源"。因此，自然资源在人们不同的历史时期不断地发生变化，自然资源法往往是择其重点以录之，其对象、内容也在不停地随之发生改变。

自然资源法是一个综合性的概念，由各种资源法构成，主要包括土地资源、水资源、矿产资源、森林资源、草原资源、野生动植物资源等方面的法律规范。[2]自然资源法调整的对象的种类丰富且繁杂。有学者将之主要概括为自然资源权益关系、自然资

---

〔1〕 《经济法各论》（下册），江苏工学院经济法各论编辑组 1985 年版，第 163 页。

〔2〕 徐孟洲主编：《经济法学》，北京师范大学出版社 2010 年版，第 272 页。

源管理关系和与上述两类关系紧密联系的其他经济关系。制定自然资源法的目的，主要是通过法律的相关规范来管理、约束人们对自然资源开发和利用的行为，以促进可持续发展战略实施，阻止人类社会与自然环境关系的进一步恶化，改善人与生态环境的关系。

二、自然资源法的特征

自然资源法因其调整对象——人与自然资源社会关系的特征而具备了不同于其他法律部门的特点。

（一）法的综合性特征

各国的自然资源立法反映了自然资源法的综合性特征。自然资源立法一般包括土地管理法、水法、森林法、草原法、矿产资源法、渔业法等。自然资源法的综合性特征也表现在它对人们使用各种资源的调节内容和调节手段上。从调节内容上看，各种自然资源法都是以部门经济学、生态科学、环境科学和法学为基础的，涉及面广，各学科之间交叉结合和相互渗透，综合性强；[1]从调节手段上看，对自然资源的开发利用以及保护管理是一项综合的社会系统工程，因而决定了自然资源法在进行相关调整时也必须综合运用多种规律和各种不同的方式与手段。[2]这些都决定了自然资源法的综合性特征。

（二）调整对象的特殊性

法的调整对象是区别本法与他法的最重要的标志。所谓自然资源法的调整对象特殊性，是指自然资源法所调整的社会经济关系不同于民法、行政法、刑法、经济法等，是专门调节人与自然

---

〔1〕 李创、赵海虎主编：《经济法概论》，黄河水利出版社 1997 年版，第 407 页。

〔2〕 任东方主编：《经济法概论》，北京工业大学出版社 2006 年版，第 365 页。

资源关系或以自然关系为基础的社会关系。自然资源法因此可以理解为国家为调整人们在自然资源合理开发利用、管理过程中产生的各种社会关系而制定的法律规范的总称。自然资源法的调整对象包括自然资源的开发生产及消费诸环节中所涉及的各方面的经济关系。既有自然资源工业内部上级管理部门同基层企、事业单位之间纵的关系，又有自然资源工业部门同国民经济各部门之间或相关的经济部门之间横的关系，还有国内与国外的经济关系。[1]

（三）宏观性特征

宏观性特征，或称整体性特征、战略性特征。由于自然资源法调整的是基于自然资源的各种社会关系，各种自然资源法规必须按照资源配置的宏观要求规定人们在开发、利用和保护自然资源过程中的行为与规范。[2]而这些制度安排和行为规则设计都必须着眼于社会经济发展与进步的大局，在充分认识和掌握自然资源自身发展与演化规律的基础上，按照人类社会对自然资源的开发利用需求对其进行合理的配置，通过对相关社会关系的有效调整和规范，实现和维持自然资源供求的动态平衡，从而推动并保证社会发展进步的基础物质条件[3]，以实现生态资源与人类关系整体上的和谐。

（四）国际共通性

人类赖以生存的生态环境是一个完整、不可分割的生态系统，而环境治理是没有国家、地域界线的。一些自然资源也具有

---

〔1〕 王文革主编：《自然资源法——理论·实务·案例》，法律出版社 2016 年版，第 4 页。

〔2〕 颜运秋、陈海嵩、余彦编著：《环境资源法》，中南大学出版社 2016 年版，第 297 页。

〔3〕 任东方主编：《经济法概论》，北京工业大学出版社 2006 年版，第 364—365 页。

流动性、整体性的特征，因而在开发和利用时也往往会牵涉很多个国家。地球局部的资源破坏也会严重影响邻近地区，甚至整个地球的生态系统平衡。[1]而自然资源的耗竭也将影响全人类的利益，自然资源的开发与保护也成为跨越国界的全人类所共同面对的问题，任何一个人、一个民族、一个国家都要从自然资源的宝库中去摄取自身存在和发展的力量，对自然资源的保护，也应是全人类共同负有的义务，[2]因而自然资源法具有国际共通性。

（五）可持续发展性

可持续发展既是自然资源法的设立目的之一，也是其存在的基础价值。它必须指导正确处理自然资源的开发、利用、保护等关系，不断提高自然资源整体功能，从而保证可持续利用的自然资源的物质基础，是可持续发展战略的基本前提。[3]

第二节　自然资源法的发展历史

自然资源法的历史变迁与人们对自然资源的利用态度、观念转变同步。自然资源法的历史变迁大致有四个阶段。

一、19 世纪前的"自然资源法"

我国夏、商、周三代曾有"神农之禁"和"谨修地利"的规定，将对土地资源的保护上升到守护"道"的运行的高度，避免对"道"的破坏和由此引发的灾难。《逸周书·大聚解》中有

---

〔1〕　王权典主编：《现代环境法学概论》，华南理工大学出版社 2004 年版，第 139 页。

〔2〕　参见李创、赵海虎主编：《经济法概论》，黄河水利出版社 1997 年版，第 408 页。

〔3〕　颜运秋、陈海嵩、余彦编著：《环境资源法》，中南大学出版社 2016 年版，第 298 页。

"且闻禹之禁，春三月，山林不登斧，以成草木之长；三月遄不入网罟，以成鱼鳖之长"的记载，被认为是中国最早的保护自然资源的法律规定。西周时期，土地资源保护法令就已经出现。周文王讨伐崇地之际，先颁布了《伐崇令》："毋坏屋，毋填井，毋伐树木，毋动六畜，有不如令者，死无赦。"后又命人发文："川泽非时，不入网罟，以成鱼鳖之长。不麛不卵，以成鸟兽之长，畋渔以时，童不夭胎，马不驰骛，土不失宜……是鱼鳖归其泉，鸟归其林"（《逸周书·文传解》）。《礼记·王制》《礼记·月令》等重要社会规范中，也都有较多惩治违反土地等自然资源保护禁令的规范。而在欧洲差不多同一时期，自然资源产权制度在私有制确立后具体表现为民法物权制度。古罗马《十二铜表法》第 7 表 "土地权利法" 规定了田界划分及其纠纷解决，土地权利的行使及其保护、土地权利人的关系及其处分。土地作为不动产，是罗马法框架中物权制度的基石。罗马法规定的以土地为客体的权利有：土地所有权、地役权、用益权、使用权、居住权。甚至对物的分类、取得制度的建立，都是以土地、河流、野生动物等自然资源的性质确定为基础的。[1]自然资源法律规范最早是以民事法律的形式表现出来的。之后，我国秦朝从资源与环保的角度颁布了自然资源保护法——《田律》。《田律》记载了大量秦朝有关农田耕作和山林保护的法律制度，虽然从总体上看，主要是讲自然资源的休养生息，如《田律》规定每年二月到七月，禁止捉取幼兽、卵、毒杀鱼鳖，不准设置捕捉鸟兽的陷阱和纲罟，违反者要被处罚，但也不乏对自然资源所有权的保护规定。如秦律中规定的或盗采桑叶，减（赃）不盈一钱，可（何）论？货摇

---

〔1〕 〔罗马〕查士丁尼著，张企泰译：《法学总论——法学阶梯》，商务印书馆1989 年版，第 48—63 页；〔意〕彼得罗·彭梵得著，黄风译：《罗马法教科书》，中国政法大学出版社 1992 年版，第 183—205 页。

三旬。对他人所有的桑叶资源，如果发生了"盗采"行为，要处以 30 天的服徭役惩罚，可见秦朝统治者已深刻认识到了植物在农业生产中的作用，应保护植物资源，以体现"农本"思想。《田律》中也有不少关于土地资源保护的规范，例如：春二月，毋敢伐材木山林及雍（壅）堤水。到了汉代，律法中规定："吏卒不得系马宫外树"，以保护林木资源。根据新疆楼兰出土的文献记载："连根砍伐树木者，罚马一匹；而砍断树枝者，则罚母牛一头"〔1〕。西汉宣帝下诏："令三辅毋得以春夏摘巢探卵，弹射飞鸟，具为令。"（《汉书·宣帝纪》）汉代的《贼律》还规定："伐树木禾稼……准盗论"，以强盗罪方式规定了对盗伐林木行为的处罚。南北朝、唐、宋、辽、元、清时期也均有帝王发布命令，对猎捕鸟类、珍奇异兽加以禁止。如唐朝时期发布《禁珠玉锦绣敕》，以消采捕珍稀鸟兽成衣的风气。唐律中的杂律同样对林业资源保护有规定。唐律也规定了就算不是故意破坏树木，也要受到处罚，规定"诸占固山野破湖之利者，杖六十……诸于山破兆域内失火者，徒二年，延烧林木者，流二千里"。宋太祖下发的《禁采捕诏》规定："鸟兽虫鱼，俾各安于物性，置罘罗网，宜不出于国门，庶无胎卵之伤，用助阴阳之气，其禁民无得采捕虫鱼，弹射飞鸟。仍永为定式，每岁有司申明之。"宋太宗发布《二月至九月禁捕诏》规定："禁民二月至九月，无得捕猎，及敲竿挟弹，探巢摘卵"。《大元通制条格》中，有禁野火的规定："若令场官与各县提点正官一同用心巡禁关防，如有火起去处，各官一体当罪，似望尽心。本部约会户部官一同定拟得：所办监课，乃国之大利。煎办之原，灶草为先。"对动物资源也有涉及：

---

〔1〕　转引自李长健、罗兴成："我国古代种质资源保护法律制度研究"，载《知识经济》2014 年第 9 期。

"中都四面各伍佰里地内，除打捕人户依年例合纳皮货的野物打捕外，禁约不以是何人等，不得飞放打捕稚兔。"但是，从明代开始放松了对森林资源的管控。《明史·食货志》中有载："山场、园林、湖泊、坑冶、果树、蜜蜂官设守禁者，悉予民"。到了清朝，统治者开放大片的山林和草原用于开垦种田和放牧，但在《大清律例》当中，有大量土地资源保护的条款。而在同一时期，法国《法国民法典》确立了土地等自然资源的不动产产权的性质，并规定了自然资源产权的取得制度。《法国民法典》规定的土地物权制度有：土地所有权、用益权、使用权、居住权、地役权等。[1]民法对土地物权制度的确立为土地法的产生奠定了基础，土地法和土地物权制度成为最古老的自然资源法和自然资源法律制度。[2]

二、19 世纪到 20 世纪 60 年代的单行法时代

从 18 世纪下半叶到 19 世纪中叶，自然资源产业在很多国家得到较大规模的发展，资源产业的发展导致原油的自然资源产权结构发生变迁。矿业权、林业权等产权从单一的土地产权制度分离出来。很多国家都开始制定专门的法律来安排具体的自然资源制度，如森林资源方面的立法。各国在这个时期陆续颁布了《森林法》：奥地利（1852 年）、比利时（1854 年）、法国（1872 年）、日本（1897 年）、瑞典（1903 年）、俄国（1918 年）、英国（1919 年）、美国（1920 年）……水资源方面：美国 1965 年颁布《水资源规划法》，英国 1876 年制定的《河流污染防治法》、1960 年制定的《河流洁净法》、1963 年制定的《水资源法》，日本

---

〔1〕 李浩培、吴传颐、孙鸣岗译：《法国民法典》，商务印书馆 1979 年版。

〔2〕 肖国兴、肖乾刚编著：《自然资源法》，法律出版社 1999 年版，第 41—43 页。

1964 年制定的《河川法》，法国 1964 年制定的《水法》，瑞典 1918 年制定的《水法》。在其他自然资源上，也有专门的自然资源法律，如 1866 年美国颁布了《矿业法令》，1869 年英国发布了《保护野生动物的法令》。相应地，我国清末的时候《暂行新刑律》第 367 条、第 371 条和《森林法》第 21 条等对森林窃盗按照刑律上的强盗罪论处。[1]这一时期的自然资源法以规范行业经济关系和单项资源利用关系为立法目的，以行业管理和资源管理为主要内容，以单行法律为主要形式。[2]

三、20 世纪 70 年代到 90 年代的体系化时期

从 20 世纪 70 年代以来，科技不断进步，社会经济迅速膨胀，人口恶性膨胀，人类对资源无节制地开发和浪费，导致了严重的生态危机。生态学与系统科学的研究深化了人们对自然资源的认识，各种自然资源之间的相互联系、共同性质、统一性及其内在相关本质得到进一步证实。学者认为，至此，完整统一的自然资源内涵被充分揭示出来。[3]环境保护与资源利用的相互关系导致很多有关环保的决策必须与资源保护相统一。因此在这个时期，产生了整体意义的自然资源概念，把各项单行的自然资源法联合了起来，从法群形态转向法律体系化发展。

四、20 世纪 90 年代后的新阶段

1987 年，挪威首相布伦特兰夫人发表《我们共同的未来》，提出了可持续发展的概念。1992 年在里约热内卢召开的联合国环

---

〔1〕 何勤华、王静："采古人智慧 促生态文明——中国古代关于环境资源保护的观念与法律保护制度之启迪"，载《人民法院报》2017 年 6 月 2 日，第 5 版。

〔2〕 王宗廷主编：《简明法学》，中国地质大学出版社 1998 年版，第 235 页。

〔3〕 肖国兴、肖乾刚编著：《自然资源法》，法律出版社 1999 年版，第 45 页。

境与发展会议，通过了《21 世纪议程》，可持续发展从理论纲领成为行动纲领，从非正式安排变成了正式安排。可持续发展的原则为各国的自然资源法治建设引入了新的内涵，各国在制定本国的自然资源法时，都将可持续发展作为第一要义。

第三节　新时代自然资源法的任务和作用

一、自然资源法的任务

自然资源法的任务，即自然资源法的立法目的，是指国家在制定和实施自然资源法时，希望达到的目标或希望实现的结果。[1]新时代中国特色社会主义的生态文明建设是以习近平生态文明思想为指导，在创新、协调、绿色、开放、共享发展理念的指引下，在"五位一体"的格局下，围绕理论导向、目标导向、问题导向开展生态文明基本制度和重大政策体系的构建。[2]在新时代的社会经济发展要求下，总体来看，我国自然资源法的目的有三个方面：

首先，保护、恢复、改善生态环境与自然资源。规范人们对自然资源的开发利用行为，防止人类对自然资源过度地开发，恢复、改善人类赖以生存和发展的自然基础，协调人与自然的关系，是自然资源法的首要任务。这一任务包含了两个方面的意义：一是将资源与生态环境的保护联系在一起，二是对资源的合理开发、利用，减少污染与浪费。通过自然资源法的设立，规范自然资源开发利用等行为，提高自然资源利用效率，推动全社会

---

〔1〕　戚道孟主编：《自然资源法》，中国方正出版社 2005 年版，第 8 页。

〔2〕　常纪文：《生态文明体制改革与法治建设的理论和实践》，中国法制出版社 2019 年版，第 5 页。

节约资源，保护和改善自然资源。

其次，保障人的权利。保障人们生活在一个安全、健康、舒适、美好的自然环境中，自然资源法应着力于治理和改善生态环境，不断提高环境质量。

最后，促进经济社会的可持续发展。可持续发展作为国际公认的发展战略，其基本要求是：资源应向依靠于自然的"收入"而不是耗竭其"资本"的方向转变；能源应向生产和使用高效率以及更多地依靠可再生资源方向转变；经济应向持续性和利益的更广泛分配的方向发展。[1]自然资源法具有双重立法目标——自然资源利用的经济效益和自然资源保护的生态效益。环境资源是经济、社会发展的物质基础和源泉，[2]环境资源的污染和破坏是对经济、社会发展的釜底抽薪，而只有社会经济不断地发展，才能为自然资源高效利用、循环利用、永续利用提供可靠的保障，以早日达成我国生态文明基本制度和重大政策体系的创新，完成在 2035 年之前要完成的重大任务，健全党、政府和人大的生态环保职责政策和制度体系，健全促进绿色发展方式和生活方式的政策与制度体系，健全生态环境信息化和生态环境信息公开的政策和制度体系，健全自然资源和生态环境产权的政策和制度体系，健全生态文明共治体系，健全生态文明法治的政策和制度体系。

二、自然资源法的作用

自然资源法的作用又称自然资源的功能，是自然资源法在社会发展过程中的功能，即它对政治、经济、社会、军事、科学技

---

〔1〕 戚道孟主编：《自然资源法》，中国方正出版社 2005 年版，第 9 页。

〔2〕 黄锡生、李希昆主编：《环境与资源保护法学》（第三版），重庆大学出版社 2011 年版，第 16 页。

术等的发展，以及人民生活的改善等诸多方面所起的作用。自然
资源法的作用指自然资源法对自然人、法人、其他组织以及社会
发生影响的体现。从自然资源法存在的价值意义上看，自然资源
法至少有三点作用。

（一） 自然资源法是维护国家自然资源权益的重要工具

自然资源法维护自然资源所有者或使用者的合法权益，保护
依法开发、利用自然资源的单位或个人的合法权益；确立各种自
然资源的主管机关及其职责；对开发、利用自然资源作了具体规
定，从而保护现有的自然资源，限制自然资源的消耗，维护生态
平衡；制裁破坏自然资源的违法犯罪行为，增强人们的法治观
念。[1]

（二） 自然资源法是我国经济社会可持续发展的基本保障

节约自然资源是缓解自然资源供需矛盾、解决自然资源问题
的根本措施，是提高经济增长质量和效益的重要途径，是增强企
业竞争力的重要手段，是实现经济社会可持续发展的必由之路。
制定自然资源法，对促进经济社会全面协调可持续发展，以资源
的可持续发展保证经济社会的可持续发展，具有重要意义。

（三） 自然资源法是保护自然资源、维持生态平衡的关键

自然资源法是依法规范和管理自然资源的客观要求。用法律
手段来管理和规范自然资源开发利用活动，是依法治国的客观要
求，也是落实科学发展观和建设资源节约型、环境友好型社会的
必然结果。因而是保护自然资源、维持生态平衡的关键。

但是从自然资源法的本身价值来看，自然资源法也具有法的
规范作用，具体表现为：

第一，自然资源法的指引作用。自然资源法通过授权性行为

---

[1] 周林彬主编：《市场经济法》，兰州大学出版社 1994 年版，第 297 页。

模式和义务性行为模式的规定，指引人们应当做出一定行为或不做出一定行为。自然资源法律对人的行为的指引通常采用两种方式：一种是确定的指引，即通过设置义务，要求人们做出或抑制一定行为，使社会成员明确自己必须从事或不得从事的行为界限。一种是不确定的指引，通过宣告自然资源法律权利，给人们一定的选择范围。

第二，自然资源法的评价作用。自然资源法作为一种行为标准和尺度，对人们的行为是否符合自然资源法的要求，是否违反自然资源法，具有判断、衡量的作用，评价作用的对象是他人的行为。

第三，自然资源法的预测作用。自然资源法律可以预先帮助人们估计到人们相互之间会如何行为。自然资源法预测作用的对象是人们相互之间的行为，包括公民之间、社会组织之间、国家、企事业单位之间的行为以及它们相互之间的行为的预测。它分为对如何行为的预测和对行为后果的预测两种情况。

第四，自然资源法的强制作用。自然资源法可以通过制裁违反自然资源法的犯罪行为来强制人们遵守自然资源法律，是任何自然资源法律都必然具备的基础功能，是自然资源法的其他作用的保证。

第五，自然资源法的教育作用。作用对象是一般人的行为。即通过自然资源法律的实施，自然资源法律规范对人们今后的行为发生直接或间接的诱导影响。具体表现为示警作用和示范作用。自然资源法对提高公民自然资源保护意识、促使公民自觉遵守自然资源法律具有重要作用。[1]

---

〔1〕 王文革主编：《自然资源法——理论·实务·案例》，法律出版社 2016 年版，第 13—15 页。

第四节　自然资源法律体系

　　法律体系是指一个国家在一定时期内的全部现行法律规范，按照一定的标准原则，划分为各个法律部门形成的内在和谐一致的统一体。[1]《中国大百科全书：法学》中对法律体系的定义是"由一个国家的全部现行法律规范组合为不同的法律部门而形成的有机联系的统一整体"[2]。从整体上看，自然资源法有自己独特的调整对象、价值取向、调整手段和法律性质，因而可成为一个独立的法律部门。但是自然资源法是否能成为一个独立的法律体系呢？从我国的立法实践来看，构建以宪法为根据，以综合性自然资源法为龙头，以单行自然资源法为基干，以行政法规、地方性法规和部门规章为主体，以民法、刑法中的有关规定为补充的结构合理、内容完备、效力层次分明的自然资源法律体系[3]，我国已然形成了一个庞大的自然法律法规体系。

　　自然资源法律体系是与自然资源开发、利用有关的自然资源法律、法规、规章的体系。自然资源法体系是自然资源法的组成和结构，是由若干个自然资源法律部门组成的有机联系的整体。自然资源法体系是历史和现实形成的自然资源法的内容方面的结构。自然资源法体系是建立在共同的经济基础上，反映同一种阶级意志，受共同的原则指导，具有内在的协调一致性，从而构成一个有机联系的统一整体。完备的自然资源法律体系应当是层次

---

　　〔1〕　戚道孟主编：《自然资源法》，中国方正出版社 2005 年版，第 27 页。

　　〔2〕　中国大百科全书总编辑委员会《法学》编辑委员会、中国大百科全书出版社编辑部编：《中国大百科全书：法学》，中国大百科全书出版社 1984 年版，第 84 页。

　　〔3〕　孟庆瑜、陈佳："论我国自然资源立法及法律体系构建"，载《当代法学》1998 年第 4 期。

完备、内容全面、内部协调、法律部门均衡的立法体系。因此，自然资源法律体系具有以下特征：①自然资源法律体系是一个国家全部现行自然资源法律构成的整体；②自然资源法律体系是一个由自然资源法律部门分类组合而形成的呈体系化的有机整体；③自然资源法律体系的理想化要求是门类齐全、结构严密、内在协调。[1]

我国的自然资源法律体系的主要构成是：宪法中的自然资源条款；自然资源法律；自然资源行政法规；自然资源行政性规章；地方自然资源法规和地方自然资源行政规章；自然资源标准，特别是作为技术法规的强制性标准；相关法规，如民法、环境保护法、刑法中的自然资源条款；国际自然资源条约。我国有关自然资源主管部门发布了大量的自然资源行政规章，这些规章弥补了我国部分自然资源领域立法的空白。

一、宪法

我国《宪法》第 9 条规定："矿藏、水流、森林、山岭、草原、荒地、滩涂等自然资源，都属于国家所有，即全民所有；由法律规定属于集体所有的森林和山岭、草原、荒地、滩涂除外。国家保障自然资源的合理利用，保护珍贵的动物和植物。禁止任何组织或者个人用任何手段侵占或者破坏自然资源。"第 26 条规定："国家保护和改善生活环境和生态环境，防治污染和其他公害。国家组织和鼓励植树造林，保护林木。"《宪法》作为我国自然资源法的立法指导，确立了我国自然资源国家所有权属和自然资源保护的合法性。

---

〔1〕 王文革主编：《自然资源法——理论·实务·案例》，法律出版社 2016 年版，第 7—8 页。

二、自然资源单行法律法规规章

这一类法律主要有：《水法》《土地管理法》《农业法》《渔业法》《矿产资源法》《森林法》《草原法》《野生动物保护法》《水土保持法》《防沙治沙法》《种子法》《野生植物保护条例》《自然保护区条例》和《水产资源繁殖保护条例》等。此外，为了贯彻实施上述法律、法规，国务院以及国务院有关部委还制定了配套实施的细则、条例和办法，如《土地管理法实施条例》《基本农田保护条例》《矿产资源法实施细则》《森林法实施条例》《渔业法实施细则》《水土保持法实施条例》《陆生野生动物保护实施条例》《水生野生动物保护实施条例》《森林和野生动物类型自然保护区管理办法》等。

三、自然资源纠纷解决程序的法律、法规、规章

我国在自然资源纠纷的解决程序上也沿用国家有关法律、法规和规章，如《行政诉讼法》《民事诉讼法》《刑事诉讼法》以及《仲裁法》《行政复议法》《监察机关处理不服行政处分申诉的办法》和自然资源保护法中的相关规定。在海洋自然资源损害民事诉讼方面，还可以根据《中国海事仲裁委员会仲裁规则》的有关规定。此外，我国还有大量规范自然资源监督管理部门的行政处罚与行政处分行为的法律、法规和规章。如《行政处罚法》《林业行政处罚程序规定》等。

四、地方自然资源法规、规章

20 世纪 80 年代以来，全国各地在立法权限内制定了大量的地方性自然资源法规和规章。这些法规和规章具有内容广泛、规定详细、操作性强的特点，是地方自然资源保护和管理中不可或

缺的法律依据。如《浙江省农业自然资源综合管理条例》《贵州省夜郎湖水资源环境保护条例》《江苏省矿产资源管理条例》《江苏省水资源管理条例》《辽宁省矿产资源管理条例》《辽阳市再生资源回收管理办法》《安徽省取水许可和水资源费征收管理实施办法》《安徽省矿产资源储量管理办法》《山东省渔业资源保护办法》《内蒙古自治区气候资源开发利用和保护办法》《上海市取水许可和水资源费征收管理实施办法》《辽宁省森林资源流转办法》《宁夏回族自治区气候资源开发利用和保护办法》《广西壮族自治区海洋水产资源繁殖保护实施细则暂行规定》《山东省林木种质资源保护办法》《湖北省取水许可和水资源费征收管理办法》《广州市再生资源回收利用管理规定》《西藏自治区矿产资源勘查开发监督管理办法》《南京市地下水资源保护管理办法》《重庆市地热资源管理办法》《湖南省矿产资源开采登记条件规定》《河南省森林资源流转管理办法》《青海省卤虫资源保护办法》《江西省河道砂石资源费和河砂开采权出让费征收使用管理办法》等。

五、其他部门法中的自然资源规范

其他部门法中的自然资源规范也是我国自然资源法律体系的有机组成部分。如《行政许可法》《行政复议法》和《行政处罚法》中关于行政执法的效力、特点、种类和程序的规定；《民法典》中关于自然资源使用中的保护、合理利用义务的规定；《刑法》中关于犯罪的概念、罪犯责任年龄、犯罪者心态的形式、犯罪的追诉时效等关于自然资源犯罪的规定。

六、自然资源标准

自然资源标准是由国家法定机关对自然资源及其产品的质量、数量、资源利用限度及相关检测方法等制定的一系列准则。

这些准则具有法律的约束力，是自然资源法的重要组成部分。[1]如《地表水资源质量标准》《渔业水质标准》《土壤环境质量标准》《无公害水产品标准》《林业标准化管理办法》等。

七、国际公约和条约中的自然资源规范

我国参加、批准的专门性自然资源国际公约、条约以及其他国际公约和条约中关于自然资源保护的条款是我国自然资源法体系中的一个组成部分。目前，我国参加、批准的和自然资源保护有关的国际公约和条约主要有：《联合国海洋法公约》《控制危险废物越境转移及其处置巴塞尔公约》《联合国气候变化框架公约》《生物多样性公约》《关于特别是作为水禽栖息地的国际重要湿地公约》等。

第五节　我国自然资源法的发展进程

在导论中，笔者对我国自然资源法的相关法律、法规等文件进行了简单的汇总，这里，笔者仅选取较为有代表性的相关法律法规来总结我国自然资源立法的历史进程，大致将之划分为四个阶段。

一、我国自然资源法的产生阶段

从新中国成立到 1973 年中国第一次环境保护会议的召开，是中国自然资源保护事业兴起和自然资源法孕育和产生的阶段。我国 1950 年颁布了《矿业暂行条例》，1957 年颁布了《水土保持暂行纲要》，1958 年颁布了《国家建设征用土地办法》，1959 年

---

[1] 戚道孟主编：《自然资源法》，中国方正出版社 2005 年版，第 31 页。

发布了《生活饮用水卫生规程》，1965 年颁布了《矿产资源保护试行条例》。这个时期中国制定的有关自然资源保护管理的法规和标准已经涉及自然资源法的主要方面，但它还归属于经济行政和卫生行政，在总体上还没有形成完整的自然资源保护概念，自然资源立法也非常零散，并且这些规定中的义务性规范也没有法律责任制裁做保障，对规定的执行完全依赖于党和政府的政治、行政压力以及行为主体的"革命自觉性"和对革命工作的政治热情。

二、我国自然资源法的艰难发展阶段

从 1973 年 8 月中国召开第一次全国环境保护会议至 1978 年党的十一届三中全会，是我国自然资源保护工作和自然资源法艰难发展的阶段。这个阶段，由于国内政治形势混乱，我国的自然资源法治建设发展相当缓慢。1974 年，我国颁布了《防止沿海水域污染暂行规定》，1978 年修订的《宪法》第 11 条第 3 款第一次对环境保护作了如下规定："国家保护环境和自然资源，防治污染和其他公害。"

三、我国自然资源法的初步完善阶段

党的十一届三中全会以来，我国的政治、经济形势发生了重大变化，国家的自然保护和法治建设也进入了一个蓬勃发展的时期，并初步建立了完整的自然资源法律体系。这一时期的标志性事件是 1986 年施行的《森林法实施细则》等。

四、我国自然资源法的全面发展阶段

20 世纪 90 年代后，我国的自然资源立法迅速发展，出台了一系列自然资源法律法规。这一时期颁布了《水土保持法》等。

截至 2006 年 8 月，中国已制定了 9 部自然资源保护单行法，[1]制定了 3 部将自然资源保护和污染防治集于一体的自然资源保护法律。[2]同时，我国也颁行了大量的全国性自然资源保护行政法规、规章和地方性自然资源行政法规、规章。

---

[1] 指《水法》《土地管理法》《矿产资源法》《渔业法》《森林法》《草原法》《野生动物保护法》《水土保持法》和《防沙治沙法》。

[2] 指《海洋环境保护法》《环境影响评价法》和《清洁生产促进法》。

第二章　自然资源法律关系

第一节　自然资源法律关系概念

一、法律关系

　　法律关系这一法理概念起源于罗马法中的"法锁"与"债"的概念。法律关系的概念起源于私法，是指法律框架内的人与人之间的关系，而当时统治者立法也是为了规范人的行为，协调社会管理。在历代法学家的眼中，个人的权利与义务几乎成为法律关系的代名词。[1]对法律关系最经典的表述是：法律关系是指法律规范在调整社会关系的过程中所形成的人与人之间的权利和义务关系[2]，是一种特殊的人与人的关系。法律关系是根据法律规范建立的一种社会关系，具有合法性，并体现着国家的意志。

　　列宁指出，马克思主义创始人的基本思想，就是"把社会关系分成物质的社会关系和思想的社会关系。思想的社会关系不过是物质的社会关系的上层建筑，而物质的社会关系是不以人的意志和意

---

　　〔1〕　姜渊、李明华："自然资源法法律关系的法理学重构"，载《河北科技大学学报（社会科学版）》2013 年第 2 期。

　　〔2〕　参见中国法制出版社编著：《新编常用法律词典》（案例应用版），中国法制出版社 2016 年版，第 8 页。

识为转移而形成的，是人维持生存活动的（结果）形式"〔1〕。作为社会关系之一的法律关系，属于思想（意志）社会关系的范畴，是物质社会关系（经济关系）的上层建筑。〔2〕

法律关系具有以下特征：

第一，合法性。法律关系是依据法律规范而形成的一种社会关系，是人与人之间符合法律规范的关系。这是它区别于其他社会关系最根本的表现。在社会生活中，存在着大量的事实关系，事实关系不需要合法的形式，但也可以成为法律适用时的重要参考。法律关系是以法律上的权利、义务为纽带而形成的社会关系。

第二，特定性。法律关系往往是在特定主体之间形成的权利义务关系〔3〕，法律关系的主体是特定的，它所体现的权利义务关系也是特定于这些特定主体的，没有特定的主体，法律关系就失去了依附的根基，就会不复存在。

第三，意志性。前文已提到过法律关系属于思想（意志）社会关系范畴。法律关系的意志性主要表现在下述两个方面，是国家意志和法律关系主体意志的统一。

其一，国家意志的制约性。法律关系是根据法律规范有目的、有意识地建立起来的社会关系，因此法律关系必然体现出国家的意志。而国家的意志代表着社会大多数人的整体利益。

其二，主体意志的直接体现。法律关系是主体意志的直接表现方式，很多法律关系是由主体双方意志而生的，也有一些是由单个主体意志就可以决定产生的。"不论哪种情况，法律关系都表

---

〔1〕《列宁全集》（第一卷），人民出版社1963年版，第120—121页。

〔2〕参见吕世伦、公丕祥主编：《现代理论法学原理》，黑龙江美术出版社2018年版，第318页。

〔3〕参见徐运全：《公民法律基础知识》，内蒙古人民出版社2016年版，第32页。

现为意志（主体）对意志（主体）的相互关系。"〔1〕

第四，客观性。马克思指出："法的关系就像国家的形式一样，既不能从它们本身来理解，也不能从所谓人类精神的一般发展去理解，相反，它们根源于物质的生活关系。"〔2〕也就是说法律关系具备客观性的特征，是受物质条件制约的。虽然法律关系体现的是行为主体的意志，但从根本来看，这些意志的背后都有客观规律做支撑，社会物质生活条件决定了它具体的表现方式。法律关系不仅受到社会物质生活条件运行为核心的社会规律的支配，也要受到自然规律的支配。

一般情况下，根据不同的标准，法律关系又可以进行很多种分类，如调整型法律关系、保护型法律关系、纵向法律关系、横向法律关系、单项法律关系、双向法律关系、多向法律关系、第一性法律关系、第二性法律关系。

二、自然资源法律关系

自然资源法律关系是自然资源法主体之间形成的，受自然资源法律规范调整，在自然资源开发、利用、服务与管理行为的过程中形成的权利、义务关系。《中国资源科学百科全书》对自然资源法律关系的解释是：由自然资源法确认和调整的在自然资源开发利用及其规制过程中形成的资源权利和义务关系，是有关自然资源的社会关系在法律上的表现，如自然资源所有权关系、自然资源政府规制关系等。〔3〕

---

〔1〕　吕世伦、公丕祥主编：《现代理论法学原理》，黑龙江美术出版社 2018 年版，第 318 页。

〔2〕　《马克思恩格斯全集》（第十三卷），人民出版社 1962 年版，第 8 页。

〔3〕　《中国资源科学百科全书》编辑委员会编：《中国资源科学百科全书》（上），中国大百科全书出版社、石油大学出版社 2000 年版，第 216 页。

因此，自然资源法律关系的主要特征有以下几个方面：

第一，自然资源法律关系是以国家强制力作为保障手段的社会关系。在自然资源法律规范中，一个人可以做什么、不得做什么和必须做什么的行为模式是国家意志，体现了国家对各种自然资源行为的态度。自然资源法律关系受到破坏，就意味着国家意志所授予的权利受到侵犯，意味着国家意志所设定的义务被拒绝履行，因此，一旦一种社会关系被纳入自然资源法律调整范围之内，就意味着国家对它的保护。

第二，自然资源法律关系是以自然资源法律为前提而产生的社会关系。自然资源法律关系是自然资源法律调整社会关系而出现的一种状态，没有自然资源法律的存在，也就不可能形成与之相应的自然资源法律关系。因此，凡纳入自然资源法律调整范围内的社会关系都可称之为自然资源法律关系。

第三，自然资源法律关系是以自然资源法律上的权利、义务为内容而形成的社会关系。自然资源法律关系与其他社会关系的重要区别，就在于它是自然资源关系法律化的社会关系，当事人之间按照自然资源法律规定或约定享有一定的权利或承担一定的义务，以权利和义务为内容而形成的人与人之间的关系。

第二节　自然资源法律关系构成

自然资源法律关系由自然资源法律关系的主体、内容和客体三个要素组成。

一、自然资源法律关系的主体

自然资源法律关系的主体是指参加自然资源法律关系，对特定自然资源享有一定权利和承担一定义务的当事人，作为自然资源法律关系的参加者，他们在自然资源法律关系中享有权利或承担义务。自然资源法律关系的主体主要有以下几种形式：

第一，国家。1962 年 12 月联合国大会通过的《关于自然资源之永久主权宣言》中规定了每一个国家享有根据其环境保护方面的政策，自由处置其自然资源的主权权利。国家在自然资源法律关系中的主体资格表现有双重性质。[1]我国《宪法》中规定：国家保障自然资源的合理利用，保护珍贵的动物和植物，禁止任何组织或者个人用任何手段侵占或者破坏自然资源。国家根据《宪法》确认的以管理者的身份去履行对自然资源的监督管理职能。同时国家也是国有自然资源的所有权主体。国家行使这种权利有着特殊的方式：国家可以把特定自然资源的部分使用权转让给他人，但国家仍在事实上占有着这部分资源。自然资源是生产资料与生活资料的天然来源，具有天然性，与《民法典》物权编中其他渗入了人类劳动的物相区别。

第二，国家机关。国家执行自然资源管理职能及行使其他相关权利，必须通过具体的国家机关来实现。国家和集体是自然资源的所有权人，自然资源所有权由国家和集体行使。但是国家和集体是抽象的概念，必须由相应的机关或理事机构行使自然资源所有权。国家是国有自然资源的所有权人，国务院代表国家行使自然资源所有权，但国务院不可能有行使全部关于自然资源的权力。地方政府经国务院授权可以行使一定范围内的关于自然资源的权利。国务院和地方各级人民政府及其土地、水利、地质、矿产、渔业、林业、草原等主管部门来负责管理具体自然资源的相关工作。它们受国家的委托，依据自然资源法规定的职责和权

---

〔1〕　转引自张孝烈、钟澜编著：《自然资源法新论》，四川人民出版社 1989 年版，第 18 页。

限，来对自然资源进行计划指导、行政干预等各种调节和监督管理工作。[1]

第三，企事业单位及其他社会组织。企事业单位及其他社会组织是从事自然资源相关活动的最基本的单位。市场化配置自然资源的使用主要是通过有偿出让的方式，国家出让自然资源使用权，是自然资源所有权实现的重要形式。国家垄断自然资源使用权出让的一级市场，自然资源使用权坚持有偿出让原则，保障了国家作为自然资源所有权人利益的实现。而这些取得了自然资源部分使用权限的单位和组织，在从事生产建设和社会事业活动时，必须按照有关自然资源法的规定，依法开发和利用自然资源，以实现其特定的经济、科学、文化目的。

第四，个人。个人也可以取得自然资源使用权。例如，我国《土地管理法》规定，国家所有依法用于农业的土地可以由单位或个人承包经营，从事种植业、林业、畜牧业、渔业生产。

二、自然资源法律关系的内容

自然资源法律关系的内容是指自然资源法律关系主体间在一定条件下依照自然资源法律或约定所享有的权利和承担的义务，是人们之间自然资源利益的获取或付出的状态。自然资源权利和义务包括自然资源的勘探、开发、加工、转换、储存、分配、使用和节约、管理等自然资源行为的一系列权利和义务。[2]

从不同的角度出发，可对自然资源法律关系按不同的标准分类。根据自然资源权利和义务所体现的社会内容的重要程度，可

---

〔1〕 张孝烈、钟澜编著:《自然资源法新论》，四川人民出版社 1989 年版，第 18 页。

〔2〕 王文革主编:《自然资源法——理论·实务·案例》，法律出版社 2016 年版，第 19 页。

以把自然资源权利义务分为自然资源基本权利和义务与自然资源普通权利和义务。自然资源基本权利和义务是人们在国家的政治、经济、文化、社会生活中根本自然资源利益的体现，是人们社会地位的基本自然资源法律的表现，是人们日常生活中自然资源利益关系的反映。根据自然资源权利和义务的适用范围不同，可以把自然资源权利义务分为一般自然资源权利和义务与特殊自然资源权利和义务。一般自然资源权利又称抽象自然资源权利，其主体是一般权利人，同时也无特定义务人。一般义务的主体是每一个人，而每个义务人没有与之相对应的特定的权利人。一般自然资源义务通常不是积极作为，而是消极的不作为。特殊权利又称具体权利，其主体是特定的权利人，同时也有特定义务人，特殊义务是指特定义务人做出的积极的作为或消极的不作为。根据自然资源权利和义务的主体不同，可以分为公民自然资源的权利和义务、集体的自然资源权利和义务、国家的自然资源权利和义务。[1]

三、自然资源法律关系的客体

自然资源法律关系的客体是指自然资源法律关系主体对自然资源所享有的权利和承担的义务所指向的对象。[2]自然资源法律关系的客体应具备三个条件：首先，它必然是一种资源，能够满足人们的某种需要，具有一定的价值。其次，它必须具有一定的稀缺性。最后，它是能被人利用改造的，因而可以被需要它的人为一定目的而加以占有和利用。自然资源法律关系的客体包括自

---

〔1〕　王文革主编：《自然资源法——理论·实务·案例》，法律出版社 2016 年版，第 20 页。

〔2〕　张孝烈、钟澜编著：《自然资源法新论》，四川人民出版社 1989 年版，第 20 页。

然资源、自然资源产品和自然资源社会行为。[1]

但事实上，对自然资源法律关系的考察，应不只是基于自然资源基础上的人与人之间的权利义务关系，还应有人与自然资源的关系。人与自然资源法律关系的内涵就是由自然资源法确认并在自然资源法实施中形成的人与自然资源的价值关系。已有学者提出了这一观点，并认为自然资源法调整人与自然的关系，主要是通过规范人的行为去调整人与自然的关系，在遵循自然资源绝对的客观规律前提下，突出人的主观能动性对人与自然资源关系的影响力。[2]从这个角度出发，自然资源法律关系也可以简单定义为人类在与自然资源互动过程中，根据自然资源法规定所形成的以自然资源为内容的人与社会、自然的关系。笔者认为，这一对自然资源法律关系的界定更贴合于我国生态文明视角下对自然资源法律关系的表述。

---

〔1〕 参见封志明、王勤学主编：《资源科学论纲》，地震出版社 1994 年版，第219 页。

〔2〕 姜渊、李明华："自然资源法法律关系的法理学重构"，载《河北科技大学学报（社会科学版）》2013 年第 2 期。

第三章　自然资源法基本原则

第一节　自然资源公共所有原则

一、自然资源法的原则

原则的词源拉丁语是"principium"，原意是基础和起源。对应现在英语中的"principle"一词。"principle"有两种含义：一是法律的规则、学说的本原或一般真理；二是确定的行为规则、程序或法律判决，明晰的原理或前提。[1]美国《布莱克法律词典》将"原则"解释为"法律的基本性的公理或原理：为其他（指法律）构成基础或根源的全面规则或原理（a fundamental truth or doctrine, as of law: a comprehensive rule or doctrine which furnish a basis or origin for others）"。[2]法的原则，也称为"法律原则"，是统治阶级得以指导调整全部法律关系的出发点和依据[3]，用以指导调整法律关系的基本准则，也是法的内容的基本精神，与一定社会发展的客观规律，与法的阶级本质相适应，是实现法律调整，形成法律体系的基础。[4]法的原则一般先于法律规范而存

---

〔1〕　周旺生主编：《法理学》，西安交通大学出版社 2006 年版，第 257 页。

〔2〕　Henry Campbell Black, *Black's Law Dictionary*, fifth edition, M. A., 1979, p. 462.

〔3〕　曾庆敏主编：《精编法学辞典》，上海辞书出版社 2000 年版，第 727 页。

〔4〕　《新编实用法律辞典》编委会编：《新编实用法律辞典》，中国检察出版社 1998 年版，第 10 页。

在，法律规范是依据法的原则制定和实施的。[1]它具有调整法律体系内部的协调作用，也是一部法律的纲领，帮助守法者、执法者、司法者正确理解和运用法律规范。法的原则可按其在法的体系中的地位和作用分类：有贯穿于整个法律体系中的基本原则和只适用于某一方面的法律调整过程中的具体某一环节的具体原则。美国法学家弗里德曼在其著作《法律制度从社会科学角度观察》中指出："原则是超级规则，是制造其他规则的规则，换句话说，是规则模式或模型。有些人以略为不同的意义使用'原则'一词。'原则'起标准作用，即人们用来衡量比它次要的规则的价值或效力的规则。'原则'还有一个意思是指归纳出的抽象东西。从这个意义上讲，原则是总结许多更小的具体规则的广泛的和一般的规则。"张文显教授认为："法律原则是法律的基础性真理、原理，或是为其他法律要素提供基础或本源的综合性原理或出发点"。

自然资源法的基本原则是指被自然资源法确认并体现自然资源法的本质和特征，适用于自然资源法的一切领域的基本方针和准则。它贯穿于整个自然资源法体系，对贯彻和实施自然资源法具有普遍的指导作用。[2]自然资源法的基本原则是对自然资源法规范的概括和提升。因此，把握自然资源法的基本原则有助于更好地理解自然资源法规范的实质精神，为自然资源保护守法和执法提供保障。同时，由于任何成文法都具有一定的局限性，在法律无明文规定时，自然资源法的基本原则能为处理新的自然资源

---

〔1〕 参见李伟民编著：《法学辞源》，黑龙江人民出版社2002年版，第2163页。

〔2〕 李志龙："论自然资源法的基本原则"，载《山西广播电视大学学报》2008年第6期。

问题提供指导，从而实现自然资源保护的任务和目的。[1]自然资源法基本原则的确立，不仅是自然资源法理论研究的重要任务，还直接关系到我国自然资源法的制定和实施。

在自然资源法基本原则的理论研究方面，学者们观点各异。早在1989年，西南政法大学的张孝烈、钟澜教授就在论著《自然资源法新论》里提出了坚持重要自然资源属于国家所有，坚持统一规划、综合利用，坚持合理开发利用与保护自然资源相结合、维护生态平衡，坚持自然资源有偿利用四项自然资源法基本原则。[2]吴平生、何建邦则在著作中提出了七项基本原则，包括：重要自然资源属于社会主义全民所有制的原则；正确处理国家、集体和个人三者关系的原则；统筹兼顾、全面规划、综合利用、因地制宜的原则；经济效益和生态效益协调统一原则；开源节流的原则；奖励和惩罚相结合的原则；资源有偿使用的原则。[3]肖乾刚教授在其主编的《自然资源法》一书中，也进行了类似的概括，提出六项基本原则。[4]孟庆瑜认为自然资源法的原则应由五个方面构成：保护第一原则、合理开发与利用原则、开源与节约原则、自然资源产权化和有偿使用原则、可持续发展原则。[5]江伟钰、陈方林提出自然资源法的五项基本原则，包括：自然资源属于国家永久主权和国家所有原则；正确处理国家、集体、个

---

〔1〕　王文革主编:《自然资源法——理论·实务·案例》，法律出版社2016年版，第23页。

〔2〕　张孝烈、钟澜编著:《自然资源法新论》，四川人民出版社1989年版，第22—25页。

〔3〕　吴平生、何建邦编著:《资源法导论》，中国展望出版社1990年版，第26—34页。

〔4〕　肖乾刚主编:《自然资源法》，法律出版社1992年版，第13—16页。

〔5〕　孟庆瑜:"自然资源法基本原则新探"，载《河北大学学报（哲学社会科学版）》1999年第3期。

人三者物质利益关系的原则；统一规划、多目标开发和综合利用
原则；开发、利用和保护相结合原则；生态效益、经济效益和社
会效益相统一原则。[1]吴兴南、孙月红教授提出的自然资源法基
本原则包括：遵循自然资源生态规律原则；保护优先与合理利用
并举原则；生态、经济及社会效益相统一原则；坚持可持续发展
原则。[2]曹明德、黄锡生教授提出了保护第一、合理开发利用、
开源节约、自然资源产权化与有偿使用、可持续发展五项基本原
则。[3]韩德培、陈汉光教授也对自然资源法的基本原则作了概
括，包括开发利用与保护相结合原则，因地制宜、合理开发、节
约使用原则以及统筹兼顾、综合利用、循环利用原则。[4]林广伦
认为自然资源法的基本原则应包括保护优先与合理利用相结合原
则、开源与节约并重原则、自然资源产权化与有偿使用原则、合
理规划与利益平衡原则。[5]也有一些编委会将自然资源法的原则
归纳为遵循客观规律的原则、所有权和使用权不受侵犯的原则、
合理开发综合利用原则、开源节流原则和分级管理原则。[6]结合
生态文明在新时代背景下对自然资源法的要求，笔者认为自然资
源法原则主要包含但不限于以下五个方面：①自然资源公共所有

---

〔1〕 江伟钰、陈方林：《资源环境法研究及应用》，中国政法大学出版社 2000 年
版，第 60—63 页。

〔2〕 吴兴南、孙月红：《自然资源法学》，中国环境科学出版社 2004 年版，第
114—125 页。

〔3〕 曹明德、黄锡生主编：《环境资源法》，中信出版社 2004 年版，第 216—
218 页。

〔4〕 韩德培主编：《环境保护法教程》（第八版），法律出版社 2015 年版，第
126—127 页。

〔5〕 林广伦："试论自然资源法的基本原则"，载《三明学院学报》2009 年第 3
期。

〔6〕 《新编实用法律辞典》编委会编：《新编实用法律辞典》，中国检察出版社
1998 年版，第 655 页。

原则；②可持续发展原则；③经济效益与生态效益并重原则；④产权与用益权分立原则；⑤全面规划与综合利用原则。

二、自然资源公共所有原则

自然资源法的原则是指导自然资源法律规范的基本准则。从资源属性和自然资源保护的角度出发，自然资源法的原则应首先明确其基本归属，以此为基础来指导自然资源立法。

自然资源公共所有原则指的是自然资源归属公共所有，公共可基于对其的所有权限而享有使用自然资源的利益的权利，同时也担负着保护自然资源的义务。自然资源与生态环境存在相互依存又密不可分的联系，自然资源源于自然，在自然环境中日积月累，不断变化，它的正常消耗有利于生态环境的自我循环，而过度消耗以及不当利用则会造成自然环境的污染和破坏。自然资源本取自自然，不应属于任何一个个人、组织或政府，而是属于公共。自然资源的开发、利用的过程和结果都会直接对公共环境和公共利益带来影响，而为了更好地保护生态环境，应对其进行有效利用、管理，自然资源法便应体现出自然资源公共所有原则。

现阶段，自然资源公共所有原则在我国的具体表现方式是自然资源的国家所有。我国是社会主义国家，人民是国家的主人，国家的意志反映着人民的利益。自然资源为国家所有，指一国对其管辖范围内的自然资源具有排他性的支配权，对外，体现自然资源主权；对内，体现自然资源国家所有权。我国自然资源短缺，据统计，自然资源的人均占有量只有世界人均水平的1/4，同时在时空分布上极不均衡。自然资源作为国家重要的资源和战略物资，必须归属国家所有，即全民所有，才能保障我国自然资源的合理开发、利用、节约、保护，满足各方面对自然资源日益增长的需求，适应国民经济和社会发展的需要。[1]常纪文教授认为，生态环境产权制度是生态环境制度的基础性制度，它决定了其他制度的构建和实施。生态环境产权制度是指法律关于环境因素、环境容量和自然资源归谁所有、开发、利用、如何流转以及由此产生的法律后果由谁承担等一系列相对完整的实施规则系统。我国的生态环境产权制度包括了自然资源产权制度、建立在自然资源基础之上的环境容量产权制度、生态美感及舒适性生态环境功能的产权制度。[2]

　　而在国外，公共信托制度在一些普通法系国家发展起来。自然资源的公共信托理论的发展也是基于自然资源公共所有，脱胎于普通法系上的信托制度，就是将政府作为自然资源的受托人，公众作为委托人，以谋求更好地保护自然资源和利用自然资源，促进公共利益最大化的双重所有制结构。1970 年，密歇根大学的萨克斯教授在《密歇根法律评论》上发表了《自然资源法中的公共信托理论：有效的司法干预》，为美国自然资源公共信托画上了浓重的一笔。[3]萨克斯教授认为，空气、水、阳光、野生动物等环境要素是人类的必需品，是全体公民所共有的财产，公民为了合理支配和管理他们的共有财产，于是就将之委托给政府，公民与政府之间就因此建立了信托关系，公共信托理论也成为公民可以就自然资源的管理问题求助于司法的有效工具。

---

〔1〕　参见王文革主编：《自然资源法——理论·实务·案例》，法律出版社 2016 年版，第 24 页。

〔2〕　参见常纪文：《生态文明体制改革与法治建设的理论和实践》，中国法制出版社 2019 年版，第 152 页。

〔3〕　刘大炜、陈维厚主编：《蓟门法学》（第五辑），中国法制出版社 2016 年版，第 231 页。

第二节　可持续发展原则

可持续发展原则是指在开发、利用自然资源时，不能只看眼前的经济利益，而要注重开源节流，保障后辈子孙对资源的可持续、可利用，它要求人类的经济活动和社会发展要控制在自然资源和生态环境可承载的范围之内，又不能使发展处于停滞状态。我国自然资源总量丰富，开源潜力巨大，但还是要做好资源开发的超前准备。目前可供利用的矿产储量已经显现不足之势，为防止未来我国资源短缺，必须从当前阶段就开始加强资源勘查，寻找可替代资源，加快对可再生能源的研究和利用。自然资源是可持续发展的中心因素，是经济发展的物质保障，我们不应当剥削、损害后辈子孙的资源，应留给子孙后代足够的自然资源以及保持自然资源可再生的能力。[1]

国际环境和发展委员会于 1978 年正式使用了"可持续发展"的概念。"可持续发展"在国际文献中最早出现于 1980 年国际自然保护同盟的《世界自然资源保护大纲》："必须研究自然的、社会的、生态的、经济的以及利用自然资源过程中的基本关系，以确保全球的可持续发展。"[2] 1980 年联合国大会向全世界发出"确保全球可持续发展战略"的呼吁。1981 年，美国学者莱斯特·R. 布朗（Lester R. Brown）出版了《建设一个可持续发展的社会》，阐述了可持续发展的观点，提出以控制人口增长、保护资源基础和开发再生能源来实现可持续发展。1987 年 WCED 向联合

---

〔1〕 缪姝主编：《从物到人：生态正义理论下的新型城镇化道路》，光明日报出版社 2016 年版，第 143—144 页。

〔2〕 金炳华主编：《马克思主义哲学大辞典》，上海辞书出版社 2003 年版，第1194 页。

国大会提交《我们共同的未来》研究报告，指出可持续发展是指"既满足当代人的需要，又不对后代人满足其需要的能力构成危害的发展"。1992 年 6 月，联合国在里约热内卢召开的"环境与发展会议"，通过了以可持续发展为核心的《里约环境与发展宣言》《21 世纪议程》等文件，标志着各国政府和人民对可持续发展理论的确认和对全球可持续发展的参与。

我国于 20 世纪 90 年代开始使用可持续发展战略的概念，党的第十四届五中全会通过《中共中央关于制定国民经济和社会发展"九五"计划和 2010 年远景目标的建议》，第八届全国人民代表大会第四次全体会议通过《国民经济和社会发展"九五"计划和 2010 年远景目标纲要》，提出实现经济体制从传统计划经济模式转向市场经济体制，将经济增长方式从粗放型转变为集约型的增长，同时确立了科教兴国和可持续发展战略。[1]

英国著名的国际环境法学家菲力普·桑兹认为可持续发展原则的主要内容可概括为代际公平、代内公平、可持续利用和环境与发展一体化四个方面。美国的艾迪·B. 维思教授于 1984 年在《生态法季刊》上发表题为《行星托管：自然保护与代际公平》论文，提出了每一代人在开发、利用自然资源上的权利平等，强调当代人在发展与消费时，应承认并努力做到使后代人有同样的发展机会。代内公平则是指同一代人，无论国籍、性别、种族、财富的差别，都应平等地享有自然资源的权利。可持续利用则指的是不破坏生态的可承载能力，把握好资源使用的"度"，以免造成不可逆转的变化。环境与发展一体化则是要求在环保时考虑到经济的发展，在发展时注意不能破坏生态，实现一体化发展。[2]

---

〔1〕 张笑宇：《和平发展论》，中央编译出版社 2017 年版，第 123 页。

〔2〕 文同爱：《国际环境法治建设与中国》，中国法制出版社 2008 年版，第 126—127 页。

由此可见，可持续发展的内涵丰富。可持续发展原则也承接了这一特征，但也可简单地将可持续发展原则的关键词落在"可持续"和"发展"上来理解。"可持续"作为发展的显著特征，它不同于传统的发展观和发展策略。它要求人类追求的健康、财富、美好的生活都是建立在自然资源保护的基础上的。尽管可持续发展观是在解决环境资源危机等问题的基础上发展而来的，但它并不只局限于环境资源方面，更重要的是寻求社会经济各个因素与生态环境的协调发展，强调生态持续性、经济持续性和社会的持续性。"发展"指的是国家、民族、个人物质生活与精神生活的进步。"可持续"地"发展"，就是既满足当代人的需要又不损害后代人满足需要的能力，关键要做到人类的经济和社会的发展不能超越资源和环境的承载能力。代际性可作为判断可持续发展的重要标志。代际性强调人类对自然资源的永续利用，不仅着眼于现在，也放眼于未来，关注的是人与自然世世代代和谐相处。[1]

第三节　经济效益与生态效益并重原则

经济效益与生态效益并重原则在一些学者的著作里对应的是生态、经济、社会效益相统一原则，或称自然资源与经济、社会发展相协调原则。其主要内涵是自然资源法作为调整以自然资源为基础的人的关系的法律，除了生态效益，还要综合考虑法的经济效益和社会效益，正确处理好生态保护与经济发展、社会进步之间的关系。这三者之间从整体上看是相互制约与相互影响的，类似于木桶效应，三者中的最短板将会成为制约其他两者发展的

---

〔1〕　参见柯静嘉：《可持续发展环境下国际经济法趋势研究》，吉林人民出版社2017年版，第34—35页。

关键。而事实上，不讲经济效应、社会效应的生态保护只是一种空谈。自然资源开发利用与经济发展、社会发展，必须协调规划、协调实施、协调发展，以实现自然资源效益与经济效益、社会效益的协调与统一。自然资源法在对人们的行为进行规制，对人们的关系进行调整时，必须既注重生态效益，又重视经济效益。经济效益与生态效益并重原则的前提和基础是坚持市场配置、政府监管。以扩权赋能、激发活力为重心，健全自然资源资产产权制度，探索自然资源资产所有者权益的多种有效实现形式，发挥市场配置资源的决定性作用，努力提升自然资源要素市场化配置水平；加强政府监督管理，促进自然资源权利人合理利用资源。

一、生态效益

生态效益亦称"环境效益"，《人口科学辞典》对其的定义是："投入一定劳动的过程中，对生态系统的生命系统和环境系统的诸因素并进而对整个生态系统的生态平衡造成某种影响，从而对人的生活环境和生产条件产生某种影响的效应。投入和耗费同样的劳动，带给生态系统的影响有利于生态系统保持和提高生态平衡水平，使人的生活环境和生产条件得到改善的，其生态效益就好；反之，则较差。"[1]《资源环境法词典》对生态效益的定义是："指人类在参与、调节和控制自然再生产和经济再生产过程中，人类生产经济活动与自然之间的物质、能量交流对农业生态系统，尤其是对生态环境产生的效果和影响。"[2]《生态文明建设大辞典》的界定是："具有生态功能的自然要素（如耕地、

〔1〕 吴忠观主编：《人口科学辞典》，西南财经大学出版社1997年版，第985页。
〔2〕 江伟钰、陈方林主编：《资源环境法词典》，中国法制出版社2005年版，第657页。

湿地、森林、草原等）在特定条件下被人发现并且利用，从而使人享受到这些自然生态要素本身所具有的生态功能所带来的生态服务。一般来说，包括耕地、湿地、河流、森林、草原等在内的自然物品都具有保护土壤、净化空气、涵养水源、调节气候等生态功能。人作为生态系统中的有机组成部分，必然会影响这些自然物品的生态功能或者被这些生态功能影响，当这些功能适宜于人类生存，能提高人的生活质量时，这些本身只具有自然属性的生态功能就具有了相对于人而言的、具有社会性的生态效益。"[1]概括而言，生态效益就是自然界生物系统对人类的生存条件、生活环境和生产活动所产生的有益效应。

生态效益是从生态平衡的角度来衡量效益，生态效益的重要表现是生态平衡得以继续维持，维持生态平衡指的是保持自然资源总量上的动态平衡。应根据不同类型的自然资源在生态系统中的地位和功能，进行统筹规划，坚决制止自然资源的滥采滥用行为，从源头遏制自然资源总量的急剧减少。这就要求我们在开发、利用自然资源的过程中要采取各种有效措施保障自然资源的合理开发、清洁利用。有学者指出特别是对于我国的耕地资源、森林资源等必须严格保护，总量上只能增加，不可减少。而对一些开发上存在严重困难或开发后会直接对生态环境造成恶劣后果的资源，应立即强制制止继续开发。总之，在对自然资源的开发和利用上要以生态平衡作为一把衡量得失的尺子，一旦行为过界，就应鞭打制止，以保障我国的生态环境。

二、经济效益

经济效益往往是指在经济活动中，资源利用、劳动消耗与所

---

〔1〕 祝光耀、张塞主编：《生态文明建设大辞典》（第二册），江西科学技术出版社 2016 年版，第 1248 页。

获得的符合社会需要的劳动成果之间的对比关系。[1]即投入与产出的比率。经济效益可分为宏观经济效益和微观经济效益。前者是就全社会而言的经济效益，后者是单个企业的经济效益。[2]经济效益相较于生态效益而言，短期内就可以看到较为显著的变化，并且拥有着较为可实际观测的一套衡量标准，如自然资源配置对社会的净产值或国民收入的增长率、生产率、收入弹性系数、产业关联度、产业结构瓶颈效应降低率等综合指标，以及自然资源配置对投资回收期、资金收益率、资金利润率等综合指标的影响程度。

当然，很多时候自然资源的经济价值的私人物品性与生态价值的公共物品性之间存在矛盾。自然资源环境生态效益的公共物品性质决定了它很难成为产权人的直接追求。[3]这就需要政府在中间发挥宏观指导、协调的作用。保持自然资源供应持续增长，为经济社会发展提供重要的支撑；依据自然资源承载能力，合理确定自然资源的开发利用、自然资源的区域功能定位和自然资源的开发格局，努力实现自然资源与经济、社会发展相协调，自然资源与经济社会发展共赢。[4]

第四节　产权与用益权分立原则

自然资源的产权与用益权分立原则是建立在自然资源产权化

---

〔1〕　中国社会科学院经济研究所编：《现代经济辞典》，凤凰出版社、江苏人民出版社 2005 年版。

〔2〕　余源培主编：《邓小平理论辞典》，上海辞书出版社 2004 年版，第 700 页。

〔3〕　白平则：《人与自然和谐关系的构建：环境法基本问题研究》，中国法制出版社 2006 年版，第 261 页。

〔4〕　王文革主编：《自然资源法——理论·实务·案例》，法律出版社 2016 年版，第 26 页。

和有偿使用的基础上的。自然资源产权化和有偿使用要求必须建立明晰的产权制度，强化资源管理，防止国有资源流失。同时厘清资源价格体系，扭转"资源无价、原材料低价、产品高价"的错误思想理念。自然资源的有偿使用要求直接利用自然资源的单位和个人应当依法缴纳法律规定的税费，提高利用自然资源的成本，增加保护自然资源的收益，以利于自然资源容量的恢复、整治、再生和养护，实现自然资源的可持续利用。这里，直接利用自然资源的单位和个人可以称为利用者，利用者不仅包括自然资源的使用者，还应包括自然资源的受益者。[1]需要建立健全资源更新的经济补偿机制，大力发展资源产业，鼓励和扶持资源在生产活动、缓解自然资源上的供需矛盾，加强对资源核算的研究和实践，建立资源核算制度，并将其纳入国民经济核算体系。[2]

产权与用益权分立原则就是建立在这些基础之上的，使自然资源的用益权从自然资源的所有权中分立出来，以提高对自然资源的利用效率，发挥市场对自然资源用益权的合理分配职能。

例如，在土地资源方面，目前我国主要完成的任务是破除现阶段自然资源权属制度，实现土地权利"三权分置"在保持自然资源所有权不变前提下，探索使用权、收益权（承租权、经营权）的灵活配置，以激励土地资源的开发、使用者，从而达到提高资源利用效率的目的。笔者曾经在对农村集体土地方面改革的讨论中已经看到：对农村土地集体所有属性不变，农村土地集体所有兼顾了国家、集体、农民各方利益，是有效的所有权制度安排。但集体所有是一个弹性很大的制度空间。我国区域经济发展

---

〔1〕 王文革主编：《自然资源法——理论·实务·案例》，法律出版社2016年版，第27页。

〔2〕 参见孟庆瑜："自然资源法基本原则新探"，载《河北大学学报（哲学社会科学版）》1999年第3期。

差异性明显，土地集体所有的意义在不同区域差异很大。比如，在广东南海、浙江温州、江苏昆山等集体经济比较发达的地区，土地集体所有权的"产权强度"明显要高。在承认农户承包经营权的前提下，一些地方采取类似"反租倒包"的做法，对农地的支配能力大大增强，一些地方农户的承包经营权已经后退至仅保留获取租金收益或股份分红的权利。而大部分主要农区和中西部地区，农村集体经济薄弱，拥有的资源和支配力量不足，集体所有权大部分情况下处于虚置状态。"三权分置"可以提高农村集体土地的使用效率，适应自然资源多种属性以及国民经济和社会发展需求。我国应继续加强研究，与国土空间规划和用途管制相衔接，推动自然资源资产所有权与使用权分立，加快构建分类科学的自然资源资产产权体系，着力解决权力交叉、缺位等问题。应处理好自然资源资产所有权与使用权的关系，创新自然资源资产全民所有权和集体所有权的实现形式；落实承包土地所有权、承包权、经营权"三权分置"，开展经营权入股、抵押，探索宅基地所有权、资格权、使用权"三权分置"；加快推进建设用地地上、地表和地下分别设立使用权，促进空间合理开发利用；探索研究油气探采合一权利制度，加强探矿权、采矿权授予与相关规划的衔接；依据不同矿种、不同勘查阶段地质工作规律，合理延长探矿权有效期及延续、保留期限；根据矿产资源储量规模，分类设定采矿权有效期及延续期限；依法明确采矿权抵押权能，完善探矿权、采矿权与土地使用权、海域使用权衔接机制；探索海域使用权立体分层设权，加快完善海域使用权出让、转让、抵押、出租、作价出资（入股）等权能；构建无居民海岛产权体系，试点探索无居民海岛使用权转让、出租等权能；完善水域滩涂养殖权利体系，依法明确权能，允许流转和抵押；理顺水域滩涂养殖的权利与海域使用权、土地承包经营权，取水权与地下水、地热水、矿泉水采矿权的关系；深入研究土地资源资产价值、国家所有权、委托代理、收益分配、宅基地"三权分置"的问题，总结我国自然资源资产产权制度实践经验，以构建我国自然资源资产产权理论体系。

第五节　全面规划与综合利用原则

自然资源法的全面规划与综合利用原则有两层含义：一是围绕自然资源的开发、利用、保护、管理等各项工作而展开的一系列社会活动过程中，应该由国家在充分综合考虑自然资源的分布状况、承载能力及社会经济需求的基础上，对自然资源开发利用的范围、方式和程度等方面问题作出合理的安排和规划；二是在对某一具体自然资源开发和利用时，要进行针对这一自然资源所处环境与其他方面的规划，考虑这一具体自然资源和其他自然资源与自然环境的特征与联系，进行综合利用，以实现资源的最佳配置和最优利用。这是因为每一种自然资源的用途是多方面的，如水资源，根据它的用途可以分为生活用水、工农业生产用水、渔业用水、航运水道、水力发电、水域景观游览、气候调节等。要合理地开发、利用、节约、保护水资源和防治水害，就应当全面规划、统筹兼顾、标本兼治、综合利用、讲究效益，发挥水资源的多种功能，协调好生活、生产经营和生态环境用水。[1]

这一原则实质是建立在自然资源分布的地域差异性、多功能性及开发利用的多目标性导致的潜在利益冲突，以及自然资源本身利用性能及其与周边环境的相互关系、自然资源各个部分之间

---

〔1〕　孟庆瑜、申静、李娜编著：《农村生态环境保护法律读本》，甘肃文化出版社 2009 年版，第 169 页。

相互联系与相互制约等之上的。我国的自然资源的分布具有非常大的地域性差异。依然以水资源为例，我国的水资源分布南多北少、东多西少态势明显。受自然资源分布的地域性差异制约，不同地区的自然资源满足该地区社会经济发展需要的程度是不同的，而且这种分布的差异性还必将对自然资源满足国家发展的总体需求产生不可忽视的影响。因此，自然资源分布地域性差异的客观现实决定了需要在结合考虑其分布状况以及社会总体需求的基础上，对其开发、利用、保护、管理等活动作出合理的规划和全面的安排，既在一定程度上保证经济与社会发展的区域性需求，更要通过总体上的制度设计着眼于满足国家发展战略的全局性需要。这一点对于我国而言尤其具有特别的现实意义，这是因为在我国，自然资源的主要赋存地区与主要的开发利用地区并不一致，中西部地区蕴藏了丰富的自然资源但开发利用的水平和能力相对较低，东部地区自然资源相对匮乏但开发利用水平较高，而且对自然资源的需求量巨大，客观形成的这种需求和供给在地区分布上的脱节，尤其需要通过在总体上的合理规划填补不同地区之间自然资源的需求与供给之间的巨大落差，促进和维持一国之内自然资源的总体供求平衡。[1]综合利用资源，可以用较少的物质消耗取得较大的经济成果，同时获得良好的生态效益。

---

〔1〕 王文革主编：《自然资源法——理论·实务·案例》，法律出版社 2016 年版，第 36 页。

第四章　自然资源法的基本制度

第一节　自然资源权属制度

一、自然资源法律制度

（一）自然资源法律制度的概念

《中国资源科学百科全书》对自然资源法律制度的定义是：根据国家的自然资源政策和自然资源法基本原则，通过立法形成的有关自然资源的所有、使用、开发、利用、管理、保护等的规则、程序和措施；是调整某项或某类自然资源所产生的社会关系的法律规范的总称；是某项或某类自然资源工作或自然资源活动的法定化和制度化。此外，根据自然资源开发利用的法律程序，书中指出自然资源的法律制度主要有自然资源产权制度、勘查制度、登记制度、开发审批制度、许可证制度、有偿使用制度、保护制度、环境影响评价制度[1]。也有学者将自然资源法律制度直接定义为调整人们在自然资源开发、利用、保护和管理过程中发生的各种社会关系的法律规范的总称。王文革教授从狭义角度给自然资源法律制度下的定义是：在自然资源法中，调整特定自然资源社会关系，并具有相同或相似法律功能的一系列法律规范

---

〔1〕《中国资源科学百科全书》编辑委员会编：《中国资源科学百科全书》（上），中国大百科全书出版社、石油大学出版社 2000 年版，第 218 页。

所组成的整合性的规则系统。[1]该定义将自然资源的基本制度归纳为一个规则系统，客观反映出自然资源法律制度的整体特征。笔者认为，自然资源法律制度是指在自然资源法律设立、执行过程中所形成的规则体系，这些规则体系或是针对某一特定类型资源而形成专门的制度规则，或是对所有自然资源都适用的规则制度。

（二）自然资源法律制度的特点

1. 调整对象的特殊性

这是自然资源法律制度区别于其他法律制度的特殊之处，它是以人与自然资源的关系以及以自然资源为核心的人与人之间的关系为调整对象。自然资源法律制度的"物质基础"是自然资源，由调整这个基础之上不同类型的社会关系的法律组成的特定体系就是自然资源法律制度。了解自然资源法律制度调整对象的特殊性是认识自然资源法律制度的前提，"必须以调整对象中不同类型环境社会关系的特点和需求为基础，在法律上作出有针对性的回应，以使自然资源法的法律调整在最大程度上做到有的放矢。"[2]

2. 体系性特征

自然资源法律制度通常由多个规范组成，这些规范之间相互关联、相互补充、相互配合，共同构成一个相对完整的体系。当然，在整个自然资源法律的大体系下，还存在很多个具体制度的子体系。自然资源法律制度的体系性特征使之区别于自然资源法律原则和法律措施。正因为自然资源法律制度具有体系性的特

---

〔1〕 王文革主编：《自然资源法——理论·实务·案例》，法律出版社 2016 年版，第 41 页。

〔2〕 王文革主编：《自然资源法——理论·实务·案例》，法律出版社 2016 年版，第 41 页。

征，完善自然资源法律制度会对促进自然资源法律规范有重要的意义。

3. 实操性强

自然资源法律制度具有较强的实际可操作性。"由于环境资源法律制度具有特定的适用对象和具体而完整的规则系统，因而便具有较强的可操作性，容易得到有效的贯彻实施"。[1]实操性强也是自然资源法律制度区别于自然资源法律原则的主要表现，特定而明确的调整对象和具体的法律规范意味着它可以直接应用于实践。自然资源法律制度的可操作性是自然资源法成熟与完善的重要标志。[2]

4. 生态文明的基本理念

任何制度都有其基本精神和理念作为整个制度体系的支撑。自然资源法律制度的基本理念是生态文明，一旦脱离了生态文明的制度理念，自然资源法律制度体系就失去了灵魂和目标。因此，自然资源法律制度必须紧随生态文明的精神内涵，自然资源管理制度改革必须坚持生态文明体制改革的基本理念，以生态文明的基本理念去指引自然资源法律制度的改革方向，将生态文明的理念贯彻到自然资源法律的立法、守法、执法和司法全过程，在制度规则中体现生态文明的意义和内涵。

二、自然资源权属制度

自然资源的权属制度，也可以称之为自然资源的产权制度，它是指调整自然资源资产产权的一整套法律规范的总称，是法律

---

〔1〕　王文革主编：《自然资源法——理论·实务·案例》，法律出版社 2016 年版，第 101 页。

〔2〕　参见王文革主编：《自然资源法——理论·实务·案例》，法律出版社 2016 年版，第 42 页。

关于自然资源归属、使用，以及由此产生的法律后果由谁承担的一系列规定构成的规范系统，包括自然资源产权的主体、客体、内容、登记程序、行使、流转、管理和监督等法律规范。[1]它是自然资源保护管理中最基本的法律制度[2]，直接影响到自然资源的开发、利用、保护和恢复。除此之外，一个有效的自然资源权属制度不仅能有效保护自然资源所有者的利益，还能最大化自然资源的利用率[3]，也是自然资源许可、有偿使用等基本制度的前提和基础。产权安排状况和自然资源的分配效率有很强的相关关系。如果自然资源不存在产权或产权不明晰，那么它们将面临开放进入的风险，最终陷入所谓的"公地悲剧"。例如，海洋中的鱼群、水资源、野生动物、原始森林、大气系统等开放资源，往往由于产权没有被界定而被过度开采利用。即使存在产权，但是产权不清晰或保障程度不高，自然资源同样会有大量效率损失。例如，集体拥有的土地、矿产资源等，资源的浪费现象普遍存在。产权结构对于自然资源的开发和利用至关重要，建立有效的产权制度安排，是自然资源可持续利用的重要途径。[4]从现代产权经济学角度来看，自然资源问题产生的根源之一是其开放性、公共性等特征伴随的产权问题。自然资源权属的问题涉及财产法律制度，因而很多时候都会受到《民法典》物权编的基本原理的指导。

---

〔1〕 参见蔡守秋：《生态文明建设的法律和制度》，中国法制出版社2017年版，第96页。

〔2〕 黎江虹、夏露、张瑜官主编：《经济法概论》，上海财经大学出版社2007年版，第380页。

〔3〕 参见王天义、刘清江：《我国可持续发展的自然资源价格理论研究》，中国经济出版社2016年版，第132页。

〔4〕 王亚华："自然资源产权的制度科层理论及其应用"，载《公共管理评论》2006年第2期。

　　学者研究自然资源法律权属制度有很多的表现路径。最主要的有自然资源国家所有、自然资源公众公用物、自然资源公法人财产、自然资源信托财产等。我国宪法对自然资源的基本制度设计是自然资源国家所有制，这也是目前世界各国在设计自然资源权属制度时的普遍选择。例如，《意大利民法典》在第822条规定："海岸、湖边、港湾、河川、溪流、湖沼及依与此有关的法律被规定为公的其他水域和国防用的工作物，属于国家，而且成为国有财产的一部分。"《俄罗斯民法典》第214条第2款规定："不属于公民、法人或任何其他地方自治组织所有的土地和其他自然资源，是国有财产。"《奥地利普通民法典》第287条规定："用于支付国家开支的财产，即造币厂、邮局和其他经济特权、国有土地、矿场和盐场、税收和关税，称为国家财产。"《魁北克民法典》第919条规定："高水线以下的可通航和可排放的湖泊和水道的底床为国家财产。"《韩国民法典》第252条规定："无主不动产，归国家所有。野生动物视为无主物，饲养的野生动物重返野生状态的，亦视为无主物。"《阿根廷民法典》第2572条规定："发生在海滨或通航江河沿岸的增积，归属国家。"《日本民法典》第239条规定："无主不动产，属国库所有。"《葡萄牙民法典》第1345条规定："无已知物主之不动产视为国家之财产。"《荷兰民法典》第24—27条规定："没有其他所有权人的不动产归国家所有；国家是领海的海床和瓦登海的所有权人；国家被推定为高之沙丘底部的海滨沙滩的所有权人；国家被推定为公共水道之下的土地的所有权人。"《瑞士民法典》第664条规定："无主物或公共物，属所在国。"[1]

――――――――――

　　[1]　转引自施志源："生态文明背景下的自然资源国家所有权研究"，福建师范大学2014年博士学位论文。

一般认为，我国的自然资源权属制度主要包括两方面的内容：一是自然资源所有权，二是自然资源使用权。自然资源所有权是所有人依法独占自然资源，并表现为占有、使用、收益、处分四种权能。很明显，第二项内容是以第一项内容为前提的。随着自然资源生态价值的日益凸显，其所具备的环境价值、审美价值和其他精神价值也逐渐开始受到法律的关注，传统民法关于财产权的理论不能完全覆盖自然资源的权属问题，自然资源的权属制度也进一步呈现出生态性特征。

（一）自然资源所有权

自然资源所有权是指对自然资源的占有、使用、收益和处分的权利。依自然资源权属主体的不同，可以将自然资源的所有权分为国家所有权、集体所有权。按自然资源的种类的不同，可以将自然资源的所有权分为河流所有权、土地所有权、森林所有权等。自然资源所有权的动态问题涉及三个：自然资源所有权的取得、变更和消灭。

自然资源所有权的取得是指资源权属主体依法律规定或者按法定程序取得的自然资源的所有权。根据《宪法》第9条第1款规定的"矿藏、水流、森林、山岭、草原、荒地、滩涂等自然资源，都属于国家所有，即全民所有；由法律规定属于集体所有的森林和山岭、草原、荒地、滩涂除外。"《民法典》物权编的第二分编明确界定了现有的所有权制度，将其划分为国家、集体与个人三类所有，其正文对于国有所有权的客体进行了概括，基本囊括了我国现有的自然资源，指出我国自然资源的所有权属于国家和集体。因此国家和集体就是我国自然资源权属的主体。国家对自然资源的所有还有一种取得方式——征用，国家为了公共利益的需要而将集体所有的自然资源依法征用过来，给予集体经济组织一定的补偿。国家作为自然资源权属主体，在自然资源所有权的客体方面不受限制，一切种类的自然资源都可以成为国家所有权的客体。自然资源所有权的变更是指自然资源所有权主体的变更，原因主要有：其一，因征用而变更；其二，因权属主体的变更而变更，如集体经济组织的分立、合并、解散而发生的权属主体变更；其三，因对换或对调而变更，为了公共利益的需要，国家和集体所有的自然资源可以互换或者对调。自然资源所有权的消灭即自然资源所有权因出现法律规定的法律事实而不复存在的情况。如岛屿的沉没、森林的损毁，一些是由自然事件的发生而导致的，另一些则是人类活动引起的。

（二）自然资源使用权

自然资源使用权是指依法对自然资源进行开发利用的权利。自然资源使用权的取得方式主要有四种：①确定或者授予取得。国家所有的自然资源可以由法律规定确定或者由法律规定的国家机构授予国有企事业单位、集体经济组织使用。②拍卖取得。国家所有的部分自然资源可以通过拍卖使竞买人取得对自然资源的使用权。③开发利用取得。又称为许可取得，对国有自然资源的开发和利用，必须事先向自然资源管理部门提出申请，由行政机构审核批准后颁发相关的自然资源利用许可证，取得对相关自然资源的开发利用权利。④买卖取得。也称为转让取得。通过买卖、出租、承包等形式，符合法律的限定条件，由原使用权主体将资源使用权转让给其他主体。

自然资源使用权的变更同自然资源所有权的变更相比，除使用权主体的更替外，还有使用权内容的变更。主体变更如分立、解散、破产或转让而发生的使用权主体的变更。以合同形式取得资源使用权的，若转让双方协商修改使用权范围和方式，则使用权随之发生变更。自然资源使用权的终止是指因某种原因或法律事实的出现，自然资源使用权不再存续。终止是由于法律规定或者合同规定而使使用权人丧失之前享有的权利。自然资源使用权的转让必须依据法律规定进行，不得擅自转让。[1]

为贯彻落实中央生态文明建设决策部署，建立和实施自然资源统一确权登记制度，2016 年 12 月国土资源部等部门联合印发了《自然资源统一确权登记办法（试行）》。经修订，自然资源部会同有关部门于 2019 年 7 月联合印发了《自然资源统一确权登记暂行办法》，2020 年 2 月 14 日，自然资源部办公厅印发了《自然资源确权登记操作指南（试行）》，以划清全民所有和集体所有的边界，划清全民所有、不同层级人民政府行使所有权边界，划清不同集体所有者的边界，划清不同类型自然资源边界，完成对水流、森林、山岭、草原、荒地、滩涂、海域、无居民海岛以及探明储量的矿产资源等自然资源的所有权和所有自然生态空间的确权登记。[2]

第二节　自然资源许可制度

一、自然资源许可制度的概念

自然资源许可制度是指在从事开发利用自然资源的活动之前，必须向有关管理机关提出申请，经审查批准，发放许可证后，方可进行该活动的一整套管理措施。它是自然资源行政许可的法律化，是自然资源保护管理机关进行自然资源保护监督管理

---

〔1〕　参见林志美："对我国自然资源权属问题的思考"，载《生态文明与环境资源法——2009 年全国环境资源法学研讨会（年会）论文集》，第 439—442 页。

〔2〕　"一图读懂《自然资源确权登记操作指南（试行）》"，载 http://www.mnr. gov. cn/gk/zcjd/202002/t20200228_ 2500077. html，最后访问日期：2020 年 3 月 13日。

的重要手段。[1]《中国资源科学百科全书》中给出的定义是：凡因生产经营或特殊情况需要开发利用自然资源的，由政府核发许可证，确认其在一定期限、一定地点、一定限度内开发利用某种自然资源的法律制度。[2]采用自然资源许可制度，可以把各种自然资源开发利用活动纳入国家统一管理的轨道，并将其严格控制在国家规定的范围内。这一制度非常有利于对自然资源有关的活动进行事先审查，筛除不符合自然资源可持续发展的活动，同时有助于实现对自然资源进行开发、利用活动的市场主体的有效监管。[3]

　　从历史上看，我国自然资源许可制度自古有之。如自秦以来历代封建王朝的"外贸许可制度"——私人出入国边境进行贸易活动，需要获得政府准许。由于当时生产力水平低，改造自然的能力十分有限，对自然资源的开发利用的行政许可仅限于水、渔业、森林资源等少数自然资源，而且规定得十分粗陋。[4]中华人民共和国成立后，直到改革开放前，自然资源许可制度都迟迟未有进展。2003年我国颁布了《行政许可法》，明确规定了"有限自然资源"的行政许可，近年来颁行的一系列单行的自然资源法中对各种自然资源法作了相关的规定，并且出台了配套的行政法规、部门规章以及地方性法规和地方政府规章等对自然资源行政许可进行细化，自然资源行政许可制度初具规模。"我国在自然资

〔1〕　毕元丽主编：《环境与自然资源保护法法律适用依据与实战资料》，山西教育出版社2006年版，第82页。

〔2〕　参见《中国资源科学百科全书》编辑委员会编：《中国资源科学百科全书》（上），中国大百科全书出版社、石油大学出版社2000年版，第220页。

〔3〕　参见金瑞林主编：《环境与资源保护法学》，北京大学出版社1999年版，第93页。

〔4〕　阮李全、任杰："节约型社会视野下自然资源行政许可制度研究"，载《资源科学》2008年第4期。

源保护管理中普遍实行了许可制度。"〔1〕森林法、渔业法、水法、矿产资源法、野生动物保护法等自然资源法都规定了相关资源的许可制度。例如：土地使用权证、草原使用权证、林木采伐许可证、木材运输证、采矿许可证、勘查许可证、养殖使用证、捕捞许可证、特许猎捕证、狩猎证、驯养繁殖许可证、允许进出口证明书、取水许可证等。〔2〕自然资源许可证虽然种类较多，但根据其性质可大致分为三类：自然资源开发许可证、利用许可证和进出口许可证。〔3〕

二、生态文明背景下自然资源许可制度的完善方向

自然资源许可制度的设立初衷是保证有限资源能被合理地开发利用，实现对生态的保护，使生态环境不会因少数人的欲望而损害社会公共利益。然而，近年来我国自然资源破坏、浪费现象还是时有发生。对此，有学者建议自然资源许可的管理模式需要改变传统模式中的重经济效益，轻社会、生态效益；重短期局部利益，轻长期整体利益；重事前审批，轻事后监管的状况，铲除地方保护主义壁垒，建立起符合节约型社会的自然资源行政许可管理体制。对自然资源行政许可制度的建构必须符合资源合理科学、高效节约、可持续利用的要求，从立法、行政和司法多方位着手：一是在立法体制上，区分自然资源的类型，调整许可的设置，并构建起有效控制资源利用的行政许可程序；二是完善执法活动，规范许可行为，提高许可主体及其工作人员的执行能力，强化事后监管，杜绝行政不作为；三是有效实现司法对行政许可的控制，制

---

〔1〕 官以德主编：《环境与资源保护法学》，中国法制出版社 2000 年版，第 72 页。

〔2〕 参见毕元丽主编：《环境与自然资源保护法法律适用依据与实战资料》，山西教育出版社 2006 年版，第 83 页。

〔3〕 参见左玉辉主编：《环境社会学》，高等教育出版社 2003 年版，第 205 页。

约行政权力的违法行使，在立法滞后或不周延的情况下，发挥司法的能动性，保证许可目的的实现，维护资源安全。[1]

第三节 自然资源有偿使用制度

一、我国的自然资源有偿使用制度

（一）自然资源有偿使用制度的概念

自然资源有偿使用制度，是生态文明及其制度建设的重要支撑。自然资源有偿使用制度，是指国家采取强制手段使开发利用自然资源的单位或个人支付一定费用的一整套管理制度。[2]简而言之，该制度要求使用自然资源必须付出一定的成本。自然资源有偿使用制度建立在自然资源的稀缺性和价值性基础上。土地、水、矿产、森林、草原、海洋等自然物质之所以能成为资源，首先是基于它们的价值。"从经济学对自然资源认识的历程来看，发现资源价值，先后经历了劳动价值论、地租论、边际效用论、稀缺价值论、替代价值论等的价值认识历程。"[3]有学者认为自然资源有偿使用制度是在地球人口日益膨胀、自然资源日益紧缺情况下建立和发展起来的一种管理制度，是自然资源价值在法律上的体现和确认。[4]自然资源有偿使用制度的建立有利于自然资源的合理开发和节约利用，也有利于自然资源的保护与恢复，对

---

〔1〕 阮李全、任杰："节约型社会视野下自然资源行政许可制度研究"，载《资源科学》2008 年第 4 期。

〔2〕 陈婉玲编著：《经济法概论》（修订版），中国检察出版社 2010 年版，第482 页。

〔3〕 朱清："关于'共同但有区别'的自然资源有偿使用制度探讨"，载《国土资源情报》2017 年第 9 期。

〔4〕 朱勇主编：《中国法律》，中国政法大学出版社 2012 年版，第 333—334 页。

促进自然资源的可持续利用，确保经济社会的可持续发展发挥重要作用。

（二）我国的自然资源有偿使用制度

我国曾在相当长的一段时间内适用社会主义计划经济的模式，对自然资源的配置、开发、利用基本上都是适用完全的行政调节机制。对自然资源实行的无偿、无期限和无流动政策造成自然资源配置不合理，使用效率低下，并直接导致自然资源、能源的紧缺，环境污染，生态破坏，因此，有学者曾评价："自中华人民共和国成立以来，在开发利用自然资源方面取得了许多成就，也存在不少问题和失误，其中最严重的失误是忽略自然资源有偿使用和自然资源市场。"[1]

改革开放以来，我国自然资源有偿使用制度逐步建立，在促进自然资源保护和合理利用、维护所有者权益方面发挥了积极作用，但也存在开发利用无序无度、有偿使用制度不完善或缺失、监管力度不足、市场配置资源的决定性作用发挥不充分、所有权人不到位、所有权人权益不落实等问题。自然资源有偿使用制度改革是一个复杂的系统工程和艰难的渐进过程。自然资源有偿使用制度包括两个方面：自然资源直接使用价值的有偿利用和自然资源间接使用价值的有偿利用。科学的自然资源有偿使用制度有赖于自然价值的核算和估价。如何来计算自然资源价值，目前还存在不少问题。这些问题若不解决，自然资源的有偿使用将面临许多困难。[2]而这又涉及了自然资源资产化的问题，现阶段，自然资源资产化是自然资源法学界研究的热点和重点。学界普遍认

---

〔1〕 蔡守秋："自然资源有偿使用和自然资源市场的法律调整"，载《法学杂志》2004年第6期。

〔2〕 王文革主编：《自然资源法——理论·实务·案例》，法律出版社2016年版，第31页。

为，自然资源产权确立是自然资源资产化的前提，而市场是资产化的动力和载体，价格是资产化的标准。

目前，我国的自然资源有偿使用制度的主要表现形式有资源税和资源费两种。资源税是调节企事业单位和个人因开发资源而形成的级差收入，对从事资源开发利用的有关单位和个人开征的一种税。[1]而资源费则是对各种自然资源开发、利用、保护、管理、补偿进行的收费。

二、我国的自然资源税制改革

自然资源税是自然资源有偿使用制度在我国的基本表现形式之一。资源税是以自然资源为课税对象，为调节级差收入、保护生态资源合理使用而征收的一种税。目前我国的应税资源种类有煤、天然气、原油等能源矿产，部分金属、非金属矿产，水气矿产和盐。自然资源牵制着我国经济的发展，其开采也影响到人类的生存状态、生活环境。而资源分布不均导致了级差收入的存在。资源税的主要目的就是调节自然资源的级差收入，维护公平竞争的市场环境的同时减少资源浪费。从功能角度来看，资源税是对开采公有资源权利的一种补偿，同样也是产权的价格。[2]资源税促进实现代内公平包含三个方面的意义：一是通过资源税的征收来调节因地区自然资源禀赋不同而造成的当代人群对资源共享的不均衡，即区域公平。如我国西部地区能源资源丰富，但当地居民能源消耗量比其他地区低，存在能源消费结构不合理、无法消费清洁能源等问题，因而当地居民并没有享受到应有的利益。相反，西气东输、西电东送后，东部经济发达地区则充分享

---

〔1〕　陈婉玲编著:《经济法概论》(修订版)，中国检察出版社 2010 年版，第 483 页。

〔2〕　David C. L. Nellor, "Sovereignty and Natural Resource Taxation in Developing Countries", *Economic Development and Cultural Change*, Vol. 35, No. 2 , 1987, pp. 367–392 .

受了能源利益，但利益获得者并没有对利益丧失者予以补偿。二是我国城乡二元结构经济发展水平不均，乡村经济发展、基础设施、资源利用率都落后于城市，通过资源税可以缓解这部分问题，即城乡公平。例如，城市居民更多地选用清洁能源生活、工作，而部分乡村仍然以伐木燃烧为主要能源。马太效应就显现出来了——越是经济落后的地区，资源破坏现象越严重。三是通过资源税可以遏制一些人对自然资源的过度消耗，税收收入可用于低收入群体的社会福利与社会保障，即群体公平。例如，收入高的群体有更高的概率买车、游艇、私人飞机等，因而也会消耗更多的自然资源，低收入群体却往往是生态环境被破坏的直接受害者，高收入人群则可以选择更换生活环境或接受医疗保健来规避生态破坏带来的风险。通过资源税征收，可以让不同群体之间的利益得失加以平衡。资源税对资源共享的代际公平保障体现在通过对资源浪费、生态环境破坏等行为的遏制来保证未来人类公平地享有自然资源，即实现生态资源的可持续发展。它确保社会将自然资源作为最大化长期社会产品来使用，尽可能多地使公众受益。[1]

　　中华人民共和国成立后，1950 年政务院公布了《政务院关于全国盐务工作的决定》，要求对盐税"从量核定，就场征收"[2]，盐务税收由财政部门的各级盐务局负责。后颁布《全国税政实施要则》，资源税的范围仅有盐税。同年，中盐集团成立并专门负责盐税征管，之后征管工作于 1958 年移交税务部门。1984 年国务院发布了《资源税条例（草案）》，开始正式征收资源税，征税范围很小（只有原油、天然气、煤炭、金属矿产品和其他非金

　　〔1〕 Ross Garnaut , Anthony Clunies Ross, " Uncertainty, Risk Aversion and the Taxing of Natural Resource Projects", *The Economic Journal*, Vol. 85, No. 338 , 1975, pp. 272-287.
　　〔2〕 陈如龙主编：《中华人民共和国财政大事记》（1949—1985 年），中国财政经济出版社 1989 年版，第 8 页。

属矿产品），计算方式、税率结构相对复杂。1993 年国务院发布《资源税暂行条例》，对开采矿产品或者生产盐的单位和个人从量计征资源税。1994 年分税制改革使我国建立起与市场经济相适应的税收制度，我国资源税制框架基本成型。2010 年 6 月起，资源税从价计征改革逐步实施。2011 年国务院又对《资源税暂行条例》进行了小幅度修订，使资源税规章对我国资源合理开采、有效利用、公平配置进一步发挥作用。2016 年 7 月 1 日起，资源税从价计征改革全面展开。2017 年财政部、国家税务总局公布《资源税法（征求意见稿）》，基本内容延续原条例规定，明确了四项减免税种情形，资源税法进入立法倒计时。2018 年 3 月，国务院成立自然资源部，结束了我国自然资源管理多年来政出多门、难以统一的局面，标志着我国进入了资源统一管理的新时代。2019 年 8 月 26 日，我国第十三届全国人大常委会第十二次会议通过了《资源税法》，该法自 2020 年 9 月 1 日起施行。《资源税法》的出台实现了资源税征管真正意义上的"税收法定"，对我国生态文明建设有着至关重要的影响，同时为绿色税制建设、专项领域税收征管工作统一制度提供了依据。

第四节 自然资源综合利用制度

一、自然资源综合利用制度的概念

开展自然资源综合利用是实施节约资源基本国策、转变经济增长方式、发展循环经济、建设资源节约型和环境友好型社会的重要途径。[1]自然资源综合利用制度是指根据自然资源的特性、

---

〔1〕 马歆、郭福利主编：《循环经济理论与实践》，中国经济出版社 2018 年版，第 259 页。

功能及其与周边环境和其他自然资源的关系，对自然资源进行科学规划、合理开发、综合利用的法律制度。也有学者对自然资源综合利用制度下的定义为：国家法律就开展资源综合利用的原则、措施、办法和程序等规定的一整套准则。[1]如果说自然资源有偿使用制度是基于自然资源的稀缺性和价值性，那么自然资源综合利用制度则是建立在自然资源具备多重功能和用途的基础上。自然资源综合利用涉及自然资源的生产、流通、消费及废物回收利用等过程，自然资源综合利用制度对我国这种人均自然资源短缺的发展中国家来说十分重要。

二、自然资源综合利用的表现

很多自然资源都存在多重功能和用途，结合其所处自然环境的特点和优势，可有不同种用途。比较典型的是水资源，除了作为维持生命的必需品，还可以广泛应用于清洁和冷却。由于其具有浮力、流动性，可以发展航运、旅游、灌溉。水所依附地势高差又带来动能，进而可转变为电能。我国是水资源大国，在水电开发方面，我国已是全球水电第一大国[2]，但仍存在很大的提升空间。煤炭资源在综合利用后，可产出焦炭、煤气、氨、硫铵、苯、酚、汽油、轻柴油、重油等300多种产品；许多有色金属矿选、冶炼过程中可回收到大量稀有金属、贵金属、非金属、二氧化硫等。除水资源、煤炭资源外，其他资源也具备多功能特征，如土地资源、动植物资源等。

1973年，国务院召开全国第一次环境保护会议，研究讨论我

---

〔1〕 徐孟洲主编：《经济法学》（第四版），中央广播电视大学出版社2010年版，第275页。

〔2〕 中国发展研究基金会：《中国发展报告2017：资源的可持续利用》，中国发展出版社2017年版，第35页。

国的环境问题，并制定了我国第一部关于环境保护的规范性文件——《关于保护和改善环境的若干规定（试行草案）》，并确定了第一个关于环境保护的战略方针："全面规划，合理布局，综合利用，化害为利，依靠群众，大家动手，保护环境，造福人民"的 32 字方针。"综合利用"从此成为自然资源利用的基本方针和基本原则。后我国在自然资源相关立法中逐渐建立起了自然资源综合利用制度。例如，我国《水法》第 22 条规定："跨流域调水，应当进行全面规划和科学论证，统筹兼顾调出和调入流域的用水需要，防止对生态环境造成破坏。"第 23 条第 2 款规定："国民经济和社会发展规划以及城市总体规划的编制、重大建设项目的布局，应当与当地水资源条件和防洪要求相适应，并进行科学论证；在水资源不足的地区，应当对城市规模和建设耗水量大的工业、农业和服务业项目加以限制。"《矿产资源法》第 7 条规定："国家对矿产资源的勘查、开发实行统一规划、合理布局、综合勘查、合理开采和综合利用的方针。"通过矿产资源规划制度、矿产资源勘查登记制度、采矿许可证制度、征收矿产资源补偿制度、划定矿区制度等一系列制度确立了矿产资源的监督管理制度和实现了矿产资源勘探与开发的统一规划、合理布局、综合勘查、合理开采和综合利用的目的。此外，《渔业法》第 3 条规定："国家对渔业生产实行以养殖为主，养殖、捕捞、加工并举，因地制宜，各有侧重的方针。各级人民政府应当把渔业生产纳入国民经济发展计划，采取措施，加强水域的统一规划和综合利用。"

第五节　自然资源禁限制度

一、自然资源禁限制度的概念

自然资源禁限制度是指自然资源法根据自然资源的特点和保

护自然资源的需要，对其利用的方式、对象、时间、范围、工具等所作的禁止和限制的制度。[1]自然资源禁限制度主要有两种分类：依自然资源禁限的内容可划分为资源用途的禁限、利用工具的禁限、利用方式的禁限、利用时间的禁限、利用区域的禁限、利用对象的禁限等；依自然资源的种类来划分，可区分为地事禁限、水事禁限、矿事禁限、渔事禁限、林事禁限、草原利用禁限等。[2]

二、我国自然资源禁限制度

我国的自然资源禁限制度自古就有，而且这种禁限往往表现为自然资源利用时间的禁限，即时禁，以及对某一区域的禁止，即地禁。荀子的著名论述"鼋鼍、鱼鳖、鳅鳝孕别之时，罔罟毒药不入泽"，"养长时，则六畜育；杀生时，则草木殖"充分反映了其"不夭其生，不绝其长也"的动植物保护思想。《礼记·月令》有载，孟春之际"毋覆巢，毋杀孩虫、胎、夭、飞鸟。"《礼记·祭义》中提到，"杀一兽，不以其时，非孝也。"《吕氏春秋·上农》描述了四时之禁。《管子·地数》中也提到了"封山"和"四禁"。《大戴礼记》《淮南子》《国语》《左传》《周礼》等古代著作也都有关于因动植物休养生息而需要时禁的论述。在古代，大禹曾有禁令："三月遄不入网罟，以成鱼鳖之长。"（《逸周书·大聚解》）[3]而这一时期设置的"虞"官，也成了世界上最早的生态保护官职。周文王的《伐崇令》规定："毋动六畜。有不

----

〔1〕 参见马骧聪主编：《环境资源法》，北京师范大学出版社1999年版，第133—134页。

〔2〕 常纪文、王宗廷主编：《环境法学》，中国方正出版社2003年版，第186页。

〔3〕 转引自（清）吴楚材、吴调侯编选：《古文观止译注》（上），上海古籍出版社2006年版，第95页。

如令者，死勿赦"〔1〕，后又命人发文："川泽非时，不入网罟，以成鱼鳖之长。不麛不卵，以成鸟兽之长，畋渔以时，童不夭胎，马不驰骛……"（《逸周书·文传解》）〔2〕秦朝的《田律》规定每年二月到七月，禁止捉取幼兽、卵，毒杀鱼鳖，不准设置捕捉鸟兽的陷阱和纲罟，违反者要被处罚。〔3〕西汉宣帝下诏："令三辅毋得以春夏摘巢探卵，弹射飞鸟，具为令。"（《汉书·宣帝纪》）〔4〕南北朝、唐、宋、辽、元、清时期也均有帝王发布命令，自然资源的禁限制度中也出现了对利用对象的禁限，如对猎捕鸟类、珍奇异兽加以禁止，例如：唐朝时期发布的《禁珠玉锦绣敕》〔5〕，以消采捕珍稀鸟兽成衣的风气；宋太祖下发的《禁采捕诏》规定："鸟兽虫鱼，俾各安于物性，罝罘罗网，宜不出于国门，庶无胎卵之伤，用助阴阳之气，其禁民无得采捕虫鱼，弹射飞鸟。仍永为定式，每岁有司申明之。"〔6〕宋太宗发布《二月至九月禁捕诏》规定："禁民二月至九月，无得捕猎，及敷竿挟弹，探巢摘卵"〔7〕；清朝顺治帝下令禁止广东采珠，康熙免除向皇宫进贡鹰，雍正禁令使用象牙制品。

　　目前我国对很多自然资源都设置了禁限制度。学者对这些禁限制度的主要内容进行归纳，认为主要有地事禁限、水事禁限、

---

〔1〕　转引自胡留元、冯卓慧：《夏商西周法制史》，商务印书馆 2006 年版，第 329 页。

〔2〕　转引自王磊主编：《周秦伦理文化经典选读》，陕西师范大学出版总社 2016 年版，第 2 页。

〔3〕　参见杨宽：《古史探微》，上海人民出版社 2016 年版，第 34 页。

〔4〕　转引自（清）严可均辑，任雪芳审订：《全汉文》，商务印书馆 1999 年版，第 53 页。

〔5〕　参见宋敏求编：《唐大诏令集》，商务印书馆 1959 年版，第 562 页。

〔6〕　转引自杨文衡：《易学与生态环境》，中国书店 2003 年版，第 185 页。

〔7〕　转引自方宝璋：《宋代经济管理思想及其当代价值研究》，经济日报出版社 2017 年版，第 325 页。

矿事禁限、渔事禁限、林事禁限、草原利用禁限等。针对地事的禁限制度,我国的《土地管理法》中有关于耕地、基本农田利用、耕地开垦和开发、复垦用途的禁限;对于水事禁限,我国《水法》主要禁限了放置妨碍行洪物体、围垦湖泊、河道和妨害水工程、堤防、护岸等设施;在矿事禁限上,我国《矿产资源法》对禁止开矿地区作出了规定,同时也对普查、勘探方式、矿产品的购销进行了限制,禁止压覆重要矿床;在渔事禁限上,规定了禁渔期、禁渔区、禁限渔具、禁渔方式、禁限鱼种;在林事禁限上,我国的《森林法》对毁林行为,损坏、移动林业服务标志,用火、农药、采伐方式进行限制,也规定了封山育林;[1]在草原利用禁限上,《草原法》规定国家禁止开垦和毁坏草原植被,限制采集、砍挖以及机动车行驶。

第六节　自然资源补救、补偿制度

一、自然资源补救制度和自然资源补偿制度

自然资源补救制度和自然资源补偿制度是两个不同的制度。自然资源补救制度是指按照自然资源管理法的规定,对因开发利用自然资源而造成的自然资源的破坏,要求开发利用者必须以补救自然资源的损害为实际内容的一项资源法律制度。[2]自然资源补偿制度是指为保护自然资源而设立,对因合法的资源利用造成自然资源损害或破坏,要求一定主体必须对因前述结果而遭受损

---

〔1〕　参见常纪文、王宗廷主编:《环境法学》,中国方正出版社 2003 年版,第 186—188 页。

〔2〕　孙非亚编著:《环境资源法律制度研究》,辽宁师范大学出版社 2007 年版,第 204 页。

失的其他主体给予补偿的法律制度。自然资源补偿的实质是对自然资源多方利益调整的货币表现。但从本质上讲，两者都是一种责任制度。

从字面意思来看，补救与补偿不同，虽然它们有时是可以相互替代的，但绝大多数时候自然资源的补救范围要大于补偿。可以说，补救包含了补偿。自然资源补救的内容是补救资源，通过补救自然资源而补偿因资源损害遭受损失的公共利益和个人利益。补偿则多针对的是个人，就个人所蒙受的利益损失来作出经济补偿。两者的行为方式不同：自然资源补救需要实际履行对自然资源的修复，而不是纯粹金钱上的弥补。两者导致的结果也不同：如果仅是补偿而不补救，自然资源的损害将是长期的。两者请求权的行使方式也不同：请求补救义务履行的主体是代表公共利益的行政机关，而补偿请求权则可以由受损失的个人直接提出。[1]

我国在土地管理法、水法、森林法、草原法等自然资源法律中均涉及了自然资源补救、补偿制度。

二、生态补偿

2010年4月，由国家发展改革委领衔的《生态补偿条例》起草领导小组、工作小组和专家咨询委员会成立。自然生态补偿是指"生物有机体、种群、群落或生态系统受到干扰时，所表现出来的缓和干扰、调节自身状态使生存得以维持的能力，或者可以看作是生态负荷的还原能力。"[2]按照自然补偿的概念，生态补偿在本质上是生态系统抵抗外界干扰的一种自我调节能力。生态

---

〔1〕 参见吕忠梅主编：《环境资源法》，中国政法大学出版社1999年版，第204—205页。

〔2〕《环境科学大辞典》编辑委员会编：《环境科学大辞典》，中国环境科学出版社1991年版，第326页。

系统存在的理想状态即在这种不断的自我补偿下实现平衡。但是，当生态系统受到的干扰远远超过了其自我调节的能力时，生态系统的这种自我补偿对生态平衡的恢复将无能为力，生态系统将面临破坏的威胁。此时，生态补偿的补偿者必然从自然本身向生态系统的最大干扰者——人类延伸。生态补偿的内涵也必然从最初的自然生态补偿演变为保护生态环境的一种行政、经济手段或机制。[1] 生态补偿是自然资源补救、补偿制度进一步发展的整体趋势，它包含了和自然资源补救、补偿制度的共同内容：一是对生态系统本身保护（恢复）或破坏的成本进行补偿；二是通过经济手段将经济效益的外部性内部化；三是对个人或区域保护生态系统和环境的投入或放弃发展机会的损失的经济补偿；四是对具有重大生态价值的区域或对象进行保护性投入。

---

〔1〕 韩卫平：“生态补偿概念的法学界定”，载《甘肃政法学院学报》2016 年第 2 期。

第五章 自然资源损害、法律责任与救济

第一节 自然资源损害的基本内涵

一、自然资源损害的界定

（一）自然资源损害的概念

自然资源损害是一种结果状态，是自然资源侵权行为赔偿法律关系赖以发生的依据，它会带来生态系统永久性或暂时性的毁坏，自然资源本身受到破坏的同时，人的财产、身体、精神上也会遭受损失。自然资源损害的概念有广义和狭义之分。广义的自然资源损害包括通过自然资源或环境造成的损害和直接对自然资源或环境造成的损害。狭义上的自然资源损害是指自然资源本身所遭受的损害。有学者以"权利—损害—救济"的法律逻辑，将自然资源损害定义为：民事主体的自然资源权益（与自然资源相关的民事权利及权利行使所形成的利益）遭受到的不利益影响。[1]也有学者从损害造成的属性问题出发，认为自然资源损害由财产利益损失与生态功能损失共同组成。这是因为自然资源的概念本身就含有双重特性，除了生态价值，它还体现自然资源对人类的使用价值、经济价值，关注自然资源的稀缺性、有效性。美国的《油污法》中将自然资源损害定义为：自然资源的损害、毁灭、

---

[1] 参见张璐："自然资源损害的法学内涵解读——以损害与权利的逻辑关联为视角"，载《华东理工大学学报（社会科学版）》2012年第4期。

损失或使用的损失。

自然资源损害是指因环境侵害行为造成自然资源本身的重大不利变化，包括自然环境的改变、恶化、部分或全部的被毁坏、功能的丧失等。这种功能不仅包括经济意义上的功能，还包括生态、社会和美学等价值上的功能。其本质是对不特定多数人群的公共利益的损害。

（二）自然资源损害与生态损害

俄罗斯的姆·姆·布林丘克教授认为，生态损害就是指违反法律规定的生态要求所导致的任何环境状况的恶化和与此相关的受法律保护的物质财富和非物质利益，其中包括自然人和法人的生命、健康以及财产的损害和减少。[1]竺效教授则认为生态损害是人为的活动已经造成或可能造成人类生存和发展所必须依赖的生态环境的任何组成部分或者任何多个部分相互作用而构成的整体的物理、化学、生物性能的任何重大退化。[2]也就是说，生态损害特指对生态环境所造成的损害，强调对自然要素的生态性质及生态的整体性的损害。[3]

自然资源损害与生态损害存在研究视角和关注价值属性上的差异，生态损害包含的内容往往比自然资源损害要大，但往往自然资源损害就代表着生态损害。自然资源损害所表现的丧失掉的生态价值部分直接表现为生态损害，而在研究生态损害的具体过程中，需要运用到自然资源损害的研究机理。

---

〔1〕 王树义：《俄罗斯生态法》，武汉大学出版社 2001 年版，第 424 页。

〔2〕 参见竺效："论我国'生态损害'的立法定义模式"，载《浙江学刊》2007年第 3 期。

〔3〕 冯汝："自然资源损害之名称辨析及其内涵界定"，载《科技与法律》2013年第 2 期。

二、自然资源损害评估

自然资源损害发生后，需要我们采取各种措施和办法对自然资源损害对生态环境、人类生活、健康、财富造成的实际影响及如何恢复作出分析，以便使损害得到合理的赔偿。目前，我国自然资源损害评估技术尚不成熟。

在自然资源损害评估的实践上，美国的相关研究相对成熟，尤其是在海洋资源油污损害评估方面。美国是世界上第一个建立完备环境损害评估和赔偿制度的国家。1977 年美国《清洁水法》开始将船舶所有人的责任范围扩大到自然资源损害。美国罗德岛大学的马克·里德（Mark Reed）和斯波尔丁（Spaulding）等开发出了溢油对渔业资源损害的评估模型；1986 年，美国内务部发表了自然资源损害评估（NRDA）TypeB 模型；1987 年发表了 NRDA TypeA（又称为 NRDA CME）模型，该模型是利用数值模拟定量化评估方法计算溢油对自然资源损害的赔偿，两种模型之后都被不断地升级，并在 1996 年得到法律的认可，已多次实际应用于发生在美国水域的溢油污染事故的评估中。1993 年美国国家海洋和大气管理局（NOAA）根据 1990 年美国《油污法》推出了 NRDA 指南（NOAA/DAC），指南中把环境损害评估和环境恢复计划作为一个整体，即，将恢复计划作为自然资源损害的一部分。一般情况下，NRDA 过程包括三个阶段：预评估阶段、恢复计划、完成计划。[1] 在 NRDA 领域，管理主体主要是美国国家环保局和自然资源受托人。美国《综合环境反应、赔偿和责任法》是专门用来评估确认公共资源的某一特定环境（土地、鱼类、野生

---

〔1〕　参见陈凤桂等主编：《基于生态修复的海洋生态损害评估方法研究》，海洋出版社 2015 年版，第 25 页。

动物、植物、空气、水、地下水和饮用水等）的状况的法律。[1]

除自然资源损害的评估技术外，我国还应建立、完善有关环境损害评估资金保障的机制。但我国的资金保障制度与国外相关制度存在执行上的区别，国外在具体内容上的规定较为详细。仍以美国为例，美国的自然资源损害赔偿制度是针对自然资源本身的损害所设立的一项制度，立法将该损害的索赔权授予了各项自然资源的托管者。[2]我国可以建立各级政府财政资金和专项资金为主要来源的评估经费保障途径，逐步过渡到独立基金保障评估工作顺利开展上来。在利益损害赔偿资金保障方面，针对典型的具有重大健康危害或造成财产损失的环境污染事件，构建政府主导的环境损害赔偿机制，逐步形成以标准化的行政救济为主，司法救济和纠纷调解为辅的损失赔偿制度。[3]

第二节　自然资源损害的法律责任

一、自然资源法律责任的概念与特征

著名法学家凯尔森认为，法律责任的概念是与法律义务相关联的概念，一个人在法律上对一定行为负责，或他在此承担法律责任，即如果为相反的行为，他应受到制裁。[4]《布莱克法律词

---

　　〔1〕　参见［美］雷吉娜·E.朗格林、安德莉亚·H.麦克马金著，黄河、蒲信竹、刘琳琳译：《风险沟通：环境、安全和健康风险沟通指南》（第五版），中国传媒大学出版社 2016 年版，第 30—31 页。

　　〔2〕　刘静："略论美国自然资源损害赔偿范围"，载《河南省政法管理干部学院学报》2009 年第 2 期。

　　〔3〕　张红振等："环境损害评估：国际制度及对中国的启示"，载《环境科学》2013 年第 5 期。

　　〔4〕　参见［奥］凯尔森著，沈宗灵译：《法与国家的一般理论》，中国大百科全书出版社 1996 年版，第 73 页。

典》将之归结为"因某种行为而产生的受惩罚的义务及对引起的损害予以赔偿或用别的方法予以补偿的义务。"〔1〕《资源环境法词典》的解释是"不按照自然资源法的规定履行资源行政职责，或不履行资源义务，或违反资源权益等所应承担的法律后果。自然资源法所规定的法律责任包括：刑事责任、民事责任和行政责任。"〔2〕有学者认为，自然资源法律责任是指违反了自然资源法的法律制度，不按照法律规定履行自然资源的行政管理职责或不履行自然资源法律义务，或者侵犯合法自然资源权益所应承担的法律责任。〔3〕王文革教授认为自然资源法律责任是指因违反了自然资源法定义务或合同义务所产生的由行为人承担的不利后果。〔4〕

自然资源法律责任明显区别于环境法律责任的特点是自然资源法律责任的客体是自然资源，而环境法律责任的客体除自然资源外，主要是环境方面。除此之外，自然资源法律责任还有以下特征：首先，自然资源法律责任指向的是明确的不利后果，具体承担方式可以是补偿或者制裁；其次，自然资源法律责任可以理解为是一种因违反自然资源法律上的义务关系而生成的责任关系，它是以自然资源法律义务的存在为前提的；再其次，自然资源法律责任具有内在逻辑性，即存在前因与后果的逻辑关系；最后，自然资源法律责任由国家强制力作为保障，实现追责。

二、自然资源损害法律责任结构

《资源环境法词典》中对自然资源损害法律责任结构进行了

---

〔1〕　*Black's Law Dictionary*, Published by West Group of America, 1983.

〔2〕　江伟钰、陈方林主编：《资源环境法词典》，中国法制出版社 2005 年版，第657 页。

〔3〕　任东方主编：《经济法概论》，北京工业大学出版社 2006 年版，第 368 页。

〔4〕　王文革主编：《自然资源法——理论·实务·案例》，法律出版社 2016 年版，第 68 页。

解释：一定的违法行为，可能既承担民事责任，同时又承担一定的行政责任、刑事责任，其中每一类责任，在责任内容中，又可能包含多种责任方式。为了完整地掌握自然资源法律责任，必须理清违法行为、责任主体和责任内容三者的相互关系，这是自然资源法律责任结构。自然资源损害法律责任结构可以根据自然资源违法行为所违反的法律的性质，把自然资源损害法律责任分为自然资源损害民事责任、自然资源损害行政责任、自然资源损害刑事责任。

（一）自然资源损害民事责任

自然资源损害民事责任是指因自然资源在开发、利用时被破坏，或者因侵占等行为而导致他人的合法自然资源权益受到损害而应承担民事方面的法律责任。自然资源法中的民事责任实行无过错责任的原因在于自然资源侵害行为本身创造社会财富有一定的正当性，追究其过错几乎不可能。自然资源法中的民事责任的构成要件包括：实施了致害行为；发生了损害结果；致害行为与损害结果之间具有因果关系。[1]

民事责任具体承担形式有排除危害、赔偿损失、停止侵害、排除妨碍、消除危险、恢复原状等形式。但根据其造成民事损害的具体行为可以大致分为三类：

第一，直接侵犯自然资源权属类行为。对这类违法行为，违法主体所要承担的主要民事责任方式是停止侵权行为、恢复原状和赔偿损失。

第二，对违法开发利用自然资源而导致自然资源破坏的行为。这类违法行为其承担责任的目的在于尽可能地补救被破坏的自

---

〔1〕 王文革主编：《自然资源法——理论·实务·案例》，法律出版社 2016 年版，第 69 页。

然资源，补救的内容除实际造成的当前物质损失外，还有自然资源破坏对生态破坏造成的损失，更有恢复生态环境费用的计算。

第三，破坏自然资源利用设施行为。对这类违法行为，法律有明文规定需承担民事责任的，依法承担赔偿责任。

（二）自然资源损害行政责任

自然资源损害行政责任是指法律主体因违反自然资源法行政法律规范或者不履行行政法律义务而应承担的有关行政方面的法律责任。行政法律责任构成要件有四个方面：违法行为、主观过错、危害后果和违法行为与危害后果之间的因果关系。行政责任的方式主要有两种：

第一，行政处分。行政处分是指国家机关、企事业单位对所属的国家工作人员行为违法失职但尚不构成犯罪的，依据法律、法规所规定的权限而给予的一种惩戒。行政处分的种类有六种，从轻到重依次为警告、记过、记大过、降级、撤职、开除。行政处分针对的主体往往是有公职身份的从事行政事务的工作人员，而处分的内容则都依附于人身关系。

第二，行政处罚。行政处罚是指国家行政机关依法对违反行政法律、法规的行为予以制裁的行为。行政处罚的责任承担主体一般是公民、法人和其他社会组织，而行政处罚的内容往往与主体资质、金钱有关，具体有罚款、吊销自然资源的相关许可证、责令停止生产或使用、没收财物和行政拘留。

（三）自然资源损害刑事责任

自然资源损害刑事责任是指行为人违反自然资源法律、法规而开采自然资源，对自然资源和生态环境造成破坏，并构成犯罪所应当承担的刑事方面的责任。[1]

---

〔1〕　参见任东方主编：《经济法概论》，北京工业大学出版社 2006 年版，第 369 页。

第三节　自然资源损害的救济

各国在实践中逐渐发展出对自然资源损害的救济的两种模式：私法模式和公法模式。私法模式是指政府或其他组织并不先行诉诸行政义务体系，而是直接对污染者提起民事诉讼，要求污染者采取修复措施或提供赔偿。公法模式是指"对污染者和其他责任人课以预防损害发生及扩大和修复环境的义务，并以行政强制或行政处罚来保障修复的实现。"[1]两种模式通过不同比例的混合，就构成了不同国家的自然资源损害的救济体系。我国的自然资源损害救济体系亦是如此。

一、私法救济

传统民法理论认为，民法是私法，以保护私益为己任，而自然资源生态价值是公共利益，在传统法律体系中，往往通过行政法、刑法等公法予以救济。在传统私法中，不得损害公共利益更多的是作为民法中的一个基本原则，但自然资源兼有财产性和生态性，我国正在逐步建立和完善各类自然资源有偿使用制度。损害自然资源造成的财产性损失，能通过市场交易价格来衡量，因此在现有私法的框架内较易解决。[2]《民法典》第1229条规定："因污染环境、破坏生态造成他人损害的，侵权人应当承担侵权责任。"为自然资源生态损害私法救济留下了空间，并且《民法典》在生态环境侵权责任中还引入了惩罚性赔偿制度。

另外，自然资源损害的私法救济主要形式是民事诉讼。自然

---

〔1〕　刘静："论生态损害救济的模式选择"，载《中国法学》2019年第5期。

〔2〕　张梓太、王岚："我国自然资源生态损害私法救济的不足及对策"，载《法学杂志》2012年第2期。

资源民事侵权责任纠纷中，当事人可以自行选择适用行政调解还是民事诉讼。例如，《水污染防治法》第 97 条规定："因水污染引起的损害赔偿责任和赔偿金额的纠纷，可以根据当事人的请求，由环境保护主管部门或者海事管理机构、渔业主管部门按照职责分工调解处理；调解不成的，当事人可以向人民法院提起诉讼。当事人也可以直接向人民法院提起诉讼。"《大气污染防治法》《固体废物污染环境防治法》也有类似的规定。

自然资源民事诉讼具有以下特点：首先，双方或多方当事人之间的地位是完全平等的。其次，引起自然资源损害民事诉讼的纠纷内容通常是平等主体间在开发利用自然资源过程中所产生的纠纷。一般有三种针对纠纷的诉讼类型：一是停止侵害之诉。即自然资源权属的相关主体因他人的侵权行为妨碍、阻止了其对自然资源权益的正常享有和行使，而诉诸法院。二是损害赔偿之诉。损害赔偿之诉是指自然资源权属相关主体因他人的侵权行为、违反合同的行为或者法律规定的事实所受到的自然资源权益损害，而向法院请求行为人进行赔偿损失的诉讼。三是实际履行之诉。实际履行之诉主要指当自然资源权属主体因他人违反合同或对其所属自然资源造成损害，请求人民法院强制执行对损害负责的个人或组织实际履行合同或承担资源补救责任的诉讼。

二、公法救济

（一）自然资源损害的行政救济

行政救济是指特定国家机关对行政机关违法或不当行为的纠正以及弥补其给公民、法人或者其他组织合法权益造成的损害的法律救济制度的总和。它是民主发展的产物，要保护公民、法人或者其他组织的合法权益。它采取撤销、变更、责令赔偿损失或补偿的方法，使违法或不当行为致损害公民、法人或其他组织合法权益的情形能得到及时的纠正和补救。[1]行政救济的主要方式有：行政复议、行政调解、行政裁决和行政监察。在自然资源损害上，行政救济的手段主要是自然资源的行政调解、行政裁决、行政复议和行政诉讼。

（二）自然资源损害刑事诉讼

当自然资源权益受到严重损害或自然资源遭受严重破坏时，根据法律规定，要追究违法者的刑事责任，需要通过自然资源损害刑事诉讼来完成。例如，我国《土地管理法》第75条规定："违反本法规定，占用耕地建窑、建坟或者擅自在耕地上建房、挖砂、采石、采矿、取土等，破坏种植条件的，或者因开发土地造成土地荒漠化、盐渍化的……构成犯罪的，依法追究刑事责任。"《水法》第64条规定："水行政主管部门或者其他有关部门以及水工程管理单位及其工作人员，利用职务上的便利收取他人财物、其他好处或者玩忽职守，对不符合法定条件的单位或者个人核发许可证、签署审查同意意见，不按照水量分配方案分配水量，不按照国家有关规定收取水资源费，不履行监督职责，或者发现违法行为不予查处，造成严重后果，构成犯罪的，对负有责任的主管人员和其他直接责任人员依照刑法的有关规定追究刑事责任……"第73条规定："侵占、盗窃或者抢夺防汛物资，防洪排涝、农田水利、水文监测和测量以及其他水工程设备和器材，贪污或者挪用国家救灾、抢险、防汛、移民安置和补偿及其他水利建设款物，构成犯罪的，依照刑法的有关规定追究刑事责任。"我国《刑法》也设置了有关破坏自然资源的专门罪罚，例如：非法捕捞水产品罪；危害珍贵、濒危野生动物罪；非法猎捕、收

---

[1] 王文革主编：《自然资源法——理论·实务·案例》，法律出版社2016年版，第82页。

购、运输、出售陆生野生动物罪；非法狩猎罪；非法占用农用地罪；非法采矿罪；破坏性采矿罪；危害国家重点保护植物罪；盗伐林木罪；滥伐林木罪；非法收购、运输盗伐、滥伐的林木罪；单位犯破坏环境资源罪；等等。

第六章 我国自然资源资产产权
市场化问题初探

第一节 我国自然资源资产产权市场化现状

一、自然资源资产产权市场化的意义

自然资源资产产权市场化能通过市场机制来反映自然资源的真正价格，提高自然资源的使用效率。《民法典》从物权等角度对部分自然资源资产产权流转问题进行了回应，为自然资源资产产权市场化提供了制度保障。目前在自然资源资产产权市场化摸索过程中出现了很多问题，要进一步完善自然资源资产产权市场化，就需要明确政府在自然资源资产产权交易中的定位，通过制度设计来保障自然资源资产产权交易的环境。

我国的自然资源权属制度有着自己的特色，大部分自然资源的所有权归国家所有，其他部分则由集体所有。我国自然资源权属制度诞生于计划经济高度集中的时代，自然资源因其生产资料属性而被宪法明确冠以公有性质，自然资源资产的属性多年来也深受自然资源权属的影响。随着 20 世纪我国跨入社会主义市场经济体制，一方面，自然资源资产开始呈现出"空心化"趋势。有

学者指出这一问题的主要原因是"自然资源价值补偿不足"〔1〕，将生产要素部分地或全面排除于市场外，商品价值构成就会有缺失的部分。另一方面，我国在自然资源的使用过程中不能保证市场主体的平等性，市场机制对自然资源的配置作用不充分。除此之外，大多数发展中国家在发展市场经济的初期，都会面临以资源换技术来促经济的困境。

　　自然资源不只是生产资料和消费品，它的生态功能是人类社会存在和发展的客观基础，在社会经济发展的不同阶段，人的价值追求由三方面因素决定：一是受已有经济基础的影响，马斯洛需求层次理论揭示了人的需求是在已获取的满足上不断提高；二是在面临取舍时往往能根据稀缺性来作出判断，如干净的水和排污工厂带来的经济利益，虽然两者都对一定时期社会发展起作用，但在社会的不同发展阶段，人们会选择相对稀缺的一个；三是价值追求始终是一种主观态度，前两个因素对人和社会的选择而言只是重要参考，个人和社会的价值偏好才是决定的关键。当前中国特色社会主义市场经济已进入中高速发展阶段，中国制造与中国技术已相对成熟，国家发展无须以牺牲资源环境为代价，相反，资源流失、破坏等问题还会严重掣肘社会经济生活。新时代人们对美好生活的向往丰富了人权的内涵〔2〕，美好生活权的实现需要以自然资源的可持续利用为基础，而自然资源的可持续利用所涉的关键问题是如何让主体在利用自然资源时感受到其真实价值，通过市场价格机制带给市场主体的反馈无疑是较任何主观测度更为准确和直接的方式，自然资源资产产权的市场化能让自然资源的价值补偿"到位"，产权不全同于物权，

---

　　〔1〕　安晓明："关于我国经济发展中自然资源的资产化和商品化问题"，载《当代经济研究》2003 年第 8 期。

　　〔2〕　张文显："新时代的人权法理"，载《人权》2019 年第 3 期。

它突出了人在经济活动中的利益[1]，从而激励人们有节制地、合理地使用自然资源，起到以市场机制来促进自然资源可持续利用的目的，避免自然资源的利用陷入"公地悲剧"。以风景名胜资源的开发利用为例，地方政府和生产者之间的权利交易是基于效率的选择[2]。巴泽尔认为当他人越能影响某资产的收入流而不需要承担成本时，该资产的价值就越低，"资产净值的最大化需要最有效地约束无补偿利用的所有权或所有权形式。"[3]

王万山和廖卫东教授总结了我国自然资源资产产权制度的变迁历程，认为自然资源资产产权经历了从完全公有到使用权无偿授予再到市场化三个阶段[4]。1988年《宪法》明确了土地使用权可依照法律的规定转让意味着资源资产产权开始朝着市场化方向转身。之后虽然一些自然资源相关法律开始规定使用权的交易制度，但我国自然资源资产产权市场化实践脚步缓慢，资源资产产权市场运行效率偏低。党的十八大以来，资源资产产权制度改革加速，为进一步促进产权制度在生态文明建设中发挥优势，解决所有者不到位和使用权边界模糊问题[5]，2019年，《关于统筹推进自然资源资产产权制度改革的指导意见》（以下简称《意见》）发

〔1〕 杨瑞龙、周业安："一个关于企业所有权安排的规范性分析框架及其理论含义——兼评张维迎、周其仁及崔之元的一些观点"，载《经济研究》1997年第1期。

〔2〕 胡敏：《风景名胜资源产权的经济分析：以自然旅游地为例》，武汉大学出版社2011年版，第41页。

〔3〕 [美] Y.巴泽尔著，费方域、段毅才译：《产权的经济分析》，上海人民出版社1997年版。

〔4〕 王万山、廖卫东："中国自然资源产权市场应如何'转轨'"，载《改革》2002年第6期。

〔5〕 朱隽："加快构建自然资源资产产权体系（政策解读）"，载《人民日报》2019年5月19日，第2版。

布，《意见》中列明了近阶段自然资源资产产权完善的方向〔1〕。2020 年我国首部《民法典》颁布，物权编对土地承包经营权、建设用地和宅基地使用权等通过明确"三权分置"赋予其作为资产流动的可能性，推动了自然资源资产产权市场化。但自然资源资产产权市场化依然存在很多理论和实践上的问题：资源资产登记制度的前提是如何确定何为资源资产，但目前缺少文件或标准对之回应；资源资产权利间存在重叠之处，产权边界界定涉及产权的清晰度，也影响到产权交易的市场效率；以自然资源资产产权的市场化来回应多年来自然资源公有制对资源资产带来的影响，但资源要素市场的相关操作规范并不完善，存在资产产权流转机制不健全等问题。

二、我国自然资源资产产权市场化建设现状

我国自然资源资产产权市场化主要通过制度设计来实现我国自然资源资产产权的市场交易，各自然资源资产产权市场化实践开启时间有先后，结合资源本身特征和政策关注度的差别，各自然资源资产产权市场化程度皆有不同。就我国目前主要自然资源资产产权市场化建设现状来看，土地、水、矿产和林业等资源资产均已步入市场化进程。

（一）土地资源资产产权市场化尝试

在土地资源资产的产权制度设计上，市场化前期准备较早。2014 年中共中央办公厅、国务院办公厅印发《关于引导农村土地经营权有序流转发展农业适度规模经营的意见》对土地承包经营权登记制度和土地有序流转发挥进行引导。同年 12 月，作为首

---

〔1〕《意见》提出健全自然资源资产产权体系，推动自然资源资产所有权与使用权分离，处理好自然资源资产所有权与使用权的关系，创新自然资源资产全民所有权和集体所有权的实现形式。

部指导农村产权流转交易市场的文件——《国务院办公厅关于引导农村产权流转交易市场健康发展的意见》明确了土地经营权的分离，并分类指导三权分置[1]。现行《土地管理法》规定了集体经营性建设用地使用权可入市出让，激活了集体建设用地使用。在国有土地使用上，有偿、限期使用和划拨（有偿或无偿）、无限期使用并存，可见土地资源资产产权市场化目前仍处在初步进入阶段，土地资源资产改革有一定积累，但尚不能充分发挥市场价格的调节机制。

（二）水资源资产产权交易制度建立

在水资源资产产权的实践上，我国水资源配置多是通过政府以取水审批制完成。1988 年《水法》对水资源有偿使用进行了规定。2000 年后，东阳和义乌开始探索水权交易[2]，2007 年《物权法》在用益物权中加入取水权，为水权作为私权转让提供了制度性前提[3]。2014—2017 年，七省基本完成了水权交易试点任务。2016 年，《水权交易管理暂行办法》发布，同年，中国水权交易所正式开业运营[4]，但目前我国整体上水权流动性依然较差，不同省地的水权市场活跃度差距大。在实践中，水权交易推动仍多依托政府从中撮合，水资源资产管理与水资源管理仍有模糊之处，市场配置作用发挥尚且不足，水权如何确权、如何交易、出让与转让、价格制度仍然是水资源资产产权制度设计的难点。

---

[1] 洪旗等：《健全自然资源产权制度研究》，中国建筑工业出版社 2017 年版，第 107 页。

[2] 陈玉秋：《水资源资产产权制度探索与创新》，中国财政经济出版社 2018 年版，第 103 页。

[3] 洪旗等：《健全自然资源产权制度研究》，中国建筑工业出版社 2017 年版，第 108 页。

[4] "我国水权交易市场的发展情况、问题和政策建议"，载 https://www.huanbao-world.com/a/zixun/2018/1127/62745.html，最后访问日期：2020 年 8 月 23 日。

（三）矿产资源资产产权交易制度建立

在矿产资源资产产权交易方面，我国已建立了在《宪法》指导下，以《民法典》和《矿产资源法》为主的矿产资源资产产权制度[1]。1982 年《对外合作开采海洋石油资源条例》规定了参与开采海洋石油资源须缴纳矿区使用费，标志着我国矿产资源开始转向有偿使用的趋势[2]，在《矿产资源法》出台后，我国又发布了一系列法规落实矿产资源相关制度[3]。2000 年，国土资源部印发《矿业权出让转让管理暂行规定》，赋予矿业权人以出售等方式转让、出租、抵押矿业权的权利[4]。2017 年，国务院印发《矿产资源权益金制度改革方案》，同年，国土资源部出台《矿业权交易规则》，完善矿业权交易制度。目前我国矿产资源资产的市场化相较于其他资源而言实践经验丰富，但暴露出的问题也较多，从产权配置到产权管理，再到产权保护，均存在着公权主导和市场不健全的问题。

（四）林业和其他资源资产的市场化试炼

在林业和其他资源资产方面，1998 年《森林法》的修正，首次确定了森林、林地使用权的转让问题。2003 年，《中共中央、国务院关于加快林业发展的决定》发布。2004 年，福建永安林业要素市场成立，标志着我国森林资源产权交易市场开始形成[5]。

---

〔1〕　马苗卉："浅析矿产资源资产产权制度"，载《国土资源情报》2019 年第 2 期。

〔2〕　曹海霞："我国矿产资源资产产权的制度变迁与发展"，载《产经评论》2011 年第 3 期。

〔3〕　如《矿产资源勘查区块登记管理办法》《矿产资源开采登记管理办法》《探矿权采矿权转让管理办法》等。

〔4〕　2014 年国土资源部发布停止执行《关于印发〈矿业权出让转让管理暂行规定〉的通知》第 55 条关于抵押权的有关规定。

〔5〕　洪旗等：《健全自然资源产权制度研究》，中国建筑工业出版社 2017 年版，第 108 页。

我国的《草原法》《海域使用管理法》等规定了草原和海域等资源使用权转移制度，其中草原承包经营权和生态功能使用权已进入市场流转，海域产权流转制度也已初步建立，2010年我国首个海域资源使用权交易中心成立。虽然我国主要资源资产都已迈入市场化阶段，但是目前我国可交易的资源产权权利类型有限，资源资产产权市场也没有完全脱离政府公权力管制的模式[1]，在具体产权交易和交易规则上仍缺乏具体制度安排，以至于有些学者认为这些都不能算现代市场经济意义上的交易法律安排[2]。

第二节　我国自然资源资产产权市场化的建议

一、我国自然资源资产产权市场化的两大问题

目前，我国对自然资源资产产权市场化建设虽有初步涉猎，但也存在很多实践问题，这些问题归纳起来最集中地反映在自然资源资产产权市场化与自然资源的公有属性是否矛盾和我国自然资源资产产权具体主体是否虚位上。

（一）自然资源资产产权市场化是否影响我国自然资源所有权公有属性

自然资源资产产权的概念于党的十八届三中全会中提出[3]。自然资源资产产权市场化可以通过市场来促进自然资源的有效配置，让自然资源的使用权通过价格机制自然流向对其评价高的市

---

〔1〕　洪旗等：《健全自然资源产权制度研究》，中国建筑工业出版社2017年版，第112页。

〔2〕　刘灿等：《我国自然资源产权制度构建研究》，西南财经大学出版社2009年版，第334页。

〔3〕　2013年《中共中央关于全面深化改革若干重大问题的决定》在第十四部分中规定了要健全自然资源资产产权制度和用途管制制度。

场主体。一方面可以弥补多年来我国自然资源使用价格补偿不足的问题，另一方面可以在一定程度上解决自然资源低效使用问题。但是自然资源资产产权市场化是否会影响到我国自然资源所有权的公有属性？有学者认为，如果自然资源产权不能彻底摆脱国家管控束缚，那么自然资源资产产权市场化很难真正实现。就我国目前自然资源资产产权市场化的实践状况来看，大部分自然资源资产的市场交易受政府支配程度很深，这也是多年来我国自然资源产权制度改革进展效果缓慢的原因。虽然直接就问题表面来看，首先要明确的是我国自然资源所有权属性是否要变的问题，但实质上，这一问题中存在两个方面的误解：一是我国自然资源资产产权市场化并不代表着自然资源所有权私有化，首先自然资源资产和自然资源并非完全等同，其次带有生态功能价值的自然资源产权完全私有化产生的问题可能更多；二是将国家权力介入资源经济的方式显得过于僵硬，现在的任务是国家要在自然资源资产的管理支配上放出去部分权力，但还应做好对自然资源资产市场的基本监督与管理。

　　就问题的第一个方面，首先，自然资源资产产权市场化命题的中心语是自然资源资产而非自然之物或自然资源。自然之物虽客观存在且具备生态价值，人类却不一定能对之加以利用，只有人能参与实践的自然之物，即"人化自然物"[1]才可能成为自然资源。而自然资源虽具备经济特征，但如果不能被人稳定管控[2]，作为资产管理的货币计量可靠性差，就难以进入财产法管理范畴。除了便于资产管理，区分自然资源资产与自然资源的意义在于能

---

　　〔1〕　广州市环境保护宣传教育中心编：《马克思恩格斯论环境》，中国环境科学出版社 2003 年版，第 17 页。

　　〔2〕　程雪阳："国有自然资源资产产权行使机制的完善"，载《法学研究》2018年第 6 期。

在保障我国自然资源所有权的公有性前提下，寻找使自然资源的价值得以足值体现的新模式。我国自然资源归国家或集体所有，自然资源资产产权作为一组权利，所有权当然也归国家或集体所有，而资产使用权却可以分离出来，交给价格机制下能够更珍惜、更高效利用的市场主体。其次，是否将带有生态价值的自然资源资产产权完全私有化对自然资源的开发、利用和保护就是最有效的？两者之间并没有什么必然联系。事实上很多自然资源储量大国都突出了自然资源资产管理的公益性目的，私有化不是解决自然资源可持续利用的万能药，哈丁在"公地悲剧"中也指出问题的解决方法除了私有化，还有环境管制。我国自然资源公有制是历史的选择，资源的不合理使用、浪费等问题是资源所有权人不到位的结果，而不是由"自然资源公有产权本身引起的"[1]。

问题的第二个方面在于国家权力应以何种形式来干预自然资源资产产权市场，虽然自然资源资产产权市场化尚在初步试验中，但我国的市场经济体制早已成型并蓬勃发展，政府从完全管理、安排自然资源资产到将之放手于市场，做好"守夜人"角色必然需要平稳地过渡，因此不宜将这种适应与探索过程中所出现的问题全部归咎于自然资源的所有制形式。另外，自然资源资产与其他资产存在显著的区别，作为生态系统的重要组成部分，其资产在市场化过程中的外部效应明显，政府不可能像对待其他生产要素或消费品那样完全放手，而是要在自然资源资产产权市场化实践过程中给自己找到一个合适的定位，既能发挥市场机制对资源资产产权配置的优越性，又能使自身适度参与到资源资产的

---

[1] 蔡华杰："自然资源：公有抑或私有？——国外关于自然资源资产产权的争鸣和启示"，载《探索》2016年第1期。

管理和监督过程中。

（二）我国自然资源资产产权具体主体是否虚位

自然资源资产产权是一组权利的集合，过去提及自然资源时多关注的是所有权而忽视了其使用权的流转，这极易导致委托代理失灵[1]。依据市场主体所享有的自然资源资产产权的具体种类不同，可将自然资源资产产权主体大致分为具体某一自然资源的国家所有权的代表者、实际占有者、经营者、租赁者、承包者和受益者。这些产权主体所拥有的权利和义务在制度的规定上必须足够清晰，否则在自然资源资产产权市场化的过程中必定会出现不同利益主体权利的相互性问题，造成权利适用混乱。《意见》中提出了"明确自然资源资产产权主体"和"加快自然资源统一确权登记"的主要任务，这是自然资源资产产权进入市场的前提条件。2019年，《自然资源统一确权登记暂行办法》（以下简称《办法》）印发，但是我国在推进确权登记时，遇到了许多实际困难。在具体实践过程中，操作流程不明、确权标准不一、资源分类体系存在重合之处、已有行业标准之间缺乏协调，无法应对权属交叉的难题[2]。这些困难根源于法律制度对自然资源产权的界定模糊，确权登记时就容易发生争议[3]。巴泽尔认为界定产权的困难程度也取决于获得全面信息的难度[4]。而过往的自然资源数据分散在不同的部门，数据质量（精确度和覆盖度）不

　　[1]　潘华、李暑霏："生态资源资产的产权制度及产权交易机制研究"，载《昆明理工大学学报（社会科学版）》2017年第2期。

　　[2]　何灏、覃瑜："自然资源统一确权登记相关问题"，载《中国土地》2020年第6期。

　　[3]　陆钦网、黄东海、张李军："自然资源统一确权登记存在问题与对策"，载《国土资源导刊》2019年第2期。

　　[4]　[美] Y.巴泽尔著，费方域、段毅才译：《产权的经济分析》，上海人民出版社1997年版。

一，自然资源确权时就需要不同部门配合〔1〕，但如发生权属争议问题，各部门如何协调认定，职责没有明确划分。

除确权登记的问题外，不少学者也指出我国自然资源资产的所有权代表者和实际占有者存在虚位问题。法律必须对自然资源资产范围和主体的权利边界有一个明确的规定，制度上的缺失使得这一问题迫在眉睫。

首先，我国法律规定国有资源所有权的代表者是国务院，集体资源所有权由集体组织代理。《意见》中指出全民所有的自然资源资产所有权由国务院自然资源主管部门代表，行使对自然资源资产在整体利用上监督管理的职责。但现实中，能直接观测到自然资源资产利用状况的是各地政府的基层部门，因而必须通过立法来明确中央与地方政府在自然资源资产监管时的关系和内容，否则国有自然资源所有权的代表者在行使监管权时就会出现滞后和不到位的情况。

其次，自然资源资产产权市场化必须保护自然资源的实际占有者的权利，"财产权的第一个权限是占有权"〔2〕，因为先占是最原始的取得财产的方式。亚当·斯密认为财产权的转让强调"转让物应受置于受让人的权利之下"〔3〕。然而财产法上的"占有"概念有其本身局限，萨维尼的占有在于"持有"，但是自然资源的空间规模和物理形态都不能直接以"持有"形式来排除他人的支配〔4〕，

---

〔1〕 行海燕："自然资源统一确权登记工作存在的问题及对策"，载《资源导刊》2018年第5期。

〔2〕 张乃根：《法经济学：经济学视野里的法律现象》，上海人民出版社2014年版，第21页。

〔3〕 ［英］亚当·斯密著，冯玉军、郑海平、林少伟译：《法理学讲义》，中国人民大学出版社2017年版，第101—102页。

〔4〕 王旭："论自然资源国家所有权的宪法规制功能"，载《中国法学》2013年第6期。

自然资源资产的占有必须以更广义的方式来实现，登记制度从理论上讲可以解决这一问题。占有登记包含两种情形：一种是具体资源所在地的政府通过行使资产所有权登记的形式间接地进行占有登记；另一种是开发使用者的占有登记。《意见》和《办法》中的确权登记多指向以不动产为基础的所有权登记。目前我国的占有使用登记的具体规定分散在各具体资源的法律法规中。如土地承包者、矿产开采者等可通过登记保障自己的合法权利，因此自然资源资产的占有者并不存在虚位问题，只是统一的占有登记规定还没有明确的法律规定而已。

二、《民法典》对自然资源资产产权市场化的促进

绿色原则能否融入《民法典》各编是近年来学者十分热衷于讨论的话题，原因在于要在以调整私人利益为核心的民法中加入以维护公共利益为目的的绿色原则可能会对私人权利和意思自治的充分发挥造成一定限制，而且有关环境资源的问题放在私法中来调整似乎不符合传统认知。但实际上，民法制度体系中一直不缺乏对保护公共利益的考量，公序良俗原则就是最直接的体现。与此同时，自然资源开发利用的低效率将会带来物权的损失。《民法典》的私权保障特质能遏制公权力的滥用，激发市场主体的活力[1]。《民法典》在考虑环境资源问题时，不仅丰富和发展了物权体系，体现了新时代的社会需求，也直接为自然资源资产产权市场化提供了制度保障。产权的明晰不仅是合同交易存在的前提条件，也是发生侵权行为后责任追究的主要依据。《民法典》中出现的自然资源资产产权的规定主要集中在物权编，相对于合

---

〔1〕 孟祥舟、陈思、刘炎："民法典：自然资源产权体系的法治保障——自然资源部咨询研究中心专题学习研讨《民法典》综述"，载《中国自然资源报》2020年6月10日，第6版。

同编和侵权责任编靠前，这三编直接或间接地反映了《民法典》对自然资源资产产权市场化的促进。

（一）通过物权编保护来促进自然资源资产产权市场化

《民法典》物权编通过保护自然资源民事权利来构建自然资源要素市场和自然资源资产产权体系。它对自然资源资产产权的保护主要通过两种形式来明确：一是维护自然资源资产生态价值功能的原则性规定；二是通过对建设用地使用权、矿业权、集体土地产权、海域使用权等具体权利的确定来实现自然资源资产产权市场化。

首先，物权编在保护私人物权的同时加入了对自然资源和生态环境的关注。自然资源物作为很多物权存在的客观基础，一旦灭失，其对应物的物权也就不复存在。虽然物权反映的是物之上的人与人之间的关系，但自然资源物的价值功能是物权存在的基础，更是自然资源资产进入市场进行交易的前提。因此，物权编在规定民事主体的私权时也特别注重对权利的附着物的保护，尤其是对生态价值功能的保护。《民法典》在物权编加入了很多行使具体用益物权的原则性规定，如业主的建筑物区分所有权、建设用地使用权的行使需要符合资源节约、保护生态环境的规定。

其次，通过明确具体物权来从私权保护的角度推进自然资源资产产权市场化。《民法典》物权编保留了原《物权法》中关于建设用地使用权、土地承包经营权、宅基地使用权、海域使用权等部分内容，新增了无居民海岛国家所有权，第 324 条和第 325 条分别确定了自然资源私人占有、使用、收益的权利和自然资源有偿使用制度。同时明确了很多社会长期关注的热点问题，如对住宅建设用地使用权到期后如何续期的问题、增加村民住宅补偿费用、按农村承包地"三权分置"精神完善土地承包经营权、删除禁止耕地使用权抵押规定，以适应土地经营权市场化的需求〔1〕。

（二）合同编与侵权责任编对自然资源资产产权交易的保护

1. 合同编对自然资源资产产权交易的指引

"对合同的研究是产权研究的核心，合同无论是正式的还是非正式的，都是签约方之间的权利的重新分配"〔2〕。在《民法典》合同编中加入自然资源保护的相关内容，看似是对民法调整领域发出了挑战，但以发展的眼光来看，意思自治与合同自由虽然是传统契约理论的主调，但新时代的合同理论必须具备更大的包容性，才能有"再生的契约"〔3〕。

《民法典》合同编首先在一般规定中强调了合同的履行要避免资源浪费，同时也规定了中外合资、合作经营企业履行勘探我国自然资源的合同须依据我国法律。其次在第 10 章规定了供电、水、气、热力人与使用者之间权利义务关系的合同。合同编没有专门针对资源资产产权交易合同作具体规定，但自然资源资产产权交易的实现必然需要合同的形式和契约精神，自然资源资产产权交易合同必然会从合同编的一般规定中寻求规则，因而《民法典》合同编对自然资源资产产权交易通过规则指引发挥作用。

2. 侵权责任编对自然资源资产的救济

虽然从直观上来理解，侵权责任编对自然资源资产交易的实现作用不大，但它对自然资源资产权利的保障发挥着不可替代的作用。它规定了国家或法律规定的组织有请求修复生态环境、赔偿损失和费用的权利，对受到破坏的自然资源资产和受到他人侵

---

〔1〕　魏莉华："从自然资源管理角度看《民法典》"，载《资源导刊》2020 年第 6 期。

〔2〕　[美] Y. 巴泽尔著，费方域、段毅才译：《产权的经济分析》，上海人民出版社 1997 年版，第 38 页。

〔3〕　刘长兴："论'绿色原则'在民法典合同编的实现"，载《法律科学（西北政法大学学报）》2018 年第 6 期。

犯的自然资源资产权益进行救济，从而间接保护了自然资源资产产权交易。

三、自然资源资产产权市场化进一步完善的建议

（一）明确政府在自然资源资产产权交易中的定位

自然资源资产产权如何确权和交易背后反映的是政府与市场在自然资源资产产权配置过程中界线的划分，因而"需明确政府与市场的作用边界"[1]。这一问题也可以转化为政府对自然资源资产产权市场管理的三个层次：我是谁、谁来管和怎么管。

首先，政府作为自然资源所有权的代表者，在自然资源资产市场中扮演着管理者和参与者的角色，因而它既是"裁判员"，又是"运动员"[2]。多元化的身份使得政府看似在自然资源资产市场的管理中占有先机，但其功能发挥却受到内在性矛盾的牵掣——政府需要在自然资源资产产权市场化过程中去协调自身的利益、所有市场参与者的利益和整体社会的利益。代理管理的最大问题在于代表者自身存在利己和利他的矛盾，因而很难摆脱寻租腐败，也不能保证交易效率。如何界定政府的管理权限，使其专攻所长，弱化其在市场中的其他职能而代之以市场效能是进一步推进自然资源资产产权市场化的重心。

其次，由于自然资源的生态意义，政府不可能对自然资源资产完全放手，而是要在明确各部门在这一改革过程中的主要职责和加强责任监督的基础上，努力为自然资源资产产权的市场化提供安全、有序的市场环境。市场直接调整与政府公权间接介入相

---

〔1〕 陈玉秋：《水资源资产产权制度探索与创新》，中国财政经济出版社 2018 年版，第 134 页。

〔2〕 潘华、李暑霏："生态资源资产的产权制度及产权交易机制研究"，载《昆明理工大学学报（社会科学版）》2017 年第 2 期。

结合是我国自然资源资产产权深入市场化的理想方案，但目前我国自然资源资产产权的确权工作仍在进行中，所以当前政府的主要任务仍在于宏观上对自然资源资产产权整理与保护进行把控与指导。

最后，政府在自然资源资产产权市场化过程中应以规范自身行为为重点，同时发挥政府功能优势，当好"裁判员"[1]。除明确政府角色与职能定位、完成《意见》提出的主要任务外，还应主动提高管理创新能力，通过云计算、大数据、物联网等技术来加强国家资源所有权的代表者对地方行使自然资源资产所有权部门的监督和指导[2]，建立自然资源资产产权的市场风险防范机制，尤其是对公益性强、涉及国家安全的自然资源资产[3]，政府的行政手段坚决不能放松。

（二）通过制度完善加强自然资源资产产权交易的环境保障

我国促进自然资源资产产权交易的法律规范较少，在《民法典》和个别具体的自然资源法中有部分涉及。要推动自然资源资产产权市场化，安全有序的产权交易环境是必要条件，而交易环境需要完善的法律制度做保障。

首先，立法机关在进行法律制度设计时，应在确保我国自然资源资产安全的前提下，注重对效率价值的追求。从制度经济学角度来看，交易成本是影响产权交易的关键变量。如在交易规则中设置越多的产权前期审核障碍，自然资源资产通过市场配置来完成资源价值补足的目标就越难实现。常纪文教授认为对自然资

---

〔1〕 严金明："自然资源资产产权制度改革的几个关键问题"，载《中国土地》2019 年第 6 期。

〔2〕 陈静、陈丽萍、吴初国："国外公有自然资源资产的管理及启示"，载《中国土地》2018 年第 3 期。

〔3〕 潘华、李暑霖："生态资源资产的产权制度及产权交易机制研究"，载《昆明理工大学学报（社会科学版）》2017 年第 2 期。

源问题，能够通过产权和交易形式解决的，就应发挥市场的作用[1]。在市场主体的交互行为中，制度设计的重点应放在明确资产取得方式、权利的行使和自然资源权利救济机制上，作为自然资源资产产权主体和交易相对人，这些直接关系到实际利益，是市场纠纷出现的主要原因和亟待制度明确的；在对市场主体权利的限制上，制度设计要突出对自然资源资产生态可持续的考虑，如交易的产权是林权和农村的土地使用权，则在用途变更上要进行限制。

其次，市场上产权的交易者之间不是零和博弈，而是一个资源流向高效率使用的过程，如斯密的逻辑般，通过市场机制，个体在实现自身利益的同时无意间给整个社会带来了效益。自然资源资产产权的流转带来的收益应如何分配，目前法律无明文规定，其无论是用于生态公益事业还是以其他形式回馈社会，都应明确具体去向和分配原则。《民法典》中重申"国家所有即全民所有"，也间接为自然资源资产的增值分配指明方向。

四、结语

新时代人们对美好生活的向往以自然资源的可持续利用为基础，要实现自然资源的有效、循环、永续利用，缓解自然资源资产"空心化"问题，就需要通过市场机制充分反映自然资源的价值，让自然资源的价值补偿"到位"，实现自然资源的有效配置，激励人们有节制地、合理地使用自然资源。

经过党和国家多年来的实践，土地、水、矿产和林业等资源资产均已初步实现市场化，但是目前我国可交易的自然资源资产

---

[1] 常纪文："国有自然资源资产管理体制改革的建议与思考"，载《中国环境管理》2019年第1期。

产权权利类型有限，政府公权力对自然资源资产产权市场的干预较重，在具体产权交易和交易规则上仍缺乏具体制度安排。于是在自然资源资产产权市场化实践过程中出现了很多难题，集中反映在自然资源资产产权市场化与自然资源的公有属性间的矛盾和我国自然资源资产产权具体主体虚位上，但经过分析，第一个问题实际上并不存在，第二个问题是制度设计缺失的一种表现。《民法典》的出台起到了遏制公权力的滥用、保障自然资源资产和产权、推动自然资源资产产权市场化的作用，但要想深入自然资源资产产权市场化改革，还需要从制度方面继续加以完善，找准政府在自然资源资产产权市场中的定位的同时，最大化发挥市场的资源配置功能。

分　论

第一章 水资源法

第一节 水资源法概述

一、水资源的概念与其生态作用

（一）水与水资源

水，从化学角度而言，是由氢原子和氧原子组成的化合物，常温常压下为无色无味的液体。自然界中的纯水是非常罕见的，水中一般含有大量的杂质，包括大量的酸、碱、矿物质等，本章所研究的水就是存在于自然界中的这种混合物。水直接影响到人类的生存、生活和工作，具有价值功能，而能被人直接利用的水是有限的，尤其是陆地淡水。这种能为人所利用的水就是水资源。《不列颠百科全书》对水资源的定义是：全部自然界中各种形态的水，是气态水、液态水和固态水的总和。根据联合国教科文组织的定义是，水资源是"可被利用或者可能被利用的水源，具有足够的数量和可用的质量，并能在某一地点为满足某种用途而被利用"。

（二）水资源的重要性

米哈伊尔·谢尔盖耶维奇·戈尔巴乔夫在 2000 年与瑞典、博茨瓦纳、菲律宾的首脑们一起提交过一份报告，其中的核心观点是：水作为全人类重要的资源，是所有人共同的财富，而拥有水资源应当被宣布为最基本的人权之一。陆地淡水资源由大气水、河流水、湖泊、湿地水、地下水和冰川积雪融水组成，是地表一切生命的来源和重要成分，是工农业生产的重要原料和传输介质。[1]

二、我国水资源现状

从大禹治水到九八抗洪，我国在历史上饱受水灾之害，从反面也说明了我国的水资源量非常充足。问题在于虽然我国的水资源总量大，但水资源分布严重失衡，西北地区常年干旱、少雨，中南部地区则每年夏季雨水泛滥。

（一）我国水资源分布情况

2020年度《中国水资源公报》显示，中国水资源总量为31 605.2亿立方米。其中地表水资源量30 407亿立方米，地下水资源量8553.5亿立方米，地下水与地表水资源不重复量为1198.2亿立方米。按照国际公认的标准，人均水资源量低于3000立方米为轻度缺水；人均水资源量低于2000立方米为中度缺水；人均水资源量低于1000立方米为重度缺水；人均水资源量低于500立方米为极度缺水。截至2014年，中国有16个省（区、市）严重缺水，有6个省、区极度缺水。

中国水资源分布的主要特点是：①总量丰富，但人均占有量低。人均水资源量只有2300立方米，仅为世界平均水平的1/4。②区域分布不均，水土资源不相匹配。长江流域及其以南地区国土面积只占全国的36.5%，其水资源量却占全国的81%；淮河流域及其以北地区的国土面积占全国的63.5%，其水资源量仅占全国水资源总量的19%。③年内年际分配不均，旱涝灾害频繁。大部分地区年内连续4个月降水量占全年的70%以上，连续丰水或

---

[1] 郑永琴主编：《资源经济学》，中国经济出版社2013年版，第6页。

连续枯水较为常见。

（二）我国水资源利用现状

2020 年，我国全国用水总量为 5812.9 亿立方米。其中，生活用水 863.1 亿立方米，约占用水总量的 14.8%；工业用水 1030.4 亿立方米，约占用水总量的 17.7%；农业用水 3612.4 亿立方米，约占用水总量的 62.1%；人工生态环境补水 307 亿立方米，约占用水总量的 5.3%。与 2019 年相比，用水总量减少 208.3 亿立方米，其中生活用水减少 8.6 亿立方米，工业用水减少 187.2 亿立方米，农业用水减少 69.9 亿立方米，人工生态环境补水增加 57.4 亿立方米。由此可见，我国生产、生活都严重依赖水资源。

三、水资源危机

地球上总水量占地球体积的 1%，达到 13.86 亿立方千米，地球表面的 71% 被水覆盖，但可利用的水资源是有限的，海水约占 97%，淡水仅占 2.53%，[1]深层地下水、南北两极及高山的冰川、永久性积雪和永久性冻土底层共占淡水总量的 97.01% 以上。即便如此，如果水资源能被合理而且有效地利用，是完全可以满足世界几十亿人口生产和生活的需要的。但是，在水资源动态循环过程中，任何一个环节出现障碍都会导致水资源危机，例如，在使用环节受到污染，就会产生污染型水资源短缺。因此，水循环系统障碍是全球水资源危机的根源，生态环境的破坏是水资源危机的重要的人为因素。生态环境破坏的根源在于人口剧增、城市化、经济发展、森林生态系统的毁坏、环境污染及规划管理等。[2]

---

〔1〕　邵丽鸥主编：《生命之源——地球水资源》，吉林美术出版社 2014 年版，第 168 页。

〔2〕　张艳梅：《污水治理与环境保护》，云南科技出版社 2018 年版，第 35 页。

2006 年，全世界有半数以上国家和地区缺乏饮用水。据 2014 年统计，有 17 亿人喝不上清洁的水，近 80% 人口受到水荒的威胁，发展中国家 3/4 的农村人口和 1/5 的城市人口常年不能获得安全卫生的饮用水。[1]

苏联领导人戈尔巴乔夫在 2009 年的"世界与水"国际会议发言中指出："水资源危机综合了生态、社会、经济和政治因素。根据联合国的估计，世界上约有 9 亿人喝不上清洁的水，而 26 亿人生活在不卫生的环境中。对水的需求在不断增加。发展中国家 80% 的水资源被用于农田灌溉。全球气候变化使该问题变得更加严峻。"[2]2012 年 3 月，他在出席第六届世界水资源大会时提出水是一种不可替代的资源，而我们拥有的水资源是有限的，对水的需求在不断增长，我们不能继续允许水资源需求保持 20 世纪那样的增长速度，也不能继续容忍在贫穷国家，几百万人因为饮用受污染的水而过早死亡。[3]

目前我国水资源利用最主要的问题是：总量丰富，分布不均，浪费水资源现象严重，水资源污染问题日益严重。[4]水资源供求矛盾突出，城乡用水分配不均，水资源利用率低、浪费、污染严重，这些问题不解决，我国也将面临水资源危机。

四、水资源法与生态文明

《简明环境法辞典》和《法学大辞典》对水资源法的界定是：

---

〔1〕 邵丽鸥主编：《生命之源——地球水资源》，吉林美术出版社 2014 年版，第 169 页。

〔2〕 [俄罗斯] 米哈伊尔·谢尔盖耶维奇·戈尔巴乔夫著，石国雄、杨正译：《苏联的命运：戈尔巴乔夫回忆录》，译林出版社 2018 年版，第 308 页。

〔3〕 [俄罗斯] 米哈伊尔·谢尔盖耶维奇·戈尔巴乔夫著，石国雄、杨正译：《苏联的命运：戈尔巴乔夫回忆录》，译林出版社 2018 年版，第 309 页。

〔4〕 参见王文革主编：《自然资源法——理论·实务·案例》，法律出版社 2016 年版，第 112 页。

调整人们在开发、利用和保护水资源活动中产生的各种社会关系的法律规范的总称。[1]我国最早的水管理文字见于西周的《伐崇令》。此后各封建王朝都制定有水事管理法律，如《唐律疏议》《元典章》等，都留下了水资源保护的明文规定。其中，唐代制定的水事管理法律已经较为完善，主要有《水部式》《营缮令》……到了民国时期，南京国民政府于1930年颁布了《河川法》，1942颁布了《中华民国水利法》。[2]这些曾经的法律体现了中华民族从古至今治水、用水、节水、蓄水的经验和智慧，也为我国水资源生态文明奠定了基础。

人与水的和谐关系，是我国生态文明建设的基础。在人与水资源的诸多矛盾中，人如何利用水资源是矛盾的主要方面，因此，人的活动对水资源有着根本性影响。从生态文明角度出发去协调人与水资源的关系，正是当前我国水资源发展战略中提出建设节水型社会、优化水资源配置和利用、加强城市和农村水资源环境综合整治、加大水资源生态文明建设的实践基础。

第二节 我国水资源立法沿革

一、我国水资源立法的历史沿革

中华人民共和国成立之后第一时间就部署了有关水利管理的工作任务。1949年10月，水利部成立，之后，水利部召开的各解放区水利联席会议上提出了各项水利事业必须统筹规划、相互配合、统一领导、统一水政等水管理的基本原则，并针对我国水

---

〔1〕 邵伯定等编：《简明环境法辞典》，中国展望出版社1989年版，第94页。

〔2〕 参见吴兴南、孙月红：《自然资源法学》，中国环境科学出版社2004年版，第192—193页。

患灾害频发的国情提出了"防止水患，兴修水利，以达到大量发展生产的目的"的基本方针。此后相继成立了流域机构，着手编制流域规划。这些流域规划的制定对指导流域的水资源开发利用、防治水害等发挥了重要作用。1958 年到 1961 年我国共修建了 900 多座大中型水库，来提高蓄水能力。20 世纪六七十年代，因种种原因，淮河、珠江等一些流域机构被撤销，流域规划工作也受到一定影响。[1]在这一阶段我国尚未出台水资源的相关法律，水资源利用缺少总体规划和明确指导。

（一）我国水资源立法的萌芽阶段

我国水资源立法的萌芽阶段是在 1978 年到 1987 年。党的十一届三中全会后，水利部门对新中国成立以来的水资源利用管理工作进行了认真的反思。1979 年《环境保护法（试行）》中规定，保护江、河、湖、海、水库等水域，维持水质良好状态；保护、发展和合理利用水生生物，禁止灭绝性的捕捞和破坏；不准在水源保护区和自然保护区建立污染环境的企业、事业单位；禁止向一切水域倾倒垃圾、废渣，排放污水必须符合国家规定的标准；禁止船舶向国家规定保护的水域排放含油、含毒物质和其他有害废弃物；严禁使用渗坑、裂隙、溶洞或稀释办法排放有毒有害废水，防止工业污水渗漏，确保地下水不受污染；严格保护饮用水源，逐步完善城市排污管网和污水净化设施。1980 年，《水利部关于三十年来水利工作的基本经验和今后意见的报告》在当年 10 月 6 日由国务院批准上升为行政法规。这一时期水资源利用法律制度主要以水利工程管理和水污染防治为主。1980 年，《水利部河道堤防工程管理通则》《水库工程管理通则》对河道工程、

---

[1] 王文革主编：《自然资源法——理论·实务·案例》，法律出版社 2016 年版，第 113 页。

水库工程的管理建设进行了指导。1982 年，山西省率先出台了新中国成立以来第一部综合性水资源利用管理的地方性法规，同年 6 月，国务院颁布《水土保持工作条例》。1984 年 5 月，第六届全国人大常委会第五次会议通过《水污染防治法》，这是我国水资源管理方面的第一部法律。

（二）我国水资源立法的初步发展阶段

我国水资源立法的初步发展阶段是在 1988 年到 1997 年，在这一阶段，以《水法》为中心，展开水资源法治建设。1988 年 1 月 21 日，我国通过了《水法》，事实上，该部法律从 1978 年就开始酝酿起草，历时十年才终告完成。[1]同年，水利部制定了《水法规体系总体规划》，该方案包含四部法律（不含水法）、19 部行政法规和规章、新定部门规章 17 个。1988 年 6 月 10 日，国务院发布了《河道管理条例》；1991 年 6 月 29 日，第七届全国人大常委会第二十次会议通过了《水土保持法》；1991 年 7 月 2 日，国务院发布《防汛条例》；1993 年 8 月 1 日，国务院发布《水土保持法实施条例》；1996 年 5 月 15 日，第八届全国人大常委会第十九次会议对《水污染防治法》进行了第一次修正；1997 年 8 月 29 日，第八届全国人大常委会第二十七次会议通过了《防洪法》。

（三）我国水资源立法完善时期

从 1998 年开始，我国进入了水资源立法的完善时期。1998 年，我国爆发了洪涝灾害，使人民群众的生命安全和财产遭受了巨大的损失，该事件直接导致我国水利设施建设又掀起高潮。与此同时，随着我国经济的快速发展，水资源可持续利用问题已成为制约我国社会主义市场经济发展的障碍之一。水利部提出"从

---

〔1〕 张一鸣："中国水资源利用法律制度研究"，西南政法大学 2015 年博士学位论文。

工程水利向资源水利转变，从传统水利向现代水利、可持续发展水利转变"。2000年，我国第一个省级水务局——上海水务局成立。2004年，北京水务局正式组建，标志着全国税务管理体制改革进入了新阶段，实现了水资源的统一管理，为水资源优化配置做好了准备。在此期间，2002年8月29日，第九届全国人大常委会第二十九次会议对我国《水法》进行了重新修订，将水资源的可持续利用、节约水资源吸收进立法目的中，增加了水资源规划、水资源配置和节约使用、水事纠纷处理与执法监督检查章节。2004年，水利部黄河水利委员会制定了《黄河水权转换管理实施办法（试行）》，是中国可交易水权制度建设的初步尝试。2005年，国务院将水权制度作为深化经济体制改革的重点内容，同年，水利部先后出台了《水权制度建设框架》和《水利部关于水权转让的若干意见》。2006年2月21日，国务院发布《取水许可和水资源费征收管理条例》。2008年2月28日，第十届全国人大常委会第三十二次会议对《水污染防治法》进行了修订。2009年8月27日，第十一届全国人大常委会第十次会议对《水法》进行了第一次修正。2010年12月25日，第十一届全国人大常委会第十八次会议通过修订后的《水土保持法》。

（四）我国水资源管理严格阶段

2010年《中共中央、国务院关于加快水利改革发展的决定》明确提出实行最严格水资源管理制度。2012年，《国务院关于实行最严格水资源管理制度的意见》发布，对最严格水资源管理制度作出全面部署和具体安排。[1]2015年，国务院印发了《水污染防治行动计划》的通知，坚定了改善水环境的决心。2016年7月2

<hr>

[1] 张一鸣："中国水资源利用法律制度研究"，西南政法大学2015年博士学位论文。

日，第十二届全国人大常委会第二十一次会议对《水法》进行了第二次修正。2017 年 3 月 1 日，国务院对《取水许可和水资源费征收管理条例》进行了修订。2017 年 6 月 27 日，第十二届全国人大常委会第二十八次会议对《水污染防治法》进行了第二次修正。

二、我国水资源立法现状

《宪法》第 9 条是水资源立法的基础和依据。一般将调整水的开发、利用、管理、保护、除害过程中所发生的经济关系的法律规范统称为水法。目前，我国水资源保护已形成在《宪法》指导下，《水法》《水污染防治法》《水土保持法》《防洪法》四法并立，《河道管理条例》《城市供水条例》《防汛条例》《水库大坝安全管理条例》《水土保持法实施条例》《取水许可和水资源费征收管理条例》《淮河流域水污染防治暂行条例》《黄河水量调度条例》等行政法规、部门规章及各地市的相关法规和规章为辅的法律体系。

第三节　我国水资源法主要内容

一、水权制度

从历史上来看，水权经历了以下形式：①河岸权，即与水体和水域毗邻的土地所有者拥有取水和用水的权利，它产生于英国普通法；②占有权，即谁先占有，谁就拥有水权，美国西部开发的早期较为流行；③管理权，是另一类水资源使用权。河岸权或占有权会因惯例权而丧失，但合法的惯例权则通常是通过司法行为而不是行政程序建立的。[1]我们所指的水权，是水资源产权，

---

[1]　陈进编著：《水·环境与人》，长江出版社 2017 年版，第 202—203 页。

是以水资源为载体的各种权利的总和，具体又可以分为所有权、使用权、收益权、转让权。《水利大辞典》将之定义为对水权取得、登记、确权、流转等方面进行规范的制度总称。[1]水权制度安排明确了各个行为主体在水事活动中的地位、权利和义务，是各种水事法律制度中最基础、最重要的一项制度[2]。

《宪法》第9条第1款中规定："矿藏、水流、森林、山岭、草原、荒地、滩涂等自然资源，都属于国家所有，即全民所有"。《水法》第3条规定，水资源的所有权由国务院代表国家行使；农村集体经济组织的水塘和由农村集体经济组织修建管理的水库中的水，归各该农村集体经济组织使用。

二、水管理制度

水资源立法的一个重要任务就是建立高效的水管理体制，保障其对水资源使用情况的有效监督。我国对水资源实行流域管理与行政区域管理相结合的管理体制。国务院水资源主管部门负责全国水资源的统一管理和监督工作。县级以上地方人民政府相关主管部门则按其权限负责本行政区域内水资源的统一管理和监督。[3]

在政府对水资源的监督和管理过程中，有两项很重要的制度，即水资源配置和节约使用制度。《水法》第44条规定了水资源中长期供求规划的制定及审批权限，第45条规定了调储径流和分配水量，应当依据流域规划和水中长期供求规划，以流域为

---

〔1〕 河海大学《水利大辞典》编辑修订委员会编：《水利大辞典》，上海辞书出版社2015年版，第489页。

〔2〕 参见贡力、孙文主编：《水利工程概论》，中国铁道出版社2012年版，第228页。

〔3〕 参见贡力、孙文主编：《水利工程概论》，中国铁道出版社2012年版，第230页。

单元制定水量分配方案，并规定了水量分配方案的制定及审批权限。

三、用水相关制度

（一）取水许可制度和有偿使用制度

实施取水许可制度是我国水资源行政主管部门分配水资源使用权的重要方式。目前多数国家都采用了这一制度，对取水实行较为严格的登记许可制度。取水许可制度除规定用水范围、方式、条件外，还规定了许可证申请、审批、发放的流程。

我国《水法》第 7 条规定："国家对水资源依法实行取水许可制度和有偿使用制度。但是，农村集体经济组织及其成员使用本集体经济组织的水塘、水库中的水的除外。国务院水行政主管部门负责全国取水许可制度和水资源有偿使用制度的组织实施。"第 48 条规定："直接从江河、湖泊或者地下取用水资源的单位和个人，应当按照国家取水许可制度和水资源有偿使用制度的规定，向水行政主管部门或者流域管理机构申请领取取水许可证，并缴纳水资源费，取得取水权。但是，家庭生活和零星散养、圈养畜禽饮用等少量取水的除外。实施取水许可制度和征收管理水资源费的具体办法，由国务院规定。"《取水许可和水资源费征收管理条例》规定，除以下五种情形外，都应当申请领取取水许可证，并缴纳水资源费：①农村集体经济组织及其成员使用本集体经济组织的水塘、水库中的水的；②家庭生活和零星散养、圈养畜禽饮用等少量取水的；③为保障矿井等地下工程施工安全和生产安全必须进行临时应急取（排）水的；④为消除对公共安全或者公共利益的危害临时应急取水的；⑤为农业抗旱和维护生态与环境必须临时应急取水的。

（二）水资源规划相关制度

水资源规划是从宏观范畴解决水资源的开发、利用与保护问题，确保水资源可持续利用的重要法律手段。国家制定全国水资源战略规划。规划分为流域规划和区域规划。[1]流域规划包括流域综合规划和流域专业规划，区域规划包括区域综合规划和区域专业规划。综合规划，是指根据经济社会发展需要和水资源开发利用现状编制的开发、利用、节约、保护水资源和防治水害的总体部署。专业规划，是指防洪、治涝、灌溉、航运、供水、水力发电、竹木流放、渔业、水资源保护、水土保持、防沙治沙、节约用水等规划。《水法》在第 17 条规定了水资源规划的编制及审批机关。

（三）水质和水生态保护制度

《水法》对水质和水生态的保护主要通过维护水体的自然净化能力、水功能的区划、饮用水水源保护区制度、农业灌溉用水的保护和地下水的保护五个方面来实现。维护水体的自然净化能力要求在制定水资源开发、利用规划和调度水资源时，应注意维持江河的合理流量和湖泊、水库以及地下水的合理水位。国务院相关部门和省级人民政府按照流域综合规划、水资源保护规划和经济社会发展要求，拟定国家确定的重要江河、湖泊的水功能区划，报国务院批准。农业灌溉用水的保护要求对占用农业灌溉水源、灌排工程设施，或者对原有灌溉用水供水水源有不利影响的行为，应采取补救措施，或给予补偿。地下水的保护主要是针对地下水超采地区，需要对其采水行为进行严格控制，划定限制或禁止开采区。[2]

---

〔1〕 佟占军等编著：《农村生态环境法律研究》，知识产权出版社 2016 年版，第 129 页。

〔2〕 参见颜运秋、陈海嵩、余彦编著：《环境资源法》，中南大学出版社 2016 年版，第 311 页。

（四）用水管理制度

用水管理制度是指法律通过规定水资源在不同用水部门之间进行分配，如生活用水优先，兼顾农业、工业、生态环境用水及航运等需求，在干旱地区考虑生态用水需求等。

四、防洪制度

防洪制度包括对妨碍行洪行为的禁止。《防洪法》第 2 条规定：防洪工作实行全面规划、统筹兼顾、预防为主、综合治理、局部利益服从全局利益的原则。该法详细规定了防洪规划、治理与防护等具体保障措施。

第四节　国外水资源法律、国际公约简述

一、国外有关水资源法律的发展情况

水资源的节约利用和保护需要每个国家共同的努力。目前绝大多数国家和地区都已拥有自己的水法，并且一些国家紧紧跟随着本国国情的发展，对水法进行了适时调整。例如，美国 1948 年就出台了《联邦水污染控制法》（PL80-845），但该法不能适应后来控制水污染的情形，于是美国在 1972 年又通过了《联邦水污染控制法》（PL92-500），使自己的水污染控制进入新阶段。到 1983 年，美国的《净水法案》在 10 年间已历经了 30 次修正，美国环保局根据《净水法案》制定了一系列的相应法规，以保证该法实施。[1]还有一些国家已开始对特定水资源进行独具特色的规定，但也随着经济发展、保护生态环境的需要而进行修改。如

---

〔1〕　袁铭道编著：《美国水污染控制和发展概况》，中国环境科学出版社 1986 年版，第 1 页。

法国的水法体系由近 50 种法典、法律、条例、政令组成，但1804 年颁布的《法国民法典》很多条款都至今有效。《法国民法典》通过所有权制度规定了地下水所有、使用的法律秩序，第642 条规定："自己的土地上拥有水源的人，得在其地产的界限之内并为其土地之需要，任意利用该水源之水。"[1]该条确立了基于私人土地所有权的地下水使用制度。1964 年颁布的《法国水法》建立了以流域为单位的管理体制，扩大了地下水取水管理的范围并建立了排污许可制，是法国第一部拥有现代意义的法律。1992 年颁布的《法国水法》则直接用到了"水生环境"的概念，在立法目的中强调对水资源的均衡管理。2006 年法国颁布的《关于水和水生环境的法律（2006-1172 号）》则对一些水管理制度进行了改革，地下水的所有权性质由私人所有转变为国家公有。[2]

二、国际相关规则与公约

（一）《国际可航水道制度的国际公约与规约》

1921 年国际联盟主持制定的《国际可航水道制度的国际公约与规约》，是国际水道保护与利用的全球性条约，该公约界定了国际水道的定义、航行权、海关、税收、工程建设及费用分担等内容。[3]

（二）《赫尔辛基规则》

1966 年，国际法协会通过了《国际河流利用规则》（*The Hel-*

---

〔1〕 罗结珍译：《法国民法典》（上册），法律出版社 2005 年版，第 512 页。

〔2〕 周珂主编：《生态文明建设与法律绿化》，中国法制出版社 2018 年版，第204—208 页。

〔3〕 刘恩媛：《跨境环境损害防治的国际法律问题研究》，知识产权出版社 2018年版，第 90 页。

sinki Rules on the Uses of the Waters of International Rivers），即《赫尔辛基规则》。它虽然是国际法学团体制定的文件，却是最早和最常被援引的国际水法文件，它的很多规则被认为是"适用于国际流域内水的利用的国际法的一般原则，除非流域国之间有公约、协定或有约束力的习惯另行规定"[1]，因此也可以理解为是国际水道使用与保护的国际"软法"。联合国国际法委员会在制定《国际水道非航行利用法公约》时对其进行了借鉴。1992年《跨界水道与国际湖泊保护和利用公约》、1994年《多瑙河保护和可持续利用合作公约》、1995年南部非洲发展共同体《关于共享水道系统的议定书》、1998年《莱茵河保护公约》也都对《赫尔辛基规则》进行了借鉴，这些公约没有使用"国际流域"的提法，而是分别使用了"跨界水体"和"共享水道系统"概念。[2]《赫尔辛基规则》包括总则、国际流域水资源的公平利用、污染、航运、木材浮运、争端的防止和解决办法，共6章37条，我国的王文革教授认为它对国际水法的贡献非凡。[3]

（三）《关于跨界地下水的汉城规则》

国际法协会在1986年通过了《关于跨界地下水的汉城规则》，该规则是对《赫尔辛基规则》的补充，它承认《赫尔辛基规则》界定的地下水包括不与任何地表水相连的封闭地下水。1992年《跨界水道与国际湖泊保护和利用公约》是地区性国际水

---

〔1〕［英］詹宁斯、瓦茨修订，王铁崖等译：《奥本海国际法》（第一卷第二分册），中国大百科全书出版社1995年版，第15页。

〔2〕刘恩媛：《跨境环境损害防治的国际法律问题研究》，知识产权出版社2018年版，第92页。

〔3〕王文革教授认为《赫尔辛基规则》对国际水法的贡献主要包括以下四个方面：编纂并宣告适用于国际流域利用的国际法一般规则；明确提出"国际流域"这一概念，并对其加以界定；确认了国际流域的公平合理利用原则；规定了国家有责任防止和减轻对国际流域水体的污染。

道条约的典型代表，美国、加拿大和很多欧洲国家都是缔约国。

（四）《国际水道非航行利用法公约》

1997 年联合国大会第 51 届会议通过了《国际水道非航行利用法公约》，于 2014 年生效。该公约共 37 条，分为七个部分：导言、一般原则、计划采取的措施、保护保全和管理、有害状况和紧急情况、杂项规定、最后条款。该公约是目前唯一的全球性国际淡水资源保护与利用公约，是在《赫尔辛基规则》之后又一个具有里程碑意义的公约。从性质上来看，它属于框架性公约。它指出"国际水道"不仅是超国界的河流，还有超国界的湖泊、运河、水库等；规定水道沿岸国有防止损害的义务，并在第 7 条对不造成重大损害义务作出详细规定，同时在第 20 条规定，水道国有保护和保全国际水道生态系统的义务。

（五）《关于水资源法的柏林规则》

国际法协会从 20 世纪末开始对《赫尔辛基规则》进行全面修订，2004 年通过了《关于水资源法的柏林规则》。该规则重新界定了"国际流域"的概念："一个延伸到两个或多个国家的流域"，而"流域"的分界由水系统（包括流入共同终点的地表水和地下水）流域分界决定，它将不与任何国家地表水相连的跨国界地下水包括在内。[1]

---

〔1〕 参见刘恩媛：《跨境环境损害防治的国际法律问题研究》，知识产权出版社 2018 年版，第 92 页。

第二章　土地资源法

第一节　土地资源法概述

一、土地资源

土地资源是人与其他陆生动物的栖息载体，作为人类居住、生活的场所，它是人类生存与繁衍的主要物质基础和基本资源。因此，人类形象地称呼土地为"大地母亲"。

（一）土地与土地资源

土地在古义中往往是作田地、领土来理解。例如，《孟子·尽心下》有载："诸侯之宝三：土地、人民、政事。"《管子·权修》中有述："土地博大，野不可以无吏"。随着人们对自身与自然之间关系的认知发展，土地概念的认知趋向于更为资源化的范畴。尽管土地本身是一种脱离人的意识的客观存在，但人们在具体定义土地时还是习惯赋予其与人有关的属性，突出土地与人的关系、土地对于人的价值。这使土地概念因其对于人的价值而更接近于土地资源，土地与土地资源的概念越来越模糊。土地与人的相互作用出现在各种土地及土地资源的定义中，土地的内涵要比字义本身丰富。从地学的角度来看，土地是地表的一个区域，包括该区域垂直向上和向下的生物圈的全部稳定的或可预测的周期性属性，包括大气、土壤和下伏地质、生物圈、植物圈和动物界的属性以及过去和现在的人类活动的结果。[1]从经济学的角度来看，土地是能为人所利用的地球表面的资源的集合，它是重要的生产要素。《中国方志大辞典》对土地下的定义是：地质、地貌、气候、植被、土壤、水文和人类活动等多种因素相互作用下形成的高度综合的自然经济系统，是人类生活和生产的基本场所，是最重要、最基本的自然资源。《投资大辞典》直接将土地定义为农业的基本生产资料。《地学辞典》指出，土地是能为人类提供生产和生活所需物质与能量的被利用的土地。《人口科学辞典》中的土地定义是：人类赖以生存的由多方面自然要素组成的自然综合体，从事一切社会实践的基地和进行物质生产过程不可缺少的生产资料，是人类生态系统物质的供应者和能量调节者。联合国粮农组织 1972 年提出的土地概念是：土地包含地球特定地域表面及其以上和以下的大气、土壤及地质基础、水文和植被，它还包含这一地域范围内过去和目前人类活动的种种结果，以及目前和未来土地人类利用对动物所施加的重要影响。

尽管土地的概念趋于资源化，但仍与土地资源有别。土地资源是指生产、使用上能满足人们当前、将来需要的土地。土地资源显然比土地概念本身范围要小，土地强调的是土地的自然属性，而土地资源则更突出土地的经济效益。

(二) 土地资源的基本特征

土地资源作为农业生产的重要生产要素，具有以下特征：

1. 自然性

土地是自然的一部分，早在人类出现前，地球上就有土地。人类无法创造土地，只能通过自己的劳动对土地资源进行改造和利用。

----

[1] 彭补拙等编著：《资源学导论》，东南大学出版社 2007 年版，第 81 页。

2. 有限性

土地面积有限，陆地只占地球表面积的 29.2%，而其中适合耕作的土地则更少。土地资源有限，因此人们才不断尝试、研究如何提高有限面积耕地上的作物产出率，执着于填海工程和围湖造田，城市里的楼房也越盖越高。土地资源的恶化与人口剧增影响下导致的量的严重不足让人们更注重土地资源的合理规划与保护利用。

3. 相对稳定性

土地资源有限，但其数量状态是稳定的。土地资源的相对稳定性还反映在其位置较为固定上。各种类型土地资源的地理空间位置是固定不变的，不能移动的土地和特定的社会经济条件结合在一起，从而使土地利用具有明显的地域性差异。与位置固定相联系的是土地自然条件的地带性规律，如气候条件、温度条件、水文条件都是与此相联系的，土地资源的质量也存在差异性，这种差异性也因为土地的相对固定而较为稳定。所以土地的利用要因地制宜，宜农则农，宜牧则牧，宜林则林，合理布局。[1]

4. 生产要素特征

土地资源是农业生产的重要生产要素，它既是劳动对象，又是劳动资料，既反映生产力，又体现生产关系。在不同的社会制度下，土地参与生产的过程中反映出不同的社会生产力水平，而土地所有制形式又反映出生产者的地位、相互关系和社会产品的分配形式。

5. 土地功能的有条件永久性

土地功能多种多样。正常情况下，土地在自然循环下是可以

---

〔1〕　王文革主编：《自然资源法——理论·实务·案例》，法律出版社 2016 年版，第 142 页。

实现其功能的永续利用的。人类人口大规模增加后，粮食的短缺、住房需求的激增都使得土地资源更为稀缺，其经济价值凸显。然而，过度开辟荒地、围湖造田、使用肥料等不仅改变了大自然自我调节的能力，还破坏了土壤结构。半个世纪以来，荒漠化及严重水土流失使中国丢失了 200 多万平方千米可以生存的空间。[1]

二、土地的生态功能

土地资源是生态循环的中转站，是联系有机物与无机物的枢纽，它自身是生态系统的一个子系统。从生态的角度看，土地具有四个功能。

（一）土地的负载与容纳功能

土地能负载万物，为自然界的生物提供生存空间和活动场所。与此同时，土地作为生态系统的重要组成部分，其强大的负载力和容纳量还表现在随着时间的推移逐渐与一切人类生产生活的废弃物融为一体。在这一过程中，土地中的微生物、水和空气发挥作用，在通过降解、消化、扩散、过滤等方式实现自净的同时，保障物质与能量在自然界的循环，也确保土地资源的可持续性。

（二）土地的滋养功能

许慎的《说文解字》记载："土者，吐也，吐生万物"。土地中的养分可滋生万物，其中富含的矿物质、空气、水分是动植物生命力量的来源。

（三）仓储功能

土地中蕴藏金、银、铜、铁等金属矿产资源，同时又饱含石油、煤、水、天然气等能源资源，当然，组成它表面的沙、石、

---

〔1〕 王克强、王洪卫、刘红梅主编：《土地经济学》，上海财经大学出版社 2014年版，第 4 页。

土本身也是建材资源。可以说，土地既是人类生产生活的要素，也是存储资源的天然容器。

（四）生态循环功能

土地通过其负载、容纳功能，帮助生物世界与非生物世界实现物质、能量的转换，从而实现有机与无机的连接。土地本身就是生态系统中的一个子系统。1997 年，英国 *NATURE* 载文指出，地球每年为人类提供的"生态系统服务"价值 20 万亿英镑，相当于世界各国 GDP 的 2 倍。

三、我国面临土地资源危机

我国虽幅员辽阔，国土面积 960 多万平方千米，但是我国人均土地面积仅相当于世界人均土地面积的 1/3，国土结构并不合理，山地面积占 2/3 以上，可开发的资源不多。除山地面积所占比例较高外，其他难以开发利用的土地面积所占比例也不小，沙漠占 7.4%，戈壁占 5.9%，石质裸岩占 4.8%，寒漠占 1.6%，冰川和永久积雪占 0.5%，还有一些其他土地，地质质量低劣，难以利用。[1]山地、高原、丘陵面积占到国土面积的 69%左右，干旱和半干旱地区的土地面积占到了国土面积的 50%以上，平原盆地只占国土面积的 31%[2]，耕地、林地的面积随着我国经济的快速发展、工业化、城市化规模的扩大而减少。土地资源利用不合理造成了土地荒漠化、水土流失、盐渍化和草场退化；农药、化肥等的过量使用对土地造成污染和破坏。我国约有 1/3 的耕地受到水土流失的危害。每年流失的土壤总量达 350 多亿吨，相当

---

〔1〕 王文革主编：《自然资源法——理论·实务·案例》，法律出版社 2016 年版，第 143 页。

〔2〕 杜军主编：《土地管理法学理论与实践》，成都科技大学出版社 1989 年版，第 15 页。

于在全国的耕地上刮去 1 厘米厚的地表（50 年来，水土流失毁掉的耕地达 400 万亩），所流失的土壤养分相当于 40 万吨标准化肥，即全国一年生产的化肥中氮、磷、钾的含量。造成水土流失的主要原因是不合理的耕作方式和植被破坏。基本农田保护区的土壤有害重金属严重超标，我国每年农药的使用量约为 2.3 亿公斤，其中除草剂占 17%，杀菌剂占 21%，杀虫杀螨剂占 62%，而在杀虫剂中，具高毒性的有机磷农药占 70%[1]……土地不堪重负，使得生态系统处于不稳定状态。土地稀缺而导致的经济困难和潜伏的灾难性威胁就是通常意义上的土地危机。

四、土地资源法与土地生态文明

（一）土地资源法

《中华法学大辞典》（法理学卷）将土地资源法界定为调整因与土地有关的行为而引起的社会关系的法律规范之总和。《法学大辞典》则将土地资源法定义为国家立法机关制定的调整土地关系的法律规范的总称。

土地资源法具有与其他资源法不同的特征：①保护客体的特殊性和主体的广泛性。土地管理法是调整土地关系的法，其保护对象就是土地。在我国土地管理法律关系中，无论从所有权关系还是从管理保护、征用关系以及治理关系来讲，国家都是非常重要的主体。②土地法既包括财产法规范，又包括行政法规范。土地法对土地财产关系加以规范，形成了土地所有权制度、土地使用权制度、土地交易制度等。[2]

---

〔1〕 王文革主编:《自然资源法——理论・实务・案例》，法律出版社 2016 年版，第 144 页。

〔2〕 南京市国土资源局编:《土地管理》，中国大地出版社 2001 年版，第 379页。

（二）促进土地生态文明

土地资源的重要性和其所面临的危机使人们不得不采取各种措施，提前规划土地资源并合理利用、减少污染，开启土地生态文明的大门。"我们不是从祖先那里继承地球，而是从子孙后代那里借来地球，为了人类共同的利益与未来，我们要坚持代内、代际在土地生态环境开发利用问题上的平等权利，所有的土地利用必须综合考虑它们的长期积累效应。"〔1〕

土地生态文明的核心思想可以理解为在特定条件（历史时期、空间地域）下，对土地资源进行合理规划、开发、利用、保护，并通过一系列的合理利用组织，协调人地关系及人与资源环境的关系，以期满足当代人与后代人生存发展的需要。土地生态文明在生态上表现为土地质量无退化，使土地资源持续保持较高的生产力；在经济上表现为土地不断地被合理配置和高效利用，即从数量一定的土地上产出尽可能多的经济效益，同时要能维持土地的这种高效产出功能；在社会上表现为土地利用不仅要满足当代人需要，而且要遵循各代人之间的平等，确保后代人的生存与发展，即土地配置、利用及效益等方面在代内及代际保持公平。〔2〕

多年来，党和政府通过不断探索，协调经济发展与土地保护和利用之间的关系，通过法律法规和政策宣传促进对土地资源的合理利用。1986 年 6 月 25 日，第六届全国人大常委会第十六次会议通过并颁布我国第一部调整土地关系的专门法律——《土地管理法》。1991 年 5 月 24 日国务院第八十三次常务会议决定，从

---

〔1〕 赵哲远、吴次芳、盛乐山："论土地生态伦理及生态文明"，载《国土资源科技管理》2004 年第 1 期。

〔2〕 赵哲远、吴次芳、盛乐山："论土地生态伦理及生态文明"，载《国土资源科技管理》2004 年第 1 期。

1991 年起，把每年的 6 月 25 日，即《土地管理法》颁布的日期，确定为全国土地日。"土地日"成为国务院确定的第一个全国纪念宣传日。中国是世界上第一个为保护土地而设立专门纪念日的国家。由此可见，我国对土地资源保护的重视程度很高。

第二节　我国土地资源立法沿革

一、中华人民共和国成立后土地立法沿革

我国于 1950 年 6 月颁布了《土地改革法》，第 1 条规定："废除地主阶级封建剥削的土地所有制，实行农民的土地所有制，借以解放农村生产力，发展农业生产，为新中国的工业化开辟道路。"1950 年 11 月，政务院第五十八次政务会议通过了《城市郊区土地改革条例》，以配合《土地改革法》。1953 年 11 月，政务院第一百九十二次会议通过了《国家建设征用土地办法》（后于 1958 年施行）。1957 年农业部公布的《关于帮助农业生产合作社进行土地规划的通知》，首次提出了土地利用规划的问题；同年，国务院还公布了《水土保持暂行纲要》，这是防治水土流失的主要行政法规。1958 年，全国人大常委会第九十次会议批准修订了《国家建设征用土地办法》。1960 年，农业部颁布了《关于善始善终完成土壤普查进一步开展土地利用规划的通知》。1962 年 9 月，中央颁布实施《农村人民公社工作条例修正草案》，对土地的所有制度和使用制度作出规定。1979 年，国务院批转了国家农委等部门呈交的《关于开展农业自然资源和农业区划研究的报告》。

1982 年颁布实施的《宪法》第 10 条对土地的权属作出了明确规定，禁止任何组织和个人侵占、买卖、出租或者以其他形式

非法转让土地，并提出合理利用土地，为我国的土地资源保护立法提供了宪法上的依据。同年，国务院颁布了《国家建设征用土地条例》和《水土保持工作条例》。1986 年全国人大常委会第十六次会议通过了我国土地保护的基本法——《土地管理法》，对于土地资源的保护和管理作出了全面的规定。1988 年国务院出台了《土地复垦规定》《城镇土地使用税暂行条例》。1990 年国务院颁布了《城镇国有土地使用权出让和转让暂行条例》。1991 年第七届全国人大常委会第二十次会议通过了《水土保持法》，并于 1993 年由国务院颁布了《水土保持法实施条例》和《土地增值税暂行条例》。1995 年国家土地管理局颁布了《自然保护区土地管理办法》，同年国家土地管理局还出台了《土地权属争议处理暂行办法》《土地监察暂行规定》。1998 年国务院对《基本农田保护条例》和《土地管理法实施条例》均进行了修订，2001 年国土资源部颁布了《建设项目用地预审管理办法》，2002 年第九届全国人大常委会第二十九次会议通过了《农村土地承包法》，2002 年国土资源部出台了《土地登记资料公开查询办法》，2007 年国务院修订了《耕地占用税暂行条例》，2008 年国务院出台了《土地调查条例》，2011 年国务院发布《土地复垦条例》。除这些专门的法律、法规和规章外，其他相关法律、法规中对土地生态系统内部保护与调整也作出了相应的规定，如《民法典》《城市房地产管理法》《农业法》《环境保护法》《矿产资源法》《退耕还林条例》《城市房地产开发经营管理条例》《经济适用住房管理办法》等。

二、我国土地资源的立法现状

目前，我国保护土地资源的法律法规主要有：《土地管理法》（1986 年颁布，经 1988 年修正，1998 年修订，2004 年、2019 年

修正），《土地管理法实施条例》（1991 年颁布，1998 年、2011
年、2014 年、2021 年修订），《农村土地承包法》（2002 年颁布，
2009 年、2018 年两次修正），《水土保持法》（1991 年颁布，
2009 年修正，2010 年修订），《水土保持法实施条例》（1993 年
颁布，2011 年修订），《城市房地产管理法》（1994 年颁布，2007
年、2009 年、2019 年修正），《基本农田保护条例》（1994 年颁
布，1998 年、2011 年修订），《城镇土地使用税暂行条例》（1988
年发布，2006 年、2011 年、2013 年、2019 年四次修订），《城镇
国有土地使用权出让和转让暂行条例》（1990 年颁布，2020 年修
订），《土地调查条例》（2008 年公布，2016 年、2018 年两次修
订）。此外，还有一系列关于土地管理的行政规章。我国的《宪
法》《森林法》《草原法》也对保护土地问题作出了规定。

第三节　我国土地资源法内容

一、土地权属制度

为保护、合理利用土地资源，必须明确我国土地的权属
问题。

（一）土地所有权

土地所有权即所有人对土地依法享有的占有、使用、收益、
处分并排除他人干涉的权利，是土地所有制关系在法律上的
反映。

我国《宪法》规定，城市的土地属于国家所有；农村和城市
郊区的土地除规定属于国家所有的以外，属于集体所有；宅基
地、自留地、自留山，也属于集体所有。国家为了公共利益的需
要，可以依法对土地实行征收或者征用并给予补偿。《土地管理

法》第 2 条第 1 款明确规定："中华人民共和国实行土地的社会主义公有制，即全民所有制和劳动群众集体所有制。"我国土地所有权属于国家或集体，不能流转，不具私权意义和价值。任何单位和个人不得侵占、买卖或者以其他形式非法转让土地。

（二）土地使用权

土地使用权即有关单位和个人依法对国家所有或集体所有的土地进行实际使用并取得相应利益的权利。它是从土地所有权中分离出来的一种相对独立的他物权，包括占有、使用、收益以及一定条件下的处分权。它对土地资源公有制的实现、土地资源的合理配置与高效利用等都具有重要意义。《民法典》《农村土地承包法》等为土地所有权中使用权能的分离和转化提供了法律依据，除国家、集体外的其他主体可依法获得土地使用权。

对于农村土地而言，改革开放之初，在农村实行家庭联产承包责任制，将土地所有权和承包经营权分设，所有权归集体，承包经营权归农户，极大地调动了广大农民的积极性，有效解决了温饱问题，农村改革取得重大成果。土地承包经营权即依据土地承包经营合同取得的，对土地进行农业性生产开发、利用，并获得一定收益的土地权利；它只能通过土地承包经营合同取得，并只限于从事农业性生产经营。现阶段深化农村土地制度改革，顺应农民保留土地承包权、流转土地经营权的意愿，将土地承包经营权分为承包权和经营权，实行所有权、承包权、经营权"三权"分置并行，着力推进农业现代化，是继家庭联产承包责任制后农村改革又一重大制度创新。

二、土地保护制度

土地保护是指人们为保证土地的永续利用而采取各种事前、事中和事后的措施，以确保土地及其生态功能完好。我国的土地保护制度集中体现在对农村土地的保护和荒漠化的防治上。

（一）耕地保护

1. 国家实行基本农田保护制度

下列耕地应当根据土地利用总体规划划入基本农田保护区，严格管理：经国务院有关主管部门或者县级以上地方人民政府批准确定的粮、棉、油生产基地内的耕地；有良好的水利与水土保持设施的耕地；正在实施改造计划以及可以改造的中、低产田；蔬菜生产基地；农业科研、教学试验田；国务院规定应当划入基本农田保护区的其他耕地。各省、自治区、直辖市划定的基本农田应当占本行政区域内耕地的80%以上。

2. 国家实行占用耕地补偿制度

非农业建设经批准占用耕地的，按照"占多少，垦多少"的原则，由占用耕地的单位负责开垦与所占用耕地的数量和质量相当的耕地；没有条件开垦或者开垦的耕地不符合要求的，应当按照省、自治区、直辖市的规定缴纳耕地开垦费，专款用于开垦新的耕地。

3. 禁止规定

禁止占用耕地建窑、建坟或者擅自在耕地上建房、挖砂、采石、采矿、取土等。禁止占用基本农田发展林果业和挖塘养鱼。禁止闲置、荒芜耕地。已经办理审批手续的非农业建设占用耕地，一年内不用而又可以耕种并收获的，应当由原耕种该幅耕地的集体或者个人恢复耕种，也可以由用地单位组织耕种；一年以上未动工建设的，应当按照省、自治区、直辖市的规定缴纳闲置费；连续二年未使用的，经原批准机关批准，由县级以上人民政府无偿收回用地单位的土地使用权；该幅土地原为农民集体所有的，应当交由原农村集体经济组织恢复耕种。

（二）水土保持

我国《水土保持法》以预防和治理水土流失，保护和合理利用水土资源，减轻水、旱、风沙灾害，改善生态环境为立法初衷，确立了预防为主，全面规划，综合防治，因地制宜，加强管理，注重效益的方针。通过组织全民植树造林，鼓励种草，扩大森林覆盖面积，增加植被，组织农业集体经济组织和国营农、林、牧场，种植薪炭林和饲草、绿肥植物，有计划地进行封山育林育草、轮封轮牧，防风固沙，保护植被和一些具体的禁限措施来预防水土流失；通过规划、建立水土流失综合防治体系，采取整治排水系统、修建梯田、蓄水保土耕作等措施来治理水土。

三、土地利用总体规划制度

土地利用总体规划是指国家机关根据一定区域内土地的自然特性和地域条件，结合社会生产和生活各方面所制定的土地开发、利用的规划。这一制度的基本意义在于通过土地利用规划，从总体上控制各项活动，做到全面规划和合理布局。[1]

《土地管理法》第15条第1款规定："各级人民政府应当依据国民经济和社会发展规划、国土整治和资源环境保护的要求、土地供给能力以及各项建设对土地的需求，组织编制土地利用总体规划。"第16条规定："下级土地利用总体规划应当依据上一级土地利用总体规划编制。地方各级人民政府编制的土地利用总体规划中的建设用地总量不得超过上一级土地利用总体规划确定的控制指标，耕地保有量不得低于上一级土地利用总体规划确定的控制指标。省、自治区、直辖市人民政府编制的土地利用总体

---

〔1〕 王文革主编：《自然资源法——理论·实务·案例》，法律出版社2016年版，第148页。

规划，应当确保本行政区域内耕地总量不减少。"第 19 条规定："县级土地利用总体规划应当划分土地利用区，明确土地用途。乡（镇）土地利用总体规划应当划分土地利用区，根据土地使用条件，确定每一块土地的用途，并予以公告。"

土地利用总体规划实行分级审批。省、自治区、直辖市的土地利用总体规划，报国务院批准。省、自治区人民政府所在地的市、人口在 100 万以上的城市以及国务院指定的城市的土地利用总体规划，经省、自治区人民政府审查同意后，报国务院批准。除这两种规划以外的土地利用总体规划，逐级上报省、自治区、直辖市人民政府批准；其中，乡（镇）土地利用总体规划可以由省级人民政府授权的设区的市、自治州人民政府批准。

土地利用总体规划一经批准，必须严格执行。经批准的土地利用总体规划的修改，须经原批准机关批准；未经批准，不得改变土地利用总体规划确定的土地用途。经国务院批准的大型能源、交通、水利等基础设施建设用地，需要改变土地利用总体规划的，根据国务院的批准文件修改土地利用总体规划。经省、自治区、直辖市人民政府批准的能源、交通、水利等基础设施建设用地，需要改变土地利用总体规划的，属于省级人民政府土地利用总体规划批准权限内的，根据省级人民政府的批准文件修改土地利用总体规划。

四、土地统计制度

土地统计制度是指国家为了认识和掌握土地资源状况及变化规律，贯彻土地基本国策，制定有关土地政策，实现土地科学管理，而依法建立的统计制度。我国的土地统计制度是国家统计制度的重要组成部分，是依据《统计法》和《土地管理法》及其他法规、规章制定的。[1] 土地统计制度包括了对土地的调查与统计。

（一）土地调查

县级以上人民政府土地行政主管部门会同同级有关部门进行土地调查。土地所有者或者使用者应当配合调查，并提供有关资料。县级以上人民政府土地行政主管部门会同同级有关部门根据土地调查成果、规划土地用途和国家制定的统一标准，评定土地等级。

（二）土地统计

国家建立土地统计制度。县级以上人民政府土地行政主管部门和同级统计部门共同制定统计调查方案，依法进行土地统计，定期发布土地统计资料。土地所有者或者使用者应当提供有关资料，不得虚报、瞒报、拒报、迟报。土地行政主管部门和统计部门共同发布的土地面积统计资料是各级人民政府编制土地利用总体规划的依据。与此同时，国家建立全国土地管理信息系统，对土地利用状况进行动态监测。

五、建设用地有偿使用与征收补偿制度

（一）国有土地有偿使用制度

国有土地有偿使用制度是指国家将国有土地使用权在一定年限内让与土地使用者，由土地使用者向国家支付土地有偿使用费的制度。建设单位使用国有土地，应当以出让等有偿使用方式取得。但是，下列建设用地，经县级以上人民政府依法批准，可以以划拨方式取得：国家机关用地和军事用地；城市基础设施用地

---

〔1〕 邹小钢主编：《国土资源管理工作创新与发展》（上卷），中国地质大学出版社 2010 年版，第 67 页。

和公益事业用地；国家重点扶持的能源、交通、水利等基础设施用地；法律、行政法规规定的其他用地。

（二）国家建设用地征收补偿制度

我国《宪法》第 10 条第 3 款规定："国家为了公共利益的需要，可以依照法律规定对土地实行征收或者征用并给予补偿。"《土地管理法》第 48 条规定了土地补偿的标准。征收土地应当给予公平、合理的补偿，保障被征地农民原有生活水平不降低、长远生计有保障；征收土地应当依法及时足额支付土地补偿费、安置补助费以及农村村民住宅、其他地上附着物和青苗等的补偿费用，并安排被征地农民的社会保障费用；征收农用地的土地补偿费、安置补助费标准由省、自治区、直辖市通过制定公布区片综合地价确定，制定区片综合地价应当综合考虑土地原用途、土地资源条件、土地产值、土地区位、土地供求关系、人口以及经济社会发展水平等因素，并至少每三年调整或者重新公布一次；征收农用地以外的其他土地、地上附着物和青苗等的补偿标准，由省、自治区、直辖市制定，对其中的农村村民住宅，应当按照先补偿后搬迁、居住条件有改善的原则，尊重农村村民意愿，采取重新安排宅基地建房、提供安置房或者货币补偿等方式给予公平、合理的补偿，并对因征收造成的搬迁、临时安置等费用予以补偿，保障农村村民居住的权利和合法的住房财产权益；县级以上地方人民政府应当将被征地农民纳入相应的养老等社会保障体系，被征地农民的社会保障费用主要用于符合条件的被征地农民的养老保险等社会保险缴费补贴，被征地农民社会保障费用的筹集、管理和使用办法，由省、自治区、直辖市制定。

第四节　土地资源保护国际公约简述

由于人口爆炸式增长，人类对食物、房屋、矿产等资源的需求导致土地资源严重退化。各国对土地资源国际保护合作都持积极态度，并通过遵守一些软法来保护土地资源，如在干旱与荒漠化防治方面，有 1977 年的《阻止荒漠化行动计划》；在防治土地盐碱化方面，有 1981 年的《世界土壤宪章》、1981 年召开的"世界土壤政策"专家会议。具有法律约束力的主要土地资源保护国际公约主要有 1994 年的《联合国防治荒漠化公约》和 1991 年签订的《阿尔卑斯山公约》。

一、《联合国防治荒漠化公约》

荒漠化是地球土地资源面临的一个严峻问题。1994 年 6 月 17 日，《联合国防治荒漠化公约》在巴黎通过，其全称是"联合国关于在发生严重干旱和/或沙漠化的国家特别是在非洲防治沙漠化的公约"。该公约于 1996 年 12 月 26 日正式生效，我国于 1996 年 12 月 30 日加入该公约。现有 100 多个国家签署了该公约。

《联合国防治荒漠化公约》的目的是实现受干旱和荒漠化影响地区的可持续发展，通过国际合作防治干旱和荒漠化，内容结构包括序言、六个部分和四个附件。序言主要指出了国际社会对干旱和荒漠化问题的关注。第一部分"导言"界定了有关的术语，宣布了公约的目的和四个指导原则。第二部分规定三类义务，即所有缔约方的一般义务、受影响国家缔约方的义务和发达国家缔约方的义务。规定发达国家应积极支持受影响发展中国家缔约方尤其是其中的非洲国家和最不发达国家。公约第三部分对行动方案、科技合作和支持措施作了规定，要求各国制定国家行动方案并对其内容作了具体规定；行动方案要求各国在技术转让、获得、改造和开发以及情报合作、分析和交流等方面进行合作；要求各国加强建设、教育和提高公众觉悟。第四部分是关于机构的规定：决定设立缔约方大会，此机构有权力为促进公约的有效实施作必要的决定；还设立了一个常设秘书处和科学技术委员会。第五部分规定了有关的事项，如争端解决办法等。第六部分规定了公约的签署、生效等事项。四个附件分别对公约在非洲、亚洲、拉丁美洲和加勒比海地区、北地中海地区的实施作了具体规定。[1]

二、《阿尔卑斯山公约》

为保护和合理利用阿尔卑斯山脉，相关国家于 1991 年在奥地利签订了这一公约。它是一个保护阿尔卑斯山的国际法律框架，是国际社会第一部以保护山脉生态系统为宗旨的公约。[2]

《阿尔卑斯山公约》于 1995 年生效，目标是在保护自然资源的同时维持这个环境中的人类对资源的持久管理。该公约要求各缔约国家采取行动保障生态系统，以持久运作的方式恢复自然，保护动植物生存环境，并以传统的自然保护方式对国家的生产能力进行严格控制。该公约承认各国的平等利益并保障自然资源的可持续利用，确认了环境保护的预防原则和国际合作原则，并期望缔约国议定书对具体的环境问题作出具体的规定，其中包括保护动植物和森林的规定。同时设立缔约方大会，保证公约的实施和监督。

---

〔1〕 参见戚道孟主编：《自然资源法》，中国方正出版社 2005 年版，第 207—208 页。

〔2〕 潘抱存：《国际环境法新论》，苏州大学出版社 2008 年版，第 162 页。

第三章　矿产资源法

第一节　矿产资源法概述

一、矿产资源法及其特征

（一）矿产资源的界定

矿产资源并不是仅指矿石，它可以有固体、液体、气体三种形态。一些辞典中对矿产资源的界定很笼统，例如，《投资大辞典》将其定义为埋藏在一定地质体内的自然物质财富。《资本主义大辞典》对矿产资源的定义是：埋藏于地下或出露于地表面，能被人类开发利用的所有天然矿物和矿水。但是可以看出，矿产资源与地壳是有一定联系的，并且矿产资源必须是对特定时空的人有价值。《矿产资源法实施细则》第2条第1款规定："矿产资源是指由地质作用形成的，具有利用价值的，呈固态、液态、气态的自然资源。"

我们将矿产资源界定为是在漫长地质历史时期形成的，往往出露于地表或埋藏于地下，含有有用元素但不限于矿物或岩石，需要经过开采和加工的能满足人类需要的天然集合体。

（二）矿产资源的特征

矿产资源形成的历史过程和人类对矿产资源的开发利用，决定了矿产资源同时具备了自然属性和社会属性。

首先，矿产资源是自然生成的，是在地球漫长而复杂的地质运动中逐渐积累、演化于地壳中或地壳之上的物质，非人力所能创造，更不以人的意志为转移，[1]因而具有自然属性。其自然属性表现在三个方面：①空间分布不均。矿产资源的形成受远古时期的地理环境条件影响，其在空间中的具体存在因而具有很大的不确定性，在全球范围内分布不均。②矿产资源和土地、水资源等其他自然资源存在着生态上的联系，共同构成了环境系统。这两条都直接影响到矿产资源的开发情况。③相对于人类社会的发展历程，矿产资源的形成周期更为漫长，从这一角度来看，与人类各种频繁地使用矿产资源活动相比，矿产资源是处于一种稀缺且"不可再生"地位的。矿产资源形成过程漫长，难以在短时间内满足人类连续性地大量开发和消耗。

其次，矿产资源的社会属性主要表现在人类通过一定的知识、技术对其进行开发和在一定经济条件下对其进行交易、使用的过程。如果人类的知识和技术尚未发展到需要开发、利用矿产资源的阶段，那么矿产对人类来说并不算是一种资源。矿产资源的自然属性造就了其各种潜在地可被利用的价值，人类社会的各种活动性因素使得矿产资源的潜在价值转变为实际价值。因此，矿产资源的社会属性是它在开发、利用中不可小觑的一面。

（三）矿产资源分类

矿产资源可大致分为能源矿产、金属矿产、非金属矿产和水气矿产四类。能源矿产包括煤、石油、天然气、油页岩、地热和页岩气；金属矿产主要包括七个小类，分别是黑色金属（如铁、锰、铬、钒、钛）、有色金属（如铜、铅、锌）、贵金属（如金、银）、稀有金属、稀土金属、稀散金属、原子能能源金属；非金

---

〔1〕 参见张洪涛等：《矿产资源资产资本理论与实践》，地质出版社 2014 年版，第 12 页。

属矿产目前种类众多，有 95 种，可以按照用途来划分小类，也可以按成分来划分，宝石、沙石都属于非金属矿产；水气矿产包括地下水、矿泉水、二氧化碳气、硫化氢气、氦气和氡气等。

二、我国矿产资源开发利用

新中国成立以来，中国的矿业发展突飞猛进。截至 2020 年底，中国已发现矿产 173 种，探明有储量的矿种增至 162 种，矿产资源储量大幅增长，成为世界上少数几个矿种齐全、矿产资源总量丰富的大国之一。我国煤炭、钢铁、十种有色金属、水泥、玻璃等主要矿产品产量跃居世界前列，成为世界最大矿产品生产国。中国积极实行对外开放，已成为世界最大的矿产品贸易国，为世界矿业发展作出了巨大贡献。

2018 年，中国天然气、铜矿、镍矿、钨矿、锂矿、萤石、晶质石墨等重要矿产查明资源储量增长。全国新发现矿产地 153 处，其中大型 51 处，中型 57 处，小型 45 处。探明地质储量超过亿吨的油田 3 处、超过 3000 亿立方米的天然气田 1 个。天然气水合物勘查方面，在南海北部优选重点海域启动了天然气水合物勘查试采先导实验区建设，首次钻获厚度大、纯度高、类型多、呈多层分布的天然气水合物矿藏。全国油气勘查投资有所回升，非油气矿产勘查投资继续下降。矿产品需求保持增长，能源消费结构不断优化。采矿业固定资产投资回升，主要矿产品供应能力不断增强，一次能源、粗钢、十种有色金属、黄金、水泥等产量和消费量继续居世界首位。

2018 年，主要矿产中有 37 种查明资源储量增长，11 种减少。其中，煤炭查明资源储量增长 2.5%，石油剩余技术可采储量增长 0.9%，天然气增长 4.9%；铜矿增长 7.9%，镍矿增长 6.2%，钨矿增长 4%，铂族金属增长 9.8%，硫铁矿增长 4%，锂矿增长

12.9%，萤石增长 6.4%，晶质石墨增长 19%，硅灰石增长
35.2%。2018 年，石油勘查新增探明地质储量 9.59 亿吨，天然
气 8311.57 亿立方米，页岩气 1246.78 亿立方米，煤炭新增查明
资源储量 556.1 亿吨，铁矿 9.93 亿吨，铜矿 225.1 万吨，铝土矿
1.16 亿吨，镍矿 47.2 万吨，金矿 719.8 吨，磷矿 2.25 亿吨，萤
石 1158.3 万吨，晶质石墨 5497.3 万吨。全国石油地质资源量
1257 亿吨。天然气地质资源量 90 万亿立方米。全国埋深 4500 米
以浅页岩气地质资源量 122 万亿立方米。埋深 2000 米以浅煤层气
地质资源量 30 万亿立方米。中国非油气矿产资源潜力巨大，截
至 2018 年底，已预测固体矿产资源 28 种，埋深 2000 米以浅的平
均查明率为 26%。[1]

三、矿产资源法

矿产资源法是调整在管理、保护、勘查、开采、利用矿产资
源过程中所发生的各种社会关系的法律规范的总称。[2]这类社会
关系的主体有国家的矿产资源管理机关、矿山企业单位、乡镇集
体和公民个人。矿产资源是经济发展的重要物质基础，各国历来
都十分重视对矿产资源的立法管理与保护。[3]以世界国土面积广
阔的俄罗斯为例，俄罗斯联邦矿业法律的基本法是《地下资源
法》，该法制定于 1992 年，俄罗斯联邦委员会在 2000 年、2007
年对该法进行修改，形成现行版本。值得注意的是，《地下资源
法》自颁行后的修订完善工作一直在持续，仅经俄罗斯媒体公布

---

〔1〕 中华人民共和国自然资源部编：《中国矿产资源报告》（2019），地质出版
社 2019 年版，第 1—18 页。

〔2〕 参见鲁夫、宝玲、阿心编：《自然资源法讲解》，海南出版社 1996 年版，第
24 页。

〔3〕 辛焕文、王心诚、姚南屏：《经济法基础》，辽宁大学出版社 1988 年版，第
81—82 页。

的草案便有 1995 年、2003 年、2005 年三个版本，经历大小 50 多
次修改。[1]

我国现行的《矿产资源法》虽已经历两次修正，但规定的很
多问题已逐渐偏离我国矿产资源生态文明建设的需要，自然人大
代表以及专家学者近十年多次建议修订，自然资源部率先成立专
门队伍，并最终形成了修订草案的征求意见稿，着重就进一步明
确探矿权、采矿权出让、转让的原则、方式和条件，完善矿业费
税及资源经济利益分配制度，取消不同所有制矿业企业区别性规
定，增加优化矿业产业结构等问题进行了修改。

四、生态文明视角下矿产资源的绿色利用

自然资源部自 2018 年成立以来，积极开展绿色矿产勘查和
矿山生态修复，大力推进矿产资源管理制度改革，继续加强战略
矿产调查评价，不断提升矿产地质理论和综合开发利用水平，进
一步拓展"一带一路"国际地质矿产合作。在习近平生态文明思
想指引下，我国相关部门积极推进矿山生态修复，改革完善各项
管理制度，部署开展重点区域废弃露天矿山生态修复；加快推进
绿色勘查示范和绿色矿山建设，促进矿业转型升级。完成全国矿
产资源规划（2016—2020 年）实施情况的中期评估。开展矿产资
源储量统一确权登记试点，建立健全矿产资源储备体制。加强矿
产资源监督保护，持续做好矿业权管理基本信息公开工作。基础
地质调查工作程度进一步提高。区域地质调查、遥感综合调查和
航磁调查面积进一步扩大。矿产调查方面，围绕"新区、新层
系、新领域、新类型"开展油气基础调查和战略选区；围绕重点

---

〔1〕　蒋瑞雪："俄德奥三国矿业生态保护立法的比较分析"，载《国土资源情
报》2013 年第 12 期。

成矿区带、整装勘查区、重要矿集区和大型资源基地开展矿产地质调查。地质资料管理制度进一步完善，服务能力和水平不断提升。基础地质研究成果显著，创新了成矿理论、找矿模型及勘查方法，研发或集成了一批地质勘查技术仪器装备，加大矿产资源综合利用先进适用技术应用推广。围绕落实国家有关科技体制改革系列文件要求，推动地质矿产领域科技创新人才队伍建设。

第二节　我国矿产资源立法沿革

中华人民共和国成立后，1950 年政务院就颁布了《矿业暂行条例》，1965 年底国务院针对矿产资源保护专门制定、公布了《矿产资源保护试行条例》。此外，国务院有关部门还分别就煤矿和矿山安全、金属矿和非金属矿管理、小煤窑和小煤矿的管理专门制定了一些规章制度。[1]

20 世纪 80 年代后，我国开始重视矿产资源开发利用的监督管理工作和有关环境污染的治理工作。为了保护和合理利用矿产资源，我国颁布了《矿产资源法》（1986 年颁布，1996 年第一次修正，2009 年第二次修正）、《矿产资源法实施细则》（1994 年颁布）、《煤炭法》（1996 年颁布，历经 2009 年、2011 年、2013 年、2016 年四次修正）、《矿产资源勘查登记管理暂行办法》（1987 年颁布）、《矿产资源监督管理暂行办法》（1987 年颁布）、《资源税暂行条例》（1993 年颁布，2011 年修订）、《矿产资源开采登记管理办法》（1998 年颁布，2014 年修订）、《乡镇煤矿管理条例》（1994 年颁布，2013 年修订）、《对外合作开采海洋石油资源条

---

〔1〕　吴兴南、孙月红：《自然资源法学》，中国环境科学出版社 2004 年版，第 289 页。

例》（1982 年颁布，历经 2001 年、2011 年 1 月、2011 年 9 月、2013 年四次修订）、《对外合作开采陆上石油资源条例》（1993 年颁布，历经 2001 年、2007 年、2011 年、2013 年四次修订）、《矿产资源勘查区块登记管理办法》（1998 年颁布，2014 年修订）、《探矿权采矿权转让管理办法》（1998 年颁布，2014 年修订）、《矿产资源补偿费征收管理规定》（1994 年颁布，1997 年修订）、《地质资料管理条例》（2002 年颁布，2016 年、2017 年两次修订）等 20 多项法律、法规和规章，各省、自治区、直辖市也制定了相关的地方性法规、规章。这些法律、法规、规章对维护我国矿产资源的国家所有权，整顿矿业秩序，促进我国矿产资源的勘查、开采合理有序地进行，发挥了重要的作用。2017 年，《国务院关于印发矿产资源权益金制度改革方案的通知》中规定，按照《生态文明体制改革总体方案》要求，坚持以推进供给侧结构性改革为主线，以维护和实现国家矿产资源权益为重点，以营造公平的矿业市场竞争环境为目的，建立符合我国特点的新型矿产资源权益金制度。

我国现行矿产资源管理法律体系以《宪法》为指导，包括《矿产资源法》一部法律和《矿产资源勘查区块登记管理办法》《矿产资源开采登记管理办法》《探矿权采矿权转让管理办法》三部现行法规。

第三节　我国矿产资源法内容

一、矿产资源国家所有制度

《宪法》第 9 条规定，我国领域内的一切矿藏属于国家所有，即全民所有。《矿产资源法》第 3 条第 1 款规定："矿产资源属于国家所有，由国务院行使国家对矿产资源的所有权。地表或者地下的矿产资源的国家所有权，不因其所依附的土地的所有权或者使用权的不同而改变。"矿产资源国家所有后来在 2007 年《物权法》第 46 条中再次予以确认。现行《民法典》在第 247 条规定，矿藏属于国家所有。

二、矿产资源勘查管理制度

（一）勘查区块登记管理

国家对矿产资源勘查实行统一的区块登记管理制度。勘查区块登记管理是以经纬度为坐标系，按照国际统一分幅标准和编号，将全国的领域，包括我国管辖的其他海域，统一划分成若干以"经度 1 分纬度 1 分"为基本单位的区块。探矿权申请人必须按照以基本单位区块计算的勘查作业区范围提出申请，经登记管理机关审查批准，领取勘查许可证，即成为探矿权人后，才能进行矿产资源勘查活动。《矿产资源勘查区块登记管理办法》按不同矿种规定了勘查项目准许登记的最大区块范围。

（二）审批登记权限

探矿权实行国务院和省两级审批登记制度。《矿产资源勘查区块登记管理办法》第 4 条规定："勘查下列矿产资源，由国务院地质矿产主管部门审批登记，颁发勘查许可证：（一）跨省、自治区、直辖市的矿产资源；（二）领海及中国管辖的其他海域的矿产资源；（三）外商投资勘查的矿产资源；（四）本办法附录所列的矿产资源。勘查石油、天然气矿产的，经国务院指定的机关审查同意后，由国务院地质矿产主管部门登记，颁发勘查许可证。勘查下列矿产资源，由省、自治区、直辖市人民政府地质矿产主管部门审批登记，颁发勘查许可证，并应当自发证之日起 10 日内，向国务院地质矿产主管部门备案：（一）本条第一款、第二款规定以外的矿产资源；（二）国务院地质矿产主管部门授权省、自治区、直辖市人民政府地质矿产主管部门审批登记的矿产资源。"

（三）探矿权申请人和探矿权人

按照"谁投资，谁受益"的原则，法律规定勘查出资人为探矿权申请人。但是，国家出资勘查的，国家委托勘查的单位为探矿权申请人。探矿权申请人可以是单位，也可以是个人。探矿权申请人的项目申请一旦获准，勘查出资人即成为探矿权人。从事勘查作业的施工单位应当具有法定的资质条件。

（四）探矿权延续、变更、注销登记

探矿权人在勘查许可证有效期间未完成勘查项目任务的，可以申请延长勘查时间。登记管理机关对其完成最低勘查投入及履行其他法定义务情况审查通过后予以批准。每次延展时间最长不超过2年。探矿权人逾期不办理延续登记手续，勘查许可证自行废止。

探矿权发生变更登记的情形包括：扩大或者缩小勘查区块范围的；改变勘查工作对象的；经依法批准转让探矿权的；探矿权人改变名称或者地址的。

探矿权发生注销登记的情形包括：勘查许可证有效期限届满，不办理延续登记或者不申请保留探矿权的；申请采矿权的；因故需要撤销勘查项目的。

（五）探矿权人的权利义务

根据有关规定，探矿权人应享有以下权利：①按照勘查许可证规定的区域、期限、工作对象进行勘查；②在勘查作业区及相邻区域架设供电、供水、通信管线，但不得影响或损害原有的供电、供水设施和通信管线；③在勘查作业区及相邻区域通行；④根据工程需要临时使用土地；⑤优先取得勘查作业区内新发现矿种的探矿权；⑥优先取得勘查作业区内矿产资源的采矿权；⑦自行销售勘查工程中按照批准的工程设计施工回收的矿产品，但是国务院规定由指定单位统一收购的矿产品除外。同时，探矿权人应履行以下义务：①在规定的期限内开始施工，并在勘查许可证规定的期限内完成勘查工作；②定期向勘查登记管理机关报告勘查进展情况、资金使用情况等；③不得擅自进行采矿；④勘查作业完毕后，及时封填探矿作业遗留的井、硐，或采取其他措施消除安全隐患；⑤按照国家有关规定汇交地质勘查资料，向勘查登记管理机关报送资金投入情况报表和财务决算报表等；⑥遵守有关法律、法规关于劳动安全、土地复垦和环境保护的规定；等等。

三、矿产资源开采管理制度

开采矿产资源，必须依法分别申请，经批准取得探矿权、采矿权，并办理登记；国家保护采矿权不受侵犯，保障矿区和勘查作业区的生产秩序、工作秩序不受影响和破坏。

（一）开采资质的规定

采矿权申请人申请办理采矿许可证时，应当向登记管理机关提交下列资料：申请登记书和矿区范围图、采矿权申请人资质条件的证明、矿产资源开发利用方案、依法设立矿山企业的批准文件、开采矿产资源的环境影响评价报告、国务院地质矿产主管部门规定提交的其他资料。

申请开采国家规划矿区或者对国民经济具有重要价值的矿区内的矿产资源和国家实行保护性开采的特定矿种的，还应当提交国务院有关主管部门的批准文件。申请开采石油、天然气的，还应当提交国务院批准设立石油公司或者同意进行石油、天然气开采的批准文件以及采矿企业法人资格证明。

（二）审批部门的规定

《矿产资源法》规定，从事矿产资源开采的，必须符合规定的资质条件。《矿产资源开采登记管理办法》第 3 条规定："开采下列矿产资源，由国务院地质矿产主管部门审批登记，颁发采矿许可证：（一）国家规划矿区和对国民经济具有重要价值的矿区内的矿产资源；（二）领海及中国管辖的其他海域的矿产资源；（三）外商投资开采的矿产资源；（四）本办法附录所列的矿产资源。开采石油、天然气矿产的，经国务院指定的机关审查同意后，由国务院地质矿产主管部门登记，颁发采矿许可证。开采下列矿产资源，由省、自治区、直辖市人民政府地质矿产主管部门审批登记，颁发采矿许可证：（一）本条第一款、第二款规定以外的矿产储量规模中型以上的矿产资源；（二）国务院地质矿产主管部门授权省、自治区、直辖市人民政府地质矿产主管部门审批登记的矿产资源。开采本条第一款、第二款、第三款规定以外的矿产资源，由县级以上地方人民政府负责地质矿产管理工作的部门，按照省、自治区、直辖市人民代表大会常务委员会制定的管理办法审批登记，颁发采矿许可证。矿区范围跨县级以上行政区域的，由所涉及行政区域的共同上一级登记管理机关审批登记，颁发采矿许可证。县级以上地方人民政府负责地质矿产管理工作的部门在审批发证后，应当逐级向上一级人民政府负责地质矿产管理工作的部门备案。"

（三）开采权利和义务

采矿权人享有的权利包括：①按照采矿许可证规定的开采范围和期限从事开采活动；②自行销售矿产品，但国务院规定由指定单位统一收购的矿产品除外；③在矿区范围内建设采矿所需的生产和生活设施；④根据生产建设的需要依法取得土地使用权；⑤法律、法规规定的其他权利。采矿权人应履行的义务包括：①在批准的期限内进行矿山建设或开采；②有效保护、合理开采、综合利用矿产资源；③依法缴纳资源税和矿产资源补偿费；④遵守国家有关劳动安全、水土保持、土地复垦和环境保护的法律、法规；⑤接受地质矿产主管部门和有关主管部门的监督管理，按照规定填报矿产资源储量表和矿产资源开发利用情况统计报告。

（四）采矿期限

采矿许可证有效期，按照矿山建设规模确定：大型以上的，采矿许可证有效期最长为 30 年；中型的，采矿许可证有效期最长为 20 年；小型的，采矿许可证有效期最长为 10 年。采矿许可证有效期满，需要继续采矿的，采矿权人应当在采矿许可证有效期届满的 30 日前，到登记管理机关办理延续登记手续。采矿权人逾期不办理延续登记手续的，采矿许可证自行废止。

四、矿产资源税制度

《资源税法》对资源税的征收范围、税目、税额、纳税人、应纳税额、减免条件、纳税期限等作了具体规定。如：①自然资源税征收范围包括矿产品和盐。矿产品包括原油、天然气、煤、其他非金属矿原矿、黑色金属矿原矿、有色金属矿原矿等。盐包括固体盐和液体盐。②在中华人民共和国领域及管辖的其他海域开发应税资源的单位和个人，为资源税的纳税人。③资源税按照《税目税率表》实行从价计征或者从量计征。④有下列情形之一的，减征或者免征资源税：开采原油过程中用于加热的原油，免税；纳税人开采或者生产应税产品过程中，因意外事故或者自然灾害等原因遭受重大损失的，由省、自治区、直辖市酌情决定减税或者免税；国务院规定的其他减税、免税项目。⑤资源税由税务机关征收。

第四节　矿产资源管理的国际公约

由于矿产资源在世界范围内分布不均，各国都将矿产资源纳入自己的主权之内，国际矿产资源较少。目前，可供人们利用的国际矿产资源主要包括南极矿产资源和海底区域内的矿产资源。目前较有影响的有关国际矿产资源的条约就是《南极矿产资源活动管理公约》和《联合国海洋法公约》。

一、《南极矿产资源活动管理公约》

20世纪80年代初，《南极条约》协商国面对一些国家对于南极资源日益强烈的兴趣，开始制定一项大家都能接受的南极矿产资源管理制度。1982年6月，第四次《南极条约》特别协商会议在惠灵顿召开，会议目的在于谈判并制定南极矿产资源活动管理制度。经过6年共11次特别会议的艰苦谈判，1988年6月2日，有20个协商国和13个非协商国的代表通过了《南极矿产资源活动管理公约》。这个公约允许在南极"谨慎地"开发。该公约旨在规范有关南极矿产资源开发的环境保护问题。但由于《南极条约》体系内一些国家间的矛盾斗争，一些国家于1989年初宣布不签署该公约，主张禁止南极矿产资源活动，并以一项新的关于南极环境保护的制度取代该公约。

中国于1989年6月28日签署该公约。该公约为《南极条约》体系的重要组成部分，包括序言、正文67条及1个附件。序言重申《南极条约》的宗旨和原则，强调应特别重视对南极环境和生态平衡的保护，并保证南极矿产资源活动中的国际参与，使这种活动符合全人类的利益。该公约设有总委员会、管理委员会、咨询委员会和缔约国特别会议等管理机构。

为保护南极的生态环境，该公约建立了一套比较严格的矿产资源活动管理制度、科学技术评估和咨询制度，以及关于责任、赔偿和补偿、视察、监测和争端解决的法律制度。公约还规定，应促进南极矿产资源活动中的国际参与国际合作，并考虑发展中国家的特殊情况。1991 年 10 月我国缔结《关于环境保护的南极条约议定书》后，有学者认为《南极矿产资源活动管理公约》实际上已失去效力。

二、《联合国海洋法公约》

岛屿之争、海界之争的核心是海底资源，尤其是天然气和石油。近年来，随着各种高新技术的应用，海洋油气勘探已经从大陆架浅海扩展至大陆坡、大陆基和深海盆地等深水海域，深海区的油气层也屡有发现。[1]

1958 年日内瓦海洋法四公约由于制定国较少、公约存在缺陷，未能发挥预作用。1960 年，联合国在日内瓦举行第二次海洋法会议，专门研究领海宽度问题，但没有达成协议。1973 年 12 月，第三届海洋法会议在纽约开幕，该次会议历时 9 年，在充分协商的基础上，经反复修订，终于于 1982 年在牙买加会议上通过了《联合国海洋法公约》，将"全人类共同继承财产"这一概念以法律的形式确立下来，并对区域及其资源的开发制度作了详尽的规定。1994 年 11 月 16 日，该公约正式生效。我国于 1996 年 5 月 15 日批准加入该公约。[2]

《联合国海洋法公约》分为 17 个部分，9 个附件，共计 446

---

[1] 吴显庆主编：《国际公共事务管理概论》，华南理工大学出版社 2007 年版，第 154 页。

[2] 鲍君忠主编：《国际海事公约概论》（第二版），大连海事大学出版社 2016 年版，第 23 页。

条，主要内容覆盖了用语和范围，领海和毗连区，用于国际航行的海峡，群岛国，专属经济区，大陆架，公海，岛屿制度，内陆国出入海洋的权利和过境的自由，"区域"，海洋环境的保护和保全，海洋科学研究，海洋技术的发展和转让，争端的解决，一般规定，最后条款，高度洄游鱼类，大陆架界限委员会，探矿、勘探和开发的基本条件，企业部章程，调解，国际海洋法法庭规约，仲裁，特别仲裁，国际组织的参加。《联合国海洋法公约》明确了200海里专属经济区制度，海洋国土不再仅仅是12海里的领海和岛屿。海底埋藏的宝贵金属资源、天然气、石油等使各国的目光转向存海必争。该公约生效后，地球上36%的公海变成沿海各国的专属经济区。[1]

---

[1] 高兰：《冷战后美日海权同盟战略：内涵、特征、影响》，上海人民出版社2018年版，第50页。

第四章　能源法

第一节　能源法概述

一、能源的界定

（一）能源的概念

能源是现代文明不可缺少的重要物质资源，对人类物质资料的生产和生活有重要影响。《科学技术百科全书》认为能源是"可从其获得热、光和动力之类能量的资源"。根据《大英百科全书》，"能源是一个包括所有燃料、流水、阳光和风的术语，人类用适当的转换手段便可让它为自己提供所需的能量"。《当代科学学辞典》认为"能源就是能的资源。蕴藏能量的自然资源即称为能源。如煤、石油、畜力、水力等"。《资本主义大辞典》对能源的定义是可以提供能量的自然资源的总称。能源是促进社会经济发展、提高人民生活水平和支持人类社会文明的基础。对能源的开发和利用要重视环境保护。能源是发展农业、工业、国防、科学技术和提高人民生活的物质基础，我们将之界定为能够转换成为机械能、热能、电能、化学能等各种能量的自然资源。煤炭、石油、天然气、水力和核裂变能是当今世界五大能源支柱。

（二）能源分类

按照来源不同可将能源分为三大类：第一类是来自太阳的能

量，包括直接由太阳辐射所产生的光能、热能和间接来自太阳的能量。后者指煤炭、石油、天然气等矿物燃料，以及风能、水能和海洋能等。第二类是来自地球本身的能量，包括地下热水、地下蒸汽、干热岩体等地热能和地下储藏的核燃料，如铀、钍等物质在进行原子核反应时所释放出来的能量。第三类是太阳和月球等天体对地球的引力产生的能量，如海水涨落而形成的潮汐能。

按是否可耗竭可将能源划分为收入能源和资本能源两类：收入能源，如人力、兽力、风力、水力以及太阳辐射等；资本能源，如煤、石油、天然气、木柴、核能及地热能。收入能源具有非耗竭性，如太阳能，它是无限能源的来源，除宇宙发生大灾难外，它是永远也不会被耗竭的。利用太阳能可以解决人类的全部能源问题，但从技术上看，大规模利用太阳能的前景并不乐观。资本能源是有限的和非再生的，一旦用尽即不复存在。如煤、石油、天然气等矿物燃料，在燃烧时释放大量的热，这些热能或转化为其他能源形式，或分散到宇宙空间之中，永远不能回收，所以这些资源终有一天会被耗尽。

按照能源的形成方式可分为一次能源和二次能源，按其开发和利用的广泛程度又可分为常规能源和新能源。

中国早已是世界第二大能源消费国，并正在通过大力发展中国新能源来解决能源和环境问题。但是长期以来，国际上对新能源一直未形成统一的看法，新能源往往与可再生能源相联系。最早关于新能源的定义出现在1978年12月20日第三十三届联合国大会第148号决议中。新能源当时被定义为"常规能源以外的所有能源"，主要包括太阳能、地热能、风力、潮汐能、波浪能、海洋能、薪柴、木炭、生物能、畜力、油页岩、焦油砂、泥炭和水利。但是，这一定义很快就被联合国自己推翻了。[1]1981 年，联合国新能源和可再生能源会议将新能源定义为：以新技术和新材料为基础，将传统的可再生能源通过现代化的开发与利用，不断替代资源有限且对环境有污染的化石能源，获得取之不尽、用之不竭的可再生能源。我国有学者指出，新能源是指在新技术基础上，系统地开发、利用传统能源之外的各种能源形式，直接或间接来自太阳或地球内部的能，包括太阳能、风能、生物质能、地热能、核聚变能、水能、海洋能和由新能源衍生出来的生物燃料和氢所产生的能量。[2]

二、碳排放

提到能源不得不联系到我国的碳排放问题，它直接关系到我国生态文明建设的成就。部分能源的使用会导致碳排放量增加。能源领域的二氧化碳排放量占整个温室气体排放量的比重非常大，因此，能源领域中的二氧化碳排放直接影响到我国未来碳排放的总体趋势和走向。2014 年 11 月，在北京 APEC 会议期间，中美发表了应对气候变化联合声明，我国政府首次提出到 2030 年左右二氧化碳排放达到峰值。2015 年 6 月 30 日，中国向联合国气候变化框架公约秘书处提交了应对气候变化国家自主贡献文件《强化应对气候变化行动——中国国家自主贡献》，再次提到了二氧化碳排放 2030 年左右达到峰值并争取尽早达峰，并且提出了单位国内生产总值二氧化碳排放要比 2005 年下降 60%至 65%的目标。2015 年 9 月 25 日，习近平主席在华盛顿同美国总

---

〔1〕 白玫、朱彤编著：《新能源产业现状与发展前景》，广东经济出版社 2015 年版，第 1 页。

〔2〕 李剑玲：《低碳绿色城市发展的研究》，中国商业出版社 2015 年版，第 54—55 页。

统奥巴马举行会谈，双方发表了《中美元首气候变化联合声明》，进一步提出到 2030 年单位国内生产总值二氧化碳排放要比 2005 年下降 60% 至 65%，并计划 2017 年启动全国碳排放交易体系。[1]

能源开发利用是关乎国家发展和经济增长的重大问题。但能源的开发利用所造成的生态问题严重威胁到人类社会的生存和发展，如何妥善解决能源开发利用中存在的种种问题，已经成为我国当前面临的重要任务。当今时代是生态文明的时代，能源的开发利用必须着眼于生态文明建设。在能源法治建设过程中，必须处理好各种利益关系，引入生态利益衡量机制，实现法律上的公平与合理，平衡经济、社会和生态利益。[2]

三、能源法与生态文明

能源法是指在调整能源领域中因管理、保护、开发、生产、使用能源和节约能源所产生的各种社会关系的法律规范的总和。煤炭法、矿产资源法等都属于能源法。能源法调整对象的特定经济关系，既包括纵向经济关系，也包括横向经济关系，既包括能源部门与国民经济其他部门的关系，也包括能源部门内部的各种经济关系，另外还包括国内的经济关系与涉外的经济关系等。美国能源律师协会之能源法教育临时委员会这样界定能源法："由制定法、附属法规以及联邦和各州政策所组成的、涉及诸多方面的一个整体，它调整能源资源和能源相关设施的开发（建设）和使用以及经由这些设施所产生服务的定价；所有这些影响着能源

---

〔1〕　张小锋、张斌："我国中长期能源碳排放情景展望"，载《中国能源》2016 年第 2 期。

〔2〕　张瑞敏、牛余凤："生态文明视角下中国能源开发利用的法治与伦理思考"，载《社科纵横》2015 年第 5 期。

消费者的日常生活、影响着许多经营单位的经济、影响着每个国家的国民经济以及时常具有全球性影响"[1]。

为了应对能源环境问题，能源法开始了生态化的进程。融入生态文明的能源法又可称为绿色能源法，是指为实现能源充足、安全、持续地供应及生态平衡和生态安全，促进自然资源的合理开发和持续利用，以可持续能源思想为指导，以生态化能源立法为载体，以生态化能源法律制度为支撑的能源法律规范的总体。与传统能源法相比，生态化能源法采用生态系统观、整体观的调整方法，不仅关注人类的生存发展，还重视产生能源的自然环境的保护和优化，试图明晰人、能源、生态环境的交错联系，实现能源活动中人与自然的和谐。[2]但是也有学者指出：能源发展趋势在国际层面强调的是"可持续性"而非单一的"清洁性"或"去传统化"。人们常常将"能源可持续性"等同于"绿色或可再生能源"，这显然太过局限，使得能源立法简单地导向"生态化"。[3]

当今世界的能源原材料和产品开发、生产、利用、消费以及与之有关的国家安全、民生福祉和生态环境保护，不仅构成每个国家社会经济发展的根本性事项，而且成为全人类的重大共同关切。虽然目前我国能源法尚未出台，但是学界对之研究颇为深刻。肖国兴教授认为："能源法律制度结构建设是一个复杂的系统工程，它可能涉及国家整体法律结构的重构。中国现行法律体系不可能满足《能源法》对制度结构创新的需求，但如果不加以

---

〔1〕 转引自胡德胜："论能源法的概念和调整范围"，载《河北法学》2018年第6期。

〔2〕 参见蔡守秋、王欢欢："论中国能源法的生态化"，载《时代法学》2008年第5期。

〔3〕 ［美］斯科特·L.蒙哥马利著，宋阳、姜文波译：《全球能源大趋势》，机械工业出版社2012年版，第302页。

改变，提升能源市场效率的能源法律制度就不可能建立，即使建立了也不会有效率。一个可行的办法是：《能源法》立法者积极参与相关法律修改，在其中体会能源法律外部结构的真谛，同时区分基础性制度设计与技术性制度设计，合理定位能源法律内部结构。"[1]

第二节　我国现有能源法内容

一、可再生能源法

（一）可再生能源与可再生能源法

《环境科学大辞典》对可再生能源的定义是人类利用后能够再次在自然界产生或出现的能源。可再生能源多为自然能源，如太阳能、水能、风能、地热能、海洋能等。另外，生物质能经燃烧利用后虽然消失，但只要其生存的环境适宜或有人的栽培，即可继续萌发、繁衍，并供人类永续利用，故生物质能是有条件的再生能源。丹麦的亨里克·隆德在其著作中将可再生能源描述为阳光、风、雨、波浪、潮汐和地热等产生的自然资源，这些自然资源通常可在几年内得到重新生成和补充。[2]我国于 2005 年颁布了专门调整可再生能源的《可再生能源法》（后 2009 年 12 月 26 日第十一届全国人大常委会第十二次会议通过了《关于修改〈中华人民共和国可再生能源法〉的决定》），该法所调整的可再生能源是指风能、太阳能、水能、生物质能、地热能、海洋能等

---

〔1〕　肖国兴："《能源法》与中国能源法律制度结构"，载《中州学刊》2010 年第 6 期。

〔2〕　[丹] 亨里克·隆德著，王育民译：《可再生能源》，中国三峡出版社 2017 年版，第 8 页。

非化石能源，其中，水力发电须由国务院能源主管部门规定，报国务院批准。

（二）《可再生能源法》的主要内容

1. 制定总量目标制度

可再生能源开发利用总量目标是指一个国家以强制性手段对未来一定时期内可再生能源的发展总量作出一种强制性规定，是必须实现的一个国家目标。[1]我国《可再生能源法》第 4 条第 1 款规定："国家将可再生能源的开发利用列为能源发展的优先领域，通过制定可再生能源开发利用总量目标和采取相应措施，推动可再生能源市场的建立和发展。"第 8 条规定了可再生能源开发利用规划的编制、审批和修改程序。我国的可再生能源法的总量目标制度是法律的明确规定，即第 7 条规定："国务院能源主管部门根据全国能源需求与可再生能源资源实际状况，制定全国可再生能源开发利用中长期总量目标，报国务院批准后执行，并予公布。国务院能源主管部门根据前款规定的总量目标和省、自治区、直辖市经济发展与可再生能源资源实际状况，会同省、自治区、直辖市人民政府确定各行政区域可再生能源开发利用中长期目标，并予公布。"制定总量目标制度对可再生能源的发展具有积极的推动作用，有利于可再生能源行业的发展。

2. 可再生能源财政专项资金制度

《可再生能源法》第 24 条专门规定了由国家财政设立可再生能源发展专项资金，用于支持可再生能源开发利用的科学技术研究、标准制定和示范工程；农村、牧区生活用能的可再生能源利

---

〔1〕 王文革主编：《自然资源法——理论·实务·案例》，法律出版社 2016 年版，第 393 页。

用项目；偏远地区和海岛可再生能源独立电力系统建设；可再生能源的资源勘查、评价和相关信息系统建设；促进可再生能源开发利用设备的本地化生产。

3. 可再生能源优惠补贴制度

可再生能源的优惠补贴制度主要包括补贴制度、税收制度、信息贷款制度、价格制度和担保信贷制度。《可再生能源法》第25条规定了优惠信贷制度，即对列入国家可再生能源产业发展指导目录、符合信贷条件的可再生能源开发利用项目，由金融机构提供有财政贴息的优惠贷款。《可再生能源法》第26条规定了税收优惠制度，即国家对列入可再生能源产业发展指导目录的项目给予税收优惠。具体办法由国务院规定。

二、节约能源法

（一）节能与《节约能源法》

节约资源是我国的基本国策，因此国家实施节约与开发并举、把节约放在首位的能源发展战略。《节约能源法》第1条规定："为了推动全社会节约能源，提高能源利用效率，保护和改善环境，促进经济社会全面协调可持续发展，制定本法。"节能就是应用技术上现实可靠、经济上可行合理、环境和社会都可接受的方法，有效地利用能源资源，提高用能设备或工艺的能量利用效率。广义节能，是指除狭义节能的内容以外，还包括各种间接的能源节约。[1]

节约能源法是指调整人们在利用能源以及从事相关活动中为实现节约能源所发生的各种社会关系的法律规范总称。它的调整

---

〔1〕 王文革主编：《自然资源法——理论·实务·案例》，法律出版社2016年版，第396页。

对象包括：人们在利用能源时形成的节能管理关系，即人们在从事物质资料生产和满足生活消费需求的过程中，从能源生产到消费的各个环节，如何降低消耗、减少损失和污染物排放、制止浪费，实现有效、合理地利用能源，形成了复杂的节能管理关系；人们在利用能源以及从事相关的活动时，涉及的财政、税收、金融、环保、科技、标准、计量、统计等其他关系。

我国《节约能源法》于 1997 年第八届全国人大常委会第二十八次会议通过，后在 2007 年第十届全国人大常委会第三十次会议进行修订，2016 年第十二届全国人大常委会第二十一次会议进行第一次修正，2018 年第十三届全国人大常委会第六次会议进行了第二次修正。

（二）《节约能源法》主要内容

1. 节能产品认证制度

《节约能源法》第 20 条第 1 款规定："用能产品的生产者、销售者，可以根据自愿原则，按照国家有关节能产品认证的规定，向经国务院认证认可监督管理部门认可的从事节能产品认证的机构提出节能产品认证申请；经认证合格后，取得节能产品认证证书，可以在用能产品或者其包装物上使用节能产品认证标志。"

2. 节能管理

（1）监管主体。国务院和县级以上地方各级人民政府应当加强对节能工作的领导，部署、协调、监督、检查、推动节能工作。县级以上人民政府管理节能工作的部门和有关部门应当在各自的职责范围内，加强对节能法律、法规和节能标准执行情况的监督检查，依法查处违法用能行为，但履行节能监督管理职责不得向监督管理对象收取费用。县级以上各级人民政府统计部门应当会同同级有关部门，建立健全能源统计制度，完善能源统计指标体系，改进和规范能源统计方法，确保能源统计数据真实、完整。国务院统计部门会同国务院管理节能工作的部门，定期向社会公布各省、自治区、直辖市以及主要耗能行业的能源消费和节能情况等信息。

（2）标准制定。建筑节能的国家标准、行业标准由国务院建设主管部门组织制定，并依照法定程序发布。省、自治区、直辖市人民政府建设主管部门可以根据本地实际情况，制定严于国家标准或者行业标准的地方建筑节能标准，并报国务院标准化主管部门和国务院建设主管部门备案。

（3）评估审查。国家实行固定资产投资项目节能评估和审查制度。不符合强制性节能标准的项目，建设单位不得开工建设；已经建成的，不得投入生产、使用。政府投资项目不符合强制性节能标准的，依法负责项目审批的机关不得批准建设。具体办法由国务院管理节能工作的部门会同国务院有关部门制定。

（4）高能耗禁限。国家对落后的耗能过高的用能产品、设备和生产工艺实行淘汰制度。淘汰的用能产品、设备、生产工艺的目录和实施办法，由国务院管理节能工作的部门会同国务院有关部门制定并公布。生产过程中耗能高的产品的生产单位，应当执行单位产品能耗限额标准。对超过单位产品能耗限额标准用能的生产单位，由管理节能工作的部门按照国务院规定的权限责令限期治理。国家对家用电器等使用面广、耗能量大的用能产品，实行能源效率标识管理。实行能源效率标识管理的产品目录和实施办法，由国务院管理节能工作的部门会同国务院市场监督管理部门制定并公布。

3. 能源效率标识、节能产品认证制度

生产者和进口商应当对列入国家能源效率标识管理产品目录的用能产品标注能源效率标识，在产品包装物上或者说明书中予以说明，并按照规定报国务院市场监督管理部门和国务院管理节能工作的部门共同授权的机构备案。生产者和进口商应当对其标注的能源效率标识及相关信息的准确性负责。禁止销售应当标注而未标注能源效率标识的产品。禁止伪造、冒用能源效率标识或者利用能源效率标识进行虚假宣传。

用能产品的生产者、销售者，可以根据自愿原则，按照国家有关节能产品认证的规定，向经国务院认证认可监督管理部门认可的从事节能产品认证的机构提出节能产品认证申请；经认证合格后，取得节能产品认证证书，可以在用能产品或者其包装物上使用节能产品认证标志。

三、化石能源法

化石能源是一种碳氢化合物或其衍生物，有学者将之称为化石燃料，包括煤、石油、天然气及新近开发的页岩气。它由古代生物的化石沉积而来，是一次能源。"化石能源是目前全球消耗的最主要能源，2016 年全球消耗的能源中化石能源占比高达87.9%，我国的比例高达 98.8%。"[1]但是化石燃料在不完全燃烧后，往往携带有毒烟气。因此，对化石能源的利用应考虑环保因素、安全开采和高效利用。在石油、天然气方面，2010 年我国通过了《石油天然气管道保护法》以及对外合作开采相关条例，但尚未出台直接规范石油、天然气利用的法律，有关化石能源的法律仅有《煤炭法》。

煤炭法是指对煤炭资源开发利用进行规制，用以保证煤炭资源合理开发、有效利用，安排煤炭业有序和健康发展，以达到原

---

〔1〕 王文革主编：《自然资源法——理论·实务·案例》，法律出版社 2016 年版，第 388 页。

煤和成品煤安全供给的法律规范的总称。[1]1996 年，为满足经济社会发展需要，我国进行矿业市场经济体制的变革，煤炭部主持起草并于 1996 年 8 月 29 日经第八届全国人大常委会第二十一次会议通过了《煤炭法》。此后，我国又出台一系列法律法规，促进煤炭资源法律体系不断完善，如《开办煤矿企业审批办法》《探矿权采矿权使用费和价款管理办法》《煤炭经营监管办法》（已失效）、《中国煤炭行业自律公约》等。《煤炭法》在 2009 年、2011 年、2013 年、2016 年先后进行了四次修正。

第三节　我国能源法律制度的构建

一、我国进入能源立法倒计时

　　1979 年 6 月，时任全国人大常委会委员长叶剑英指出，随着经济建设的发展，我们还需要有各种经济法，并提出需要制定包括能源法在内的五部经济法律。时任副委员长彭真把草拟能源法的任务交给了 1980 年成立的国家能源委员会，该委员会能源法研究小组计划于 1983 年完成能源法草拟工作。然而，随着国家能源委员会在 1982 年撤销，能源法草拟工作终止。[2]2005 年，能源法立法工作浩大启动，多次列入立法计划，但是，至今都未能让《能源法（草案）》从国务院走出而进入全国人大。[3]2020 年 4 月 3 日，国家能源局发布关于《能源法（征求意见稿）》公开征求意见的公告，能源法出台指日可待。

---

〔1〕 江伟钰、陈方林主编：《资源环境法词典》，中国法制出版社 2005 年版，第 657 页。

〔2〕 吴钟瑚："经验与启示：中国能源法制建设 30 年"，载《郑州大学学报（哲学社会科学版）》2009 年第 3 期。

〔3〕 胡德胜："论能源法的概念和调整范围"，载《河北法学》2018 年第 6 期。

二、能源法的基本原则

能源法的基本原则对我国的能源立法、司法、执法以及能源实践与理论研究、能源宣传和教育等方面都有积极的指导作用，因此，界定能源法的基本原则是能源法制定工作的关键问题之一。有学者认为，能源法应特别注意规定、体现和贯彻如下原则：坚持能源可持续利用原则，实施能源可持续发展战略；坚持立足国内，充分利用国内、国际"两种资源、两个市场"的原则；坚持能源多元化和优化能源结构的原则；坚持节约能源的原则；坚持不断提高能源利用效率和效益的原则；坚持在发展能源的同时保护环境的原则。[1]还有学者主张，能源法的基本原则应包括能源国有原则、能源安全原则（或能源可持续利用原则）、节能高效原则、能源代际公平原则、清洁利用能源原则或开发利用能源与环境保护相结合原则[2]……一般而言，学界普遍认同将节约利用、高效利用、可持续利用、能源安全与绿色环保作为能源法的基本原则，虽然表述上存在不统一或者重叠，但都没有超出上述基本原则的范围。

三、2020 年《能源法（征求意见稿）》的主要内容

2017 年以来，在原国务院法制办公室、司法部的指导下，国家发展改革委、国家能源局组织成立了专家组和工作专班对《能源法（送审稿）》修改稿进一步修改完善，形成新的《能源法

---

[1] 蔡守秋："能源法：立法助解能源之结"，载《人民法院报》2006 年 2 月 27 日，第 B01 版。

[2] 莫神星："探讨我国能源法的基本原则"，载《资源节约型、环境友好型社会建设与环境资源法的热点问题研究——2006 年全国环境资源法学研讨会论文集（二）》。

（征求意见稿）》。2020 年 4 月 3 日，国家能源局向社会公开该稿征求意见。该稿共 11 章，除总则和附则外，包括了能源战略和规划、能源开发与加工转换、能源供应与使用、能源市场、能源安全、科技进步、国际合作、监督管理、法律责任 9 个章节。

《能源法（征求意见稿）》将保障能源安全、优化能源结构、提高能源效率、促进能源高质量发展作为立法目的，并突出能源开发利用应当与生态文明相适应，贯彻创新、协调、绿色、开放、共享发展的理念，调整和优化能源产业结构和消费结构，具体表现为优先发展可再生能源，安全高效发展核电，提高非化石能源比重，推动化石能源的清洁高效利用和低碳化发展。总则部分强化了政府扶持农村能源、能源市场化、标准化、节约能源、环保和国际合作的能源治理能力。《能源法（征求意见稿）》中较为特色的制度和原则主要有：

第一，能源战略规划制度。国家能源战略应当规定国家能源发展的战略思想、战略目标、战略布局和战略重点等内容。全国综合能源规划应当依据国民经济和社会发展规划及国家能源战略编制，并与有关规划相衔接。全国综合能源规划由国务院能源主管部门组织编制，经国务院发展改革部门审核后报国务院批准实施。国家根据能源战略编制并实施能源规划，保障国家能源战略的实现。能源规划包括综合能源规划、分领域能源规划和区域能源规划等。分领域能源规划和区域能源规划应当服从综合能源规划。分领域能源规划与区域能源规划应当相互协调。县级以上人民政府应当将能源发展纳入国民经济和社会发展规划、年度计划。编制能源规划应当征求有关单位、专家和公众的意见，进行科学论证。能源规划依法应当进行环境影响评价的，依照国务院批准的范围实施。

第二，安全、绿色开发、利用。从事能源开发、加工转换活动的单位和个人应当遵守法律、行政法规有关安全生产、职业健康、环境保护的规定，加强安全生产管理，降低资源消耗，控制和防治污染，减少温室气体排放，保护生态环境。能源生产、供应设施和场所应当有符合安全要求的隔离区或者保护区。任何单位和个人不得从事危及相关设施、设备和场所安全的活动。地方各级人民政府应当依法保护本行政区域内石油、天然气、热力、电力输送管网等能源基础设施的安全。煤炭、石油和天然气的开发和加工转换应当遵循安全、绿色、集约和高效的原则，提高资源回采率和清洁高效开发利用水平。国家优化煤炭开发布局和生产结构，推进煤炭安全绿色开采，鼓励发展矿区循环经济，促进煤炭清洁高效利用，适当发展煤制燃料和化工原料。

第三，能源安全保障。国家统筹协调能源安全，将能源安全战略纳入国家安全战略，优化能源布局，加强能源安全储备和调峰设施建设，增强能源供给保障和应急调节能力，完善能源安全和应急制度，全面提升能源安全保障能力。国家保障能源有效供给，满足国计民生的基本需求。能源生产、供应企业应当按照法律、行政法规和能源供应合同，按时按量供应能源，不得擅自中断或者停止能源供应，不得擅自提高价格、减少供应数量。国家按照政府储备与企业储备相结合、储备与产供储销体系相衔接的原则，建立石油、天然气、煤炭等能源安全储备体系，科学设置储备规模，持续优化品类结构，不断提升储备效能。国务院能源主管部门应当密切跟踪国际、国内能源市场，建立健全预测预警机制，提高应急能力。国家加强能源行业应急能力建设，健全完善能源应急协调联动机制，建立能源应急制度，应对能源供应严重短缺、供应中断以及其他能源突发事件，维护基本能源供应和消费秩序，保障经济平稳运行。

第四，依托科技。国家鼓励和促进能源科技创新，推动建立企业为主体、市场为导向、产学研相结合的能源科技创新体系，采取措施促进能源新技术、新产品和新设备的研发、示范、推广和应用。县级以上人民政府及其有关部门组织对能源领域取得原始创新、集成创新以及引进消化吸收再创新的突出成果的推广应用。国家支持能源资源勘探开发、能源加工转换、能源传输配送、能源清洁和综合利用、节能减排以及能源安全生产等技术的创新研究和开发应用。国务院有关部门应当支持建立能源研发创新平台，依托重大能源工程，集中开展科技攻关活动。国务院和省级教育行政部门及相关部门，应支持、指导高等学校和职业院校结合国务院能源主管部门提出的能源相关专业人才培养需求，开展能源领域紧缺人才的培养，鼓励高等学校、职业院校、科研机构与企业合作培养能源相关专业人才。县级以上人民政府及其能源、科技主管部门应积极开展能源科技知识普及活动，支持社会中介机构等有关单位和个人从事能源科技咨询与服务，提高全民能源科技知识和科学用能水平。

第五章　草原资源保护法

第一节　草原资源保护法

一、草原概念的界定

草原包括天然草地、改良天然草地和人工草地，它是一种植被类型，通常分布在年降水量 200mm—300mm 的栗钙土、黑钙土地区，由旱生或中旱生草本植物组成草本植物群落，其优势植物是多年生、丛生或根茎型禾草和一些或多或少具有耐旱能力的各种杂草。[1]草原资源是由多年生的各类草本、稀疏乔、灌木为主体组成的陆地植被及其环境因素构成的，具有一定的数量、质量、时空结构特征，有生态、生产多种功能，是主要用作生态环境维系和畜牧业生产的一种自然资源。[2]草原资源是指包含天然、人工、副产品饲草料资源的总体。我国《草原法》对草原的定义为：天然草原和人工草地。天然草原包括草地、草山和草坡；人工草地包括改良草地、退耕还草地，不包括城镇草地。

草原与森林同为地表植物群落，均是由土地、气候、生物等自然因素组合而成的综合体，除了空间表面特征有别，其他性能

---

〔1〕 刘娟、朱兆荣主编：《畜牧兽医行政法学》，中国农业大学出版社 2005 年版，第 44 页。

〔2〕 王文革主编：《自然资源法——理论·实务·案例》，法律出版社 2016 年版，第 228 页。

皆具有相似性，如可再生性、区域性、有限性等。

二、草原资源的生态意义

我国国家统计局 2017 年统计草原总面积为 392 832.67 千公顷，累计种草保留面积为 19 035.97 千公顷，当年新增种草面积为 6119.06 千公顷。"草原，地球陆地上第二大的生态系统，它是阻止沙漠蔓延的天然屏障，也是人类游牧生活的发源地。中国的草原，是欧亚大草原的重要组成部分。这个脆弱但宝贵的生态系统，是生活在这里的所有‘居民’必须珍惜的最后家园。"[1]草原是我国生态安全的重要屏障、食物安全的有力保障、大农业协调发展的坚实基础、传承草原文化的主要母体、民族团结和边疆长治久安的有力保证。[2]草原既是牧民的基本生产资料，又是生态保护的屏障。草原作为地球的"皮肤"，在防风固沙、涵养水源、保持水土、固氮释氧、净化空气和维护生物多样性等方面具有十分重要的作用。[3]因此，保护、建设和合理利用草原，对国民经济和社会发展具有十分重要的战略意义，实施草原保护建设项目是维护国家生态安全、建设环境友好型社会的战略举措，是我国生态文明建设的必然选择。

三、我国草原资源面临的危机

草原生态系统十分脆弱，任何自然因素和人为因素都会打破草原的生态平衡、逆向演替，造成草原资源的退化。具体的表现

---

〔1〕　刘娜等：《家园：生态多样性的中国》，商务印书馆 2018 年版，第 14 页。

〔2〕　马林、张扬："中国草原生态文明建设的思路及对策探讨"，载《财经理论研究》2017 年第 6 期。

〔3〕　白晓雷、王月华、张寒冰：《农林业发展与食品安全》，吉林人民出版社 2017 年版，第 205 页。

是：产量降低，草群植被稀疏，种群成分改变，饲用价值下降，同时其所生长环境的荒漠化加剧，草原再生能力变差。如 20 世纪 60 年代初，内蒙古草原出现退化，随即牲畜数量明显下降。20 世纪 70 年代，内蒙古的伊克昭盟、赤峰、哲里木等地都出现了严重的沙漠化现象。20 世纪 80 年代，以草原为栖息地的动物活动区域北迁或绝迹，数量减少。20 世纪 90 年代，青藏高原出现沙丘……[1]与此同时，草原鼠害、虫害、火灾等不断发生，加剧了草原资源的流失速度。

虽然我国是一个草原资源大国，拥有各类天然草原近 4 亿公顷，主要分布在内蒙古、新疆、西藏、宁夏、四川和青海等自治区、省，草原总面积位居世界第一，但人均占有草原面积只有0.33 公顷，仅为世界平均水平的一半。近年来，随着国际国内对环境问题的重视，草原的保温、保水、防风、抗蚀等生态环境功能走进公众视野。草原资源的稀缺性与我国面临的产草量下降、水土流失、生物多样性丧失等问题，使党和政府高度重视草原资源的保护与修护，以巩固我国的绿色生态屏障。

四、草原资源保护法与我国草原生态文明建设

（一）草原资源保护法

草原资源保护法是调整在保护、管理、建设和合理利用草原过程中所发生的各种社会关系的法律规范的总称。[2]

（二）我国草原生态文明建设

草原生态文明是人类文明的一种形态，是人类在处理与草原

---

〔1〕参见侯向阳主编：《中国草地生态环境建设战略研究》，中国农业出版社 2005 年版，第 269—270 页。
〔2〕参见魏学红、孙磊主编：《草业政策与法规》，中国农业大学出版社 2016 年版，第 39 页。

的自然关系时所达到的文明程度，是人类社会与草原生态环境和谐共生、良性发展的状态。主要是人们致力于促进人与草原协调和谐、草原资源永续利用、草原生态环境世代美好的过程中，取得的物质、精神、制度等方面的成果。[1] 当前的草原生态文明是在草原生态危机的基础上，反思传统发展观念等而进行的理性选择，是可以促进草原文明形态和草原文明发展理念、道路和模式有重大进步的高级文明形态，是以草原生态保护、生态修复、生态补偿及生态产业为主要特征的文明形态。[2] 2015 年的中央一号文件提出了发展生态草牧业的新理念，进一步加大了对耕地、水、草原、水域和滩涂等的保护。2016 年的中央一号文件也提出实施新一轮的草原生态保护补助奖励政策，适当提高补奖标准，并且扩大退耕还林还草规模和退牧还草工程实施范围。[3] 我国确立"科学规划、全面保护、重点建设、合理利用"的方针，以加强草原资源保护。在法律制度上，我国确立了草原承包经营制度，深化了草原保护机制体制，并加以进步和创新。推行和强化了草原科学利用制度，通过加强草原生态环境保护、禁止过度放牧、严惩人为破坏等方面的制度设计，促进了草原科学、合理地利用。

五、草原生态补奖机制与草原生态畜牧业经济建设

我国草原主要划分成四块，即青藏草原区、东北草原区、新疆草原区和蒙甘宁草原区，主要分布区是北方与西部各省，从行

---

〔1〕　王关区、吴晶英："草原生态文明内涵与目标的探讨"，载《理论研究》2019年第 2 期。

〔2〕　荣开明："论生态文明建设的三个基本问题"，载《孝感学院学报》2011 年第 1 期。

〔3〕　杨旭东、杨春、孟志兴："我国草原生态保护现状、存在问题及建议"，载《草业科学》2016 年第 9 期。

政区来看，主要位于四川、吉林、河北、甘肃、山西、陕西、黑龙江、青海、辽宁、内蒙古、新疆和宁夏 12 个省、自治区。西部 12 个省、自治区的草原面积为 3.29 亿公顷，是全国总草原面积的 83.9%。[1] 2011 年 8 月，国务院召开全国牧区工作会议，会议讨论并依据《国务院关于促进牧区又好又快发展的若干意见》，对牧区发展以及草原保护建设工作进行总体部署，决定自 2011 年起，在全国畜牧业重点省、自治区，包括四川、青海、甘肃、云南、新疆、内蒙古、西藏和宁夏 8 个省、自治区，全面实施草原生态补奖机制，推行禁牧、休牧制度，确保草畜平衡，推动草原畜牧业转型升级。从 2012 年开始，逐步将覆盖范围扩展至东北三省、河北以及山西省，并且，国家财政计划年均投入 140 亿元，用于发放草畜平衡补奖、禁牧补助以及牧民的生产性补贴，该举措使 1600 余万牧民受益。

六、以科技为支撑提高草原生产力

截至 2013 年，全国牧区加工、销售商品草约为 600 万吨，草业产值超过 3000 亿元，草产业的产值得到大幅度提升。同时，种质资源保存基础扎实。全国保存牧草种质材料 5.1 万份，在数量上和质量上均有显著提升。审定登记草品种 475 个，一些新品种的生产性能已经达到国际先进水平，特别是在技术规范方面，已有种质资源保护、生产技术、品种试验、产品检验、植保和质量评价等已经取得 50 余项国家及行业标准。另外，各级草原站强化推广新品种和新技术，将先进、实用的生产技术融入牧草种植，在每年新增的牧草种植面积中，有 90% 以上采用了新品种和

---

〔1〕 于茜、马军："跨区域草原生态文明共享问题研究"，载《绿色科技》2017年第 10 期。

新技术。[1]

七、退牧还草工程

2003 年国务院决定对青海、甘肃、四川、云南、宁夏、西藏、内蒙古、新疆（含新疆生产建设兵团）8 个省、自治区启动退牧还草工程。2015 年 4 月 25 日，《中共中央、国务院关于加快推进生态文明建设的意见》明确指出要 "严格落实禁牧休牧和草畜平衡制度……加大退牧还草力度，继续实行草原生态保护补助奖励政策"，退牧还草工程实施范围从原有的 8 个省、自治区扩大到包括辽宁、吉林、黑龙江、陕西、贵州在内的 13 个省、自治区。2003—2015 年国家财政累计对退牧还草工程投入了 200 余亿元。

第二节　我国草原资源立法沿革

1953 年中央人民政府批准的《中央人民政府民族事务委员会第三次（扩大）会议关于内蒙古自治区及绥远，青海，新疆等地若干牧业区畜牧业生产的基本总结》中规定："保护培育草原，划分与合理使用牧场、草场。""在半农半牧或农牧交错地区，以发展牧业生产为主，为此采取保护牧场禁止开荒的政策。" 1960 年国家颁布的《全国农业发展纲要》中规定："在牧区要保护草原，改良和培植牧草，特别注意开辟水源。" 1965 年，我国草地管理建起了新制度，牧区牲畜发展到 7400 多万头，畜产品商品量大幅度增长，牧民生活水平显著提高。[2]

---

〔1〕 马林、张扬："中国草原生态文明建设的思路及对策探讨"，载《财经理论研究》2017 年第 6 期。

〔2〕 王文革主编：《自然资源法——理论·实务·案例》，法律出版社 2016 年版，第 230 页。

党的十一届三中全会以来，党和国家重申了保护、建设草原的方针政策。1979 年《中共中央关于加快农业发展若干问题的决定》中规定："加强草原和农区草山草坡的建设，兴修水利，改良草种，合理利用草场，实行轮流放牧，提高载畜量。" 1979 年《环境保护法（试行）》第 14 条规定："保护和发展牧草资源。积极规划和进行草原建设，合理放牧，保持和改善草原的再生能力，防止草原退化，严禁滥垦草原，防止草原火灾。"有学者评价这是我国首次系统规定草原保护的措施。[1]为了加强草原的立法管理，国家有关部门从 1978 年开始草拟制定我国第一部草原法，后于 1985 年第六届全国人大常委会第十一次会议通过。《草原法》后于 2009 年、2013 年、2021 年经历三次修正，于 2002 年经历一次修订。1993 年，国务院发布《草原防火条例》（后于 2008 年修订）。与此同时，青海、黑龙江、河北、内蒙古、新疆、宁夏等省、自治区和一些地、州、县（旗）也制定了本地方的"草原管理条例"或保护草原的通令、布告等法规，并公布施行，如《内蒙古自治区草原管理条例》及其实施细则等。这标志着我国草原管理和建设进入了一个有草原立法做保障的发展新阶段。

2000 年，《国务院关于禁止采集和销售发菜制止滥挖甘草和麻黄草有关问题的通知》和《国务院关于进一步做好退耕还林还草试点工作的若干意见》发布。2002 年，国务院颁布《国务院关于加强草原保护与建设的若干意见》。2003 年，国务院发布《中国 21 世纪初可持续发展行动纲要》。2004 年《农业部关于严禁开垦和非法征占用草原的紧急通知》发布。2005 年农业部发布《草畜平衡管理办法》。2011 年，国家发展改革委会同农业部、财政

----

〔1〕 佟占军等编著：《农村生态环境法律研究》，知识产权出版社 2016 年版，第 99 页。

部印发《关于完善退牧还草政策的意见》。除此之外，相关的法律法规还有《土地管理法》《防沙治沙法》《水土保持法》《种子法》《自然保护区条例》《野生植物保护条例》等。

改革开放至今，我国草原制度建设的成果丰硕，逐步形成以《草原法》为基础，以相关政策、规章为支撑，以一系列法律、法规为补充的草原制度体系。

第三节　我国草原资源法内容

一、草原权属制度

（一）草原所有权

草原所有权是指草原法律关系的主体依法对草原的占有、使用、收益、处分的权利。《宪法》第9条第1款规定："矿藏、水流、森林、山岭、草原、荒地、滩涂等自然资源，都属于国家所有，即全民所有；由法律规定属于集体所有的森林和山岭、草原、荒地、滩涂除外。"《草原法》第9条规定："草原属于国家所有，由法律规定属于集体所有的除外。国家所有的草原，由国务院代表国家行使所有权。任何单位或者个人不得侵占、买卖或者以其他形式非法转让草原。"因此，我国的草原所有权有两种表现形式：一是属于国家所有，二是属于集体所有。

（二）草原使用权

1. 草原使用权的登记制度

国家所有的草原，可以依法确定给全民所有制单位、集体经济组织等使用，依法登记的草原所有权和使用权受法律保护，任何单位或者个人不得侵犯。使用草原的单位，应当履行保护、建设和合理利用草原的义务。依法确定给全民所有制单位、集体经济组织等使用的国家所有的草原，由县级以上人民政府登记，核发使用权证，确认草原使用权；未确定使用权的国家所有的草原，由县级以上人民政府登记造册，并负责保护管理。

集体所有的草原，由县级人民政府登记，核发所有权证，确认草原所有权。依法改变草原权属的，应当办理草原权属变更登记手续。

2. 草原承包权

集体所有的草原或者依法确定给集体经济组织使用的国家所有的草原，可以由本集体经济组织内的家庭或者联户承包经营。在草原承包经营期内，不得对承包经营者使用的草原进行调整；个别确需适当调整的，必须经本集体经济组织成员的村（牧）民会议 2/3 以上成员或者 2/3 以上村（牧）民代表的同意，并报乡（镇）人民政府和县级人民政府草原行政主管部门批准。

集体所有的草原或者依法确定给集体经济组织使用的国家所有的草原由本集体经济组织以外的单位或者个人承包经营的，必须经本集体经济组织成员的村（牧）民会议 2/3 以上成员或者 2/3 以上村（牧）民代表的同意，并报乡（镇）人民政府批准。

承包经营草原，发包方和承包方应当签订书面合同。草原承包合同的内容应当包括双方的权利和义务、承包草原四至界限、面积和等级、承包期和起止日期、承包草原用途和违约责任等。承包期届满，原承包经营者在同等条件下享有优先承包权。承包经营草原的单位和个人，应当履行保护、建设和按照承包合同约定的用途合理利用草原的义务。

草原承包经营权受法律保护，可以按照自愿、有偿的原则依法转让。草原承包经营权转让的受让方必须具有从事畜牧业生产的能力，并应当履行保护、建设和按照承包合同约定的用途合理利用草原的义务。草原承包经营权转让应当经发包方同意。承包方与受让方在转让合同中约定的转让期限，不得超过原承包合同剩余的期限。

二、草原统一规划制度

国家对草原保护、建设、利用实行统一规划制度。草原保护、建设、利用规划应当包括：草原保护、建设、利用的目标和措施，草原功能分区和各项建设的总体部署，各项专业规划等。草原保护、建设、利用规划应当与土地利用总体规划相衔接，与环境保护规划、水土保持规划、防沙治沙规划、水资源规划、林业长远规划、城市总体规划、村庄和集镇规划以及其他有关规划相协调。

国务院草原行政主管部门会同国务院有关部门编制全国草原保护、建设、利用规划，报国务院批准后实施。县级以上地方人民政府草原行政主管部门会同同级有关部门依据上一级草原保护、建设、利用规划编制本行政区域的草原保护、建设、利用规划，报本级人民政府批准后实施。

编制草原保护、建设、利用规划，应当依据国民经济和社会发展规划并遵循下列原则：①改善生态环境，维护生物多样性，促进草原的可持续利用；②以现有草原为基础，因地制宜，统筹规划，分类指导；③保护为主、加强建设、分批改良、合理利用；④生态效益、经济效益、社会效益相结合。

三、草原调查与统计制度

（一）草原调查与评级制度

县级以上人民政府草原行政主管部门会同同级有关部门定期进行草原调查；草原所有者或者使用者应当支持、配合调查，并提供有关资料。国家建立草原生产、生态监测预警系统。县级以上人民政府草原行政主管部门对草原的面积、等级、植被构成、生产能力、自然灾害、生物灾害等草原基本状况实行动态监测，及时为本级政府和有关部门提供动态监测和预警信息服务。

国务院草原行政主管部门会同国务院有关部门制定全国草原等级评定标准。县级以上人民政府草原行政主管部门根据草原调查结果、草原的质量，依据草原等级评定标准，对草原进行评等定级。

（二）草原统计制度

草原统计资料是各级人民政府编制草原保护、建设、利用规划的依据。县级以上人民政府草原行政主管部门和同级统计部门共同制定草原统计调查办法，依法对草原的面积、等级、产草量、载畜量等进行统计，定期发布草原统计资料。

四、草原治理制度

（一）专项治理

对退化、沙化、盐碱化、石漠化和水土流失的草原，地方各级人民政府应当按照草原保护、建设、利用规划，划定治理区，组织专项治理。大规模的草原综合治理要列入国家国土整治计划。

（二）草种管理

国家鼓励与支持人工草地建设、天然草原改良和饲草饲料基地建设，稳定和提高草原生产能力。县级以上人民政府应当按照草原保护、建设、利用规划加强草种基地建设，鼓励选育、引进、推广优良草品种。县级以上人民政府草原行政主管部门应当依法加强对草种生产、加工、检疫、检验的监督管理，保证草种质量。新草品种必须经全国草品种审定委员会审定，由国务院草原行政主管部门公告后方可推广。另外，从境外引进草种必须依法进行审批。

（三）灾害防治

1. 防火建设

草原防火工作贯彻预防为主、防消结合的方针。各级人民政府应当建立草原防火责任制，规定草原防火期；制定草原防火扑火预案，切实做好草原火灾的预防和扑救工作。县级以上人民政府应当有计划地进行火情监测、防火物资储备、防火隔离带等草原防火设施的建设，确保防火需要。

2. 病虫害防治

县级以上地方人民政府应当做好草原鼠害、病虫害和毒害草防治的组织管理工作。县级以上地方人民政府草原行政主管部门应当采取措施，加强草原鼠害、病虫害和毒害草监测预警、调查以及防治工作，组织研究和推广综合防治的办法。

五、草原合理利用制度

（一）合理利用

草原载畜量标准和草畜平衡管理办法由国务院草原行政主管部门规定。草原承包经营者应当合理利用草原，不得超过草原行政主管部门核定的载畜量；草原承包经营者应当采取种植和储备饲草饲料、增加饲草饲料供应量、调剂处理牲畜、优化畜群结构、提高出栏率等措施，保持草畜平衡。牧区的草原承包经营者应当实行划区轮牧，合理配置畜群，均衡利用草原。

县级以上地方人民政府草原行政主管部门对割草场和野生草种基地应当规定合理的割草期、采种期以及留茬高度和采割强度，实行轮割轮采。

（二）占用审批制与征收、征用补偿

1. 占用审批制

进行矿藏开采和工程建设，应当不占或者少占草原；确需征收、征用或者使用草原的，必须经省级以上人民政府草原行政主管部门审核同意后，依照有关土地管理的法律、行政法规办理建设用地审批手续。临时占用草原的期限不得超过二年，并不得在临时占用的草原上修建永久性建筑物、构筑物；占用期满后，用地单位必须恢复草原植被并及时退还。需要临时占用草原的，应当经县级以上地方人民政府草原行政主管部门审核同意。

2. 征收、征用补偿

因建设征收、征用集体所有的草原的，应当依照《土地管理法》的规定给予补偿；因建设使用国家所有的草原的，应当依照国务院有关规定对草原承包经营者给予补偿。因建设征收、征用或者使用草原的，应当交纳草原植被恢复费。草原植被恢复费专款专用，由草原行政主管部门按照规定用于恢复草原植被，任何单位和个人不得截留、挪用。草原植被恢复费的征收、使用和管理办法，由国务院价格主管部门和国务院财政部门会同国务院草原行政主管部门制定。

（三）利用保护

首先，在草原上种植牧草或者饲料作物，应当符合草原保护、建设、利用规划，县级以上地方人民政府草原行政主管部门应当加强监督管理，防止草原沙化和水土流失。其次，在草原上开展经营性旅游活动，应当符合有关草原保护、建设、利用规划，并不得侵犯草原所有者、使用者和承包经营者的合法权益，不得破坏草原植被。

六、基本草原保护制度

(一) 基本保护

国家实行基本草原保护制度，具体保护的办法由国务院制定。基本草原是指：重要放牧场；割草地；用于畜牧业生产的人工草地、退耕还草地以及改良草地、草种基地；对调节气候、涵养水源、保持水土、防风固沙具有特殊作用的草原；作为国家重点保护野生动植物生存环境的草原；草原科研、教学试验基地；国务院规定应当划为基本草原的其他草原。

(二) 保护措施

(1) 合理放牧。国家对草原实行以草定畜、草畜平衡制度。县级以上地方人民政府草原行政主管部门应当按照国务院草原行政主管部门制定的草原载畜量标准，并结合当地实际情况，定期核定草原载畜量。各级人民政府应当采取有效措施，防止超载过牧。

(2) 禁止开垦草原。对水土流失严重、有沙化趋势、需要改善生态环境的已垦草原，应当有计划、有步骤地退耕还草；已造成沙化、盐碱化、石漠化的，应当限期治理。

(3) 部分地区退耕还草、禁牧休牧、破坏禁止。对严重退化、沙化、盐碱化、石漠化的草原和生态脆弱区的草原，实行禁牧、休牧制度。国家支持依法实行退耕还草和禁牧、休牧，对在国务院批准规划范围内实施退耕还草的农牧民，按照国家规定给予粮食、现金、草种费补助。退耕还草完成后，由县级以上人民政府草原行政主管部门核实登记，依法履行土地用途变更手续，发放草原权属证书。禁止在荒漠、半荒漠和严重退化、沙化、盐碱化、石漠化、水土流失的草原以及生态脆弱区的草原上采挖植物和从事破坏草原植被的其他活动。

（4）禁止在草原上使用剧毒、高残留以及可能导致二次中毒的农药。

（三）草原自然保护区

国务院草原行政主管部门或者省、自治区、直辖市人民政府可以按照自然保护区管理的有关规定在下列地区建立草原自然保护区：具有代表性的草原类型；珍稀濒危野生动植物分布区；具有重要生态功能和经济科研价值的草原。

第四节 国外草原资源保护法律政策简述

18 世纪，英国议会通过数百条圈地法令，在合法废除封建制度下的公有地制度同时，变耕地为牧场，同时也加快荒地和泥沼的牧场化。欧洲其他国家也出现了变耕为牧的情况，如德国在 1929 年制定了《草场控制法规》，挪威在 1939 年制定了《放牧控制条例》……在大洋彼岸的美洲大陆，由于殖民者的滥垦滥牧和 20 世纪 30 年代的三次黑风暴，在 1916 年内布拉斯加州的《家畜饲养土地法》后，美国联邦政府于 1934 年通过《泰勒放牧法》，1936 年又制定《草原保护计划》。[1]

一、美国的草原保护法律政策

（一）法律方面

1934 年《泰勒放牧法》开启了公共草地持证经营的管理模式[2]。美国虽然没有制定一部特别的草原法，从总体上对草原使用、管理等各方面作出相关规定，但针对草原管理方面的突出

---

〔1〕 参见施文正：《施文正自选集：法学理论与实践》，内蒙古大学出版社 2017 年版，第 333—334 页。

〔2〕 参见李毓堂："草地立法和草地管理"，载《中国草原》1985 年第 3 期。

问题制定了一系列普通法，如 1978 年颁布的《公共草地改良法》、1994 年颁布的《草地革新法》等，其指向性和有效性较强。将草原视为重要的生产资料的同时，美国高度关注草原的自然生态属性，并将草原作为重要的自然资源和环境影响因子来加以保护和管理[1]。1960 年颁布的《多用途持续生产法》、1964 年颁布的《自然保护区法》、1969 年颁布的《国家环境政策法》、1973 年颁布的《濒危物种法》、1976 年颁布的《联邦土地政策与管理法》、1977 年颁布的《清洁水法》、1978 年颁布的《公共草地改良法》、1994 年颁布的《草地革新法》等法律[2]中，都有保护草原等自然资源的内容，并对美国草原保护建设产生了深远影响。尤其是 1969 年颁布的《国家环境政策法》，首次提出了环境影响评价制度，将人与环境和谐共处的关系法律化，为加强草原保护建设提供了法律支撑，也为草原生态评价和预警技术的发展与应用打下了坚实基础。[3]

（二）草原扶持政策

美国草原资源中 40% 由国家所有，60% 是私有的。国家所有的天然草原主要通过租赁方式由私人承包使用；对私有草原，政府则通过鼓励草原科学利用试验研究与示范，使研究成果得到推广和应用。[4]美国农业部自然资源保护署实施的重大政策项目主要有三项：退耕（牧）还草项目、放牧地保护计划、环境质量激

---

〔1〕　杨振海等："美国草原保护与草原畜牧业发展的经验研究"，载《世界农业》2015 年第 1 期。

〔2〕　戎郁萍、白可喻、张智山："美国草原管理法律法规发展概况"，载《草业学报》2007 年第 5 期。

〔3〕　杨振海等："美国草原保护与草原畜牧业发展的经验研究"，载《世界农业》2015 年第 1 期。

〔4〕　参见图丁、徐百志："国外草原畜牧业发展经验与启示"，载《中国畜牧业》2012 年第 17 期。

励项目。退耕（牧）还草项目始于 1985 年，目的是通过退耕
（牧）还草减少水土流失和农业面源污染，主要措施是在退耕
（牧）还草期间实行严格的土地禁用制度并对农牧民进行补贴
（在特别干旱的年份，为减少损失允许农牧民在限定范围内进行
适度利用）。补贴标准根据农田或草地的生产水平具体决定，但
每户一年的补贴最多不超过 3 万美元。

（三）草原普查与以"生态单元"为单位的分类管理

在草原监测方面，美国农业部采取全面普查和重点监测的方
式，动态跟踪全国草原生态和生产力状况。草原普查 5 年开展一
次，由美国农业部具体组织实施，对草原情况进行全面摸底调
查。2000 年，美国农业部开始开展草原重点监测工作，设立 80
万个草原遥感监测点用于了解总体情况，设立 4 万个固定监测点
开展实地监测。此外，美国每年从重点监测地区取样 4 万份，并
采取轮换监测的办法从不同样地采样 3 万份用于精确性测定或校
准，其余区域草原情况根据同类型或相近类型监测样地数据通过
统计模型进行预测。据统计，美国草原监测样地面积占全国草原
面积的 1%—2%，持续实施、覆盖面广的草原监测工作为研究制
定科学草原政策、指导草原畜牧业生产打下了良好基础。

美国将每个草原生态区的信息录入数据库并在互联网上公
开，包括生态区的位置、类型、编号等，为农牧民和政府部门科
学管理牧场提供了精准的参考。在土壤和植被调查的基础上，为
方便草地资源管理，美国将草场生态类型细分至"生态单元"，
并据此对草场的管理进行分类指导。"生态单元"是指根据气候、
土壤、植被等条件划分的草地管理单元。[1]

---

[1] 杨振海等："美国草原保护与草原畜牧业发展的经验研究"，载《世界农业》2015 年第 1 期。

二、加拿大草原保护管理政策

加拿大对草原载畜量控制十分严格，规定天然草场利用率不得超过产草量的 50%—60%，人工草场利用率不得超过产草量的 80%。各地草场按照草原状况确定适宜载畜量标准，规定的载畜量较低，即便达到核定载畜量的上限，也不会对草原造成破坏。草原区农场恢复局的工作人员介绍，通常情况下，草原放牧后与放牧前相比几乎没有变化为适宜。如果载畜量和放牧强度超过了规定的标准，国家有权进行干预，收回租给私人的草场。[1]

三、大洋洲草原保护相关政策

（一）澳大利亚

澳大利亚是世界天然草原面积第二大的国家，草原面积约 3.19 亿公顷，牧场面积占世界牧场总面积的 12.4%，天然草场占国土面积的 55%。澳大利亚重视人工草地和草地改良，拥有人工草地 2667 万公顷，在全世界处于领先地位。澳大利亚在草原改良方面主要采取补播、施肥、灌溉等措施。由于草原改良和建立人工草地，澳大利亚牧草产量高，质量好。在平衡畜牧业发展与草原生态保护方面，澳大利亚政府采取确定草原的载畜量、划区轮牧和季节牧休的方式。

首先，合理载畜，防止草原荒漠化。澳大利亚的牧场主根据拥有草原的产草量，确定牲畜的合理饲养规模。其次，实行划区轮牧。牧场将草原划分为两部分，一部分是放牧场，另一部分是人工草地。划区轮牧就是将放牧场分成若干季节牧场，再在一个

---

〔1〕 时彦民、左玲玲、陈会敏："加拿大草原管理启示"，载《中国牧业通讯》2006 年第 1 期。

季节牧场内分成若干轮牧小区，然后按一定次序逐区放牧，轮回利用。最后，季节牧休。澳大利亚的牧场在牧草返青到生长旺盛时期，仅用20%左右的小区放牧，其他小区全部禁牧，给牧草提供充分的生长发育机会，使其达到最大生物量，待牧草停止生长时，实行轮牧。

（二）新西兰的草场投资机制

新西兰政府为了充分发展畜牧业，对不同地区的草场实行不同的所有制形式和投资办法。凡是自然条件比较好的地方，草场均为牧场主私人所有，投资建设草场由私人负责，草场可以自由转卖；干旱、半干旱地区的荒漠草场多为国家所有，牧场主要通过合同租用，或者由国家土地开发公司建成可利用的草场后，再卖给牧场主。为了鼓励牧场主对草场进行开发和建设，国家曾经对大面积围栏、平整土地、大型水利工程等项目给予一定的投资补助，并发给低息或无息贷款。新西兰政府的这种做法改善了草原的整体状况，草原的载畜能力有所提高。对私人草场建设的优惠实行市场化原则，除保留少量的化肥补贴外，投资全部由私人负担。[1]

---

〔1〕 参见图丁、徐百志："国外草原畜牧业发展经验与启示"，载《中国畜牧业》2012年第17期。

第六章　海洋资源法

第一节　海洋资源法概述

一、海洋资源

(一) 海洋资源的界定

海洋资源是海洋中蕴藏的自然资源，包含了海水、海床、洋底的生物和非生物资源（海洋矿物资源、海水化学资源、海洋能源）。《地学辞典》将海洋资源定义为："海洋动力资源、海水化学资源、海洋生物资源、海洋水产资源和海洋矿产资源的总称。海洋水体中蕴藏着取之不尽的动力能源和化学能源，如利用潮汐、波浪、海流、温差等发电，从海水中提取各种化学元素及提取淡水。海洋生物与人类关系非常密切，对环境的保护和提供人类食物方面均有极其重要的作用。海底矿产资源和人类的经济关系更加密切，如铁锰结核和砂矿，海底石油和天然气及煤等。"[1]也有学者概括性地指出海洋资源是指在一定的技术经济条件下，海洋中一切能够为人类所利用的物质和能量。[2]

海洋矿物资源主要有石油、天然气、煤、铜、铁、钛、锰和黄金等。海水化学资源是指溶解在水中的矿物资源。海水中含有氯、镁、钾、钠、钨、铀、锂等70多种元素，其中，铀的含量

---

〔1〕 邓绶林主编：《地学辞典》，河北教育出版社1992年版，第1360页。
〔2〕 马英杰主编：《海洋环境保护法概论》，海洋出版社2012年版，第60页。

为陆地铀储量的几千倍。目前已从海水中提取出氯化钾、溴、碘、芒硝等40多种化工原料和产品。海洋生物资源也极为丰富，主要是海洋动物和海洋植物资源，如鱼类、贝、虾、蟹、兽、鲸等上万种动物资源，海带、紫菜等植物资源。海洋能源主要包括潮汐、温差、波力等能源。据估算，世界海洋潮汐能量约10亿千瓦，每年可发电126 400亿度；海洋储存着大量的太阳能，利用海水表层和深层之间的温差发电，具有良好的经济价值；海洋中还有大量的重水。海洋拥有极为丰富的自然资源，人类全面开发海洋资源，需要有较高的科学技术水平和生产力水平。[1]

（二）我国海洋资源开发利用情况

我国有约18 000公里的大陆海岸线，200多万平方公里的大陆架和6500多个岛屿，管辖海域面积近300万平方公里。[2]20世纪70年代初，美国的学者首先提出了"海洋经济"的用语，到了80年代，全世界都将海洋产业当作新的产业革命。[3]王泽宇等学者利用基于熵权的模糊相对隶属度模型对我国海洋资源开发进行综合测度，通过引入VAR模型来探究海洋资源开发与海洋经济增长之间的关系，其结果表明在2001年到2014年，我国海洋资源开发综合指数呈整体明显上升趋势。我国海洋资源开发与海洋经济增长存在显著相关性，但海洋经济增长与海洋资源开发趋势存在明显差异。

我国十分重视对海洋资源的开发与利用，就2019年度海洋资源开采利用数据来看，当年全国海洋生产总值89 415亿元，比

---

〔1〕 黄汉江主编：《投资大辞典——谨献给中华人民共和国成立40周年!》，上海社会科学院出版社1990年版，第1092页。

〔2〕 文辉：《城镇发展规划研究与实践》，中国经济出版社2013年版，第334页。

〔3〕 谭柏平："我国海洋资源保护法律制度研究"，中国人民大学2007年博士学位论文。

上年增长 6.2%，海洋生产总值占国内生产总值的比重为 9%，占沿海地区生产总值的比重为 17.1%。其中，海洋第一产业增加值 3729 亿元，第二产业增加值 31 987 亿元，第三产业增加值 53 700 亿元，分别占海洋生产总值比重的 4.2%、35.8% 和 60%。[1]

　　2019 年我国海洋渔业实现恢复性增长，养捕结构持续优化，全年实现增加值 4715 亿元，比 2018 年增长 4.4%。海洋油气业增储上产态势良好，其中海洋原油生产增速由负转正，扭转了 2016 年以来产量连续下滑的态势，实现产量 4916 万吨，比 2018 年增长 2.3%。海洋天然气产量持续增长，达到 162 亿立方米，比 2018 年增长 5.4%。海洋油气业全年实现增加值 1541 亿元，比 2018 年增长 4.7%。海洋矿产资源开采发展平稳，海砂、海底金矿开采有序推进，全年实现增加值 194 亿元，比 2018 年增长 3.1%。海洋盐业在当年也基本保持稳定，全年实现增加值 31 亿元，比 2018 年增长 0.2%。海洋生物医药自主研发成果也不断涌现，全年实现增加值 443 亿元，比上年增长 8%。此外，海洋电力业和滨海旅游业也都保持稳定发展状态，其中滨海旅游业持续较快增长，发展模式呈现生态化和多元化，全年实现增加值 18 086 亿元，比上年增长 9.3%。[2]

二、海洋生态问题、海洋生态文明与海洋资源法

　　虽然我国在对海洋资源的开发和利用上取得了一些成绩，但也存在必须正视的问题。以海洋捕捞业为例，近几十年来，随着我国渔船数量的不断增多、捕捞技术的不断更新以及人们追求利

---

　　[1]　"海洋经济总体运行情况"，载 http://www. nmdis. org. cn/c/2020-05-20/71609. shtml，最后访问日期：2020 年 6 月 29 日。

　　[2]　"区域海洋经济发展情况"，载 http://www. nmdis. org. cn/c/2020-05-20/71611. shtml，最后访问日期：2020 年 6 月 29 日。

益的欲望不断膨胀，我国的渔业曾出现过严重的过度捕捞现象。过度捕捞使我国海洋中的生物资源急剧减少，不仅违反了可持续发展的原则，还使我国海洋内的生物多样性以及海洋生态系统遭到破坏，与我国生态文明的理念严重相悖。另外，在我国大兴工业的几十年中，工业产生的大量废水以及废弃物往往随河流入海。目前我国排入海洋的工业污染物主要有石油、重金属以及含有氮、磷、钾、砷等元素的物质。这些工业污染物的排入量一旦超过海洋自身所能承担的数量，就会导致海水的富营养化。[1]从整体上看，海洋生态问题主要是两个方面的原因造成的：①人类大肆向海洋排放工业、生活污染物。人们在海洋资源的开发利用过程中往往不注重对海洋环境的保护，原因是当人们在某一具体的空间点向海洋排放污染物后，海洋以其巨大的容量和流动力将污染物逐渐稀释、带向远处，看上去无论排放多少污染物，似乎都在海洋的可承载范围之内。②由于海洋资源储备丰富，且人类科技水平有限，海洋在某种程度上仍属于人类生产活动不可知的神秘地带，这种主观对客观的模糊认知导致人们总是肆无忌惮地攫取海洋资源而不用担心海洋资源有一天是否会枯竭。由此可以看出，海洋生态问题更深层次的原因是海洋具有公地的属性，因而如无特别的约束，各国及地区在对海洋资源开采利用和海洋环境排污方面的态度只会再次陷入哈丁提出的"公地悲剧"。海洋生态文明是全球共同的话题，必须引起全人类的高度重视。1982年通过的《联合国海洋法公约》，自1994年11月16日生效以来，得到了普遍接受，各国纷纷在自己国家的海洋资源保护法中体现出公约精神，践行公约中的义务。

---

〔1〕 参见徐冰："我国海洋资源开发存在的主要问题及对策研究"，载《中国太平洋学会海洋维权与执法研究分会2016年学术研讨会论文集》。

　　海洋生态文明，是生态文明在海洋领域的具体表征，是沿海地区深入贯彻落实科学发展观、建设生态文明的重要内容。根据当前的生态文明理念以及海洋的特点，有学者提出海洋生态文明是对人海关系的认知、海洋开发与保护行为的规范、海洋管理体制、海洋经济运行方式、有关人海关系的物态和精神产品等方面的体制、决策、资源开发、环境保护、生活方式、生产方式、公众参与的有效性以及人海关系的和谐性。加强海洋生态文明建设，提升海洋可持续发展能力，已成为沿海地区贯彻落实科学发展观的当务之急，是全面推进国家生态文明建设的重要组成部分，也是建设海洋强国的重要内容，[1]这也直接促进了我国进一步完善海洋资源保护相关立法。海洋资源保护涉及海域范围、生物和非生物资源、海洋能源的合理开发与利用，我国虽无统一的海洋资源保护法，但相关法律对这些具体对象都各有侧重规定。

　　我国海洋资源保护法是由《海域使用管理法》《渔业法》等法律法规组成的法律规范集合。[2]海洋资源保护法作为各国保护海洋、合理开发利用海洋资源的法律依据，其本质是各国调整海洋资源开发利用与保护管理过程中所产生的法律关系的法律规范综合。

　　海洋资源保护法对于各国都具有非常重要的意义。"它是国家进行海洋资源管理的法律依据；是推动海洋资源工作发展的强大力量；是合理开发利用海洋资源，保护海洋环境和人体健康的法律武器；是协调经济社会发展和海洋资源保护的重要调控手

　　[1]　石洪华等：《基于海陆统筹的我国海洋生态文明建设战略研究——理论基础及典型案例应用》，海洋出版社2017年版，第4页。
　　[2]　参见于宜法等编著：《中国海洋基本法研究》，中国海洋大学出版社2010年版，第189页。

段；是提高公民海洋资源法制观念，促进公民参与海洋资源管理的好教材；是处理我国与别的国家之间的海洋关系，维护海洋资源权益的重要工具。"[1]从人类历史的发展来看，近代历史经济的飞速发展，源于人们从大河文明中走出，迈向了海洋文明，海洋及其资源对人类的发展至关重要；从现实中的各国利益来看，各国对海洋资源的争相开采，对各自海岸线、小岛屿主权的强硬态度，都是渴望获得更多海洋资源的基本表现。对于海洋这一全人类共有的资源来说，如能明确各国对其具体所有，则能在一定程度上保障海洋资源的开发利用不至于沦落于哈丁故事中的悲剧境地，联合国和各国政府法律所明确的守护海洋的义务也能更为实际地落实。

第二节　我国海洋资源立法沿革

一、中华人民共和国成立后海洋立法沿革

在有关海洋资源的立法上，我国对海洋资源的相关法律法规经历了从无到有，从重开发管理到以保护为重心的过程。1979 年国务院颁布了《水产资源繁殖保护条例》。1982 年 8 月 23 日，第五届全国人大常委会第二十四次会议审议通过《海洋环境保护法》，该法于 1983 年 3 月 1 日正式生效，后经历 1999 年修订，2013 年、2016 年和 2017 年三次修正。1982 年国务院颁布了《对外合作开采海洋石油资源条例》，1983 年国家颁布《海上交通安全法》，同年，国务院公布施行《海洋石油勘探开发环境保护管理条例》，1990 年 9 月 20 日，国家海洋局发布实施《海洋石油勘探开发环境保护管理条例实施办法》。这一系列的法律规定对海

---

[1]　参见戚道孟主编：《自然资源法》，中国方正出版社 2005 年版，第 79 页。

洋石油资源起到了一定的保护作用。1985 年 9 月 6 日，第六届全
国人大常委会第十二次会议批准我国加入《防止倾倒废物及其他
物质污染海洋的公约》。1985 年 3 月 6 日，国务院发布《海洋倾
废管理条例》，后经 2011 年、2017 年两次修订。1986 年发布实施
了《矿产资源法》《渔业法》，进一步加强了渔业资源的保护、增
殖、开发和合理利用，促进了渔业生产，保护了渔业生产者的合
法权益。1990 年 9 月 25 日，国家海洋局发布实施《海洋倾废管
理条例实施办法》。1990 年 6 月 25 日，国务院令第 62 号公布了
《防治海岸工程建设项目污染损害海洋环境管理条例》，后经 2007
年、2017 年和 2018 年三次修订，为加强海岸工程建设项目的环
境保护管理、保护和改善海洋环境发挥作用。1992 年 2 月 25 日
颁布施行《领海及毗连区法》。1995 年 5 月 29 日，国家海洋局发
布实施《海洋自然保护区管理办法》。1996 年 5 月 15 日，第八届
全国人大常委会第十九次会议决定批准《联合国海洋法公约》。
1996 年，中国制定《中国海洋 21 世纪议程》和行动计划。1996
年发表《政府关于中华人民共和国领海基线的声明》。1998 年 6
月 26 日，第九届全国人大常委会第三次会议通过了《专属经济
区和大陆架法》。2002 年 1 月 1 日《海域使用管理法》实施。
2003 年颁布了《港口法》等。2006 年 9 月 19 日，国务院令第
475 号公布了《防治海洋工程建设项目污染损害海洋环境管理
条例》，后经 2017 年和 2018 年两次修订，以减轻海洋工程建设
项目污染损害海洋环境，维护海洋生态平衡，保护海洋资源。
2007 年的《物权法》对海洋资源权属关系作出了原则性规定。
2009 年 9 月 9 日，国务院令第 561 号公布《防治船舶污染海洋
环境管理条例》，后经 2013 年 7 月及 12 月、2016 年、2017 年和
2018 年五次修订，期间 2014 年一次修正，以防止船舶及其有关
作业活动污染海洋环境。2020 年 5 月 28 日发布的《民法典》在

第 247 条规定，矿藏、水流、海域属于国家所有；第 248 条规定，无居民海岛属于国家所有，国务院代表国家行使无居民海岛所有权。

二、我国海洋资源的立法现状

我国虽未出台直接以"海洋资源保护"命名的法律，却在《宪法》基本原则和《联合国海洋法公约》指导下，形成了以海洋资源环境保护为主的一系列法律法规，通过规范开发、利用海洋资源的过程和防治开发过程中对海洋资源环境造成的损害，来切实保障海洋资源。从整体上看，我国现行海洋法律制度具有传统海洋产业单项法规较为完善、海洋环境保护立法快而健全、单项海洋法规协调非常困难等特点。[1]并且，从目前形势来看，有关海洋资源保护的具体规定分散于不同的法律法规之中，并不利于我国海洋资源的保护与管理。

第三节　我国海洋资源法内容

一、国家海洋资源主权原则

《联合国海洋法公约》第 193 条对国家海洋资源的开发主权权利作出规定："各国有依据其环境政策和按照其保护和保全海洋环境的职责开发其自然资源的主权权利。"该原则是指，各国不论大小，对本国范围内的海洋资源拥有在国内的最高处理权和国际上的自主性。一方面，国家对海洋资源拥有永久性主权，具体表现为占有权、处分权和使用权；另一方面，国家有权按自己

---

〔1〕　参见郑敬高等编著：《海洋行政管理》，中国海洋大学出版社 2001 年版，第141 页。

的意愿开发利用本国的海洋资源，同时负有保证自己在开采利用海洋资源时不至于损害其他国家海洋资源的权利和国际公有海洋权益。[1]

1992 年 2 月 25 日，《领海及毗连区法》确立了国家拥有领海、管理和使用领海及毗连区的基本法律制度及一些原则性规定；1996 年 5 月 15 日，《政府关于中华人民共和国领海基线的声明》宣布了大陆领海的部分基线和西沙群岛的领海基线；1998 年 6 月 26 日，《专属经济区和大陆架法》确立了我国专属经济区和大陆架法律制度的基础和原则。除上述法律外，我国维护海洋权益的重要法规还有《外国籍非军用船舶通过琼州海峡管理规则》《交通部海港引航工作规定》《铺设海底电缆管道管理规定》等。[2]

二、保护海洋生物多样性

我国法律法规积极保护海洋生物多样性。海洋生物多样性是指海洋中生命的多样性，包括海洋生物种内、种间的多样性及复杂的栖息地多样性，是伴随地球演化，经历了数十亿年海洋生物与海洋环境相互作用及生物间协同进化的结果。海洋生物多样性对人类的生存与持续发展具有极其重要的意义。[3]我国法律法规对海洋生物多样性的保护具体表现在对海洋生物生存环境的保护和物种多样性的维系上。

在对海洋生物生存环境的保护方面，1999 年 12 月 25 日，第

---

〔1〕 马英杰、田其云：《海洋资源法律研究》，中国海洋大学出版社 2006 年版，第 62—63 页。

〔2〕 参见王琪等：《中国海洋管理：运行与变革》，海洋出版社 2014 年版，第 62 页。

〔3〕 张士璀、何建国、孙世春主编：《海洋生物学》，中国海洋大学出版社 2017 年版，第 377 页。

九届全国人大常委会第十三次会议通过了修改后的《海洋环境保护法》，其中明确指出：为了保护和改善海洋环境，保护海洋资源，防治污染损害，维护生态平衡，保障人体健康，促进经济和社会的可持续发展，制定本法；要求对具有重要经济、社会价值的已遭到破坏的海洋生态，应当进行整治和恢复；国务院有关部门和沿海省级人民政府应当根据保护海洋生态的需要，选划、建立海洋自然保护区。《海洋自然保护区管理办法》《国家海域使用管理暂行规定》《海洋石油勘探开发环境保护管理条例》《防治船舶污染海洋环境管理条例》《海洋倾废管理条例》《海水水质标准》等法规和部门规章都对海洋生物生存环境污染防治作出规定，以确保海洋生物的可持续性。

在对海洋生物多样性的维系上，1992 年国家海洋局编制了"中国海洋生物多样性保护行动计划"，提出"维持丰富的海洋生物多样性，保护各种典型的海洋生态系统，保护和增加濒危和珍稀物种的资源量，促进海洋生物资源及其他资源的永续开发利用，使各种类型的海洋自然生态系统和自然景观能保持良好状态，保证海洋经济和沿海人民生活的持续发展"的战略目标。1993 年 1 月 5 日我国正式批准联合国《生物多样性公约》，而《野生动物保护法》《水生野生动物保护实施条例》的出台也对我国海洋生物多样性的维系发挥了重要作用。

三、海底矿产合理开发

海底矿藏丰富，蕴含了丰富的重金属、石油和天然气。我国《矿产资源法》规定了对矿产资源统一规划、合理布局、综合勘查、合理开采和综合利用的基本制度。《海域使用管理法》《矿产资源法》及相关的配套法规、规章都对海洋矿产资源开发、利用中的违法行为的法律责任作了规定。[1]其他具体规则体现在《对外合作开采海洋石油资源条例》《海洋环境保护法》《海上交通安全法》《海洋石油勘探开发环境保护管理条例》《海洋倾废管理条例》《防止拆船污染环境管理条例》《铺设海底电缆管道管理规定》《防治海岸工程建设项目污染损害海洋环境管理条例》《防治陆源污染物污染损害海洋环境管理条例》《领海及毗连区法》《涉外海洋科学研究管理规定》《专属经济区和大陆架法》《矿产资源法实施细则》等规范性文件中。

第四节 国外海洋资源法律、国际公约简述

一、《联合国海洋法公约》

1982 年《联合国海洋法公约》首次为合理管理海洋资源及为后代子孙保护海洋资源提供了一个通用的法律框架。世界大家庭很少以协商一致的方式实现如此彻底的变革。该公约作为自 1945 年批准《联合国宪章》以来最重要的国际成就而受到广泛欢迎。《联合国海洋法公约》于 1994 年 11 月 16 日正式生效，截至 2016 年 3 月，共有 167 个缔约国。我国于 1996 年 5 月 15 日批准加入《联合国海洋法公约》，此外，澳大利亚、英国、日本等国家也加入了该公约，但美国未加入该公约，因此美国不受该公约的约束。

《联合国海洋法公约》共 17 个部分，还有 9 个附件共计 446 条，是一部规模宏大的海洋法典，内容涉及海洋法的各个主要方面，包括内水和领海、毗连区、用于国际航行的海峡、群岛国、

---

〔1〕 王文革主编：《自然资源法——理论·实务·案例》，法律出版社 2016 年版，第 266 页。

专属经济区、大陆架、公海、岛屿制度、闭海或半闭海、内陆国出入海洋的权利和过境自由、国际海底、海洋环境保护和安全、海洋科学研究、海洋技术的发展和转让、争端的解决等各项法律制度。[1]

二、《防止倾倒废物及其他物质污染海洋的公约》

《防止倾倒废物及其他物质污染海洋的公约》即通常所说的《海洋倾废公约》，于 1972 年 12 月 29 日通过，1975 年 8 月 30 日生效，后经 1978 年 10 月 12 日和 1980 年 9 月 24 日修改。该公约于 1985 年 11 月 21 日对我国生效。

《海洋倾废公约》的宗旨是为控制因倾弃而导致的海洋污染，并鼓励签订该公约的区域协定。《海洋倾废公约》的主要内容有：①条约适用于所有海洋以及船只、飞机等正常操作之外的一切有意倾弃废物；②禁止倾弃"附件一"所列的物质，"附件二"所列的只有得到特别许可后才能准许，而"附件三"所列的只有得到普通许可后才能容许倾弃；③只有在特殊情况下才容许例外；④缔约国将设立主管当局来发给许可证，保存记录和监测海洋情况；⑤缔约国对所有国籍船只和飞机，以及在其领土领海内装载货物的船只和飞机都有权执行措施；⑥缔约国将鼓励制定措施以防止碳氢化合物、倾弃方式以外所运输的其他物质和船只操作期间所产生的废物等，以及放射性污染物及因勘探海床而产生的物质的污染。[2]

---

〔1〕 鲍君忠主编：《国际海事公约概论》（第二版），大连海事大学出版社 2016 年版，第 23 页。

〔2〕 黄志、李永峰、丁睿主编：《环境法学》，哈尔滨工业大学出版社 2015 年版，第 163 页。

三、《国际防止船舶造成污染公约》

1973 年由 71 个国家代表和 7 个国家的观察员在伦敦签订了《国际防止船舶造成污染公约》。该公约共有正文 20 条，2 个议定书和 5 个附则，其目的是"彻底消除有意排放油类和其他有害物质而污染海洋环境并将这些物质的意外排放量减至最低限度。"1978 年，国际油轮安全和防治污染会议上通过了《关于 1973 年国际防止船舶造成污染公约的 1978 年议定书》，该议定书与 1973 年公约合称《73/78 国际防止船舶造成污染公约》，后于 1983 年生效。[1]

---

〔1〕 蔡守秋主编:《环境法教程》，法律出版社 1995 年版，第 311 页。

第七章　渔业资源法

第一节　渔业资源法概述

一、渔业资源

（一）渔业资源的概念

渔业资源从字面意义理解，是人们从事对水产捕捞时所获得的水中资源。在《辞海》中"水产资源是指水域中蕴藏的各种经济动植物（鱼类、贝类、甲壳类、海兽类、藻类）的数量。渔业上对经济动植物的数量通常称为渔业资源，包括已成熟可供捕捞的部分和未成熟的预备捕捞的部分"。在《农业大词典》和《中国农业百科全书》（水产业卷）中，"水产资源是指天然水域中具有开发利用价值的经济动植物种类和数量的总称。又称为渔业资源"。《海洋大辞典》中对渔业资源作"水域中可供捕获的经济鱼类及所蕴藏的水产经济动、植物的数量"解，《生态经济建设大辞典》则将之定义为"天然水域中可供捕捞的经济动植物（鱼类、贝类、甲壳类、海兽类、藻类）种类和数量的总称。"但是这些定义中没有凸显渔业资源的生态价值属性，即没有突出渔业资源作为资源的一种，其客观存在之于整体生态环境的功能性。渔业资源作为发展水产业的物质基础，是人类获取食物的重要来源之一。渔业资源往往具有可再生性、流动性、周期性波动、捕获后易腐败等特征。笔者对渔业资源的界定为：渔业资源是人们通过生产、开发、捕捞等活动从水域中获取的以满足人们食欲为主要目的的水生生物的集合。

从对渔业资源的界定来看，本章所研究的渔业资源法和第六章海洋资源法所调整的法律关系所基于的具体对象虽有相关之处，但并非共同。海洋资源与渔业资源有重叠之处，海洋资源包含了渔业资源中的一部分——海洋中的渔业资源，而海洋资源除此之外还包括矿产资源、潮汐资源等，渔业资源除了海洋中的渔业资源还包括湖泊、江河中的渔业资源。因此，渔业资源法与海洋资源法规制的社会关系会有重合的部分。

（二）我国渔业资源利用现状

渔业资源状况不仅会受其自身生物学特性的影响，还因栖息环境条件的变化和人类的开发利用而变动。此外，随着科学技术和生产手段的日益进步，渔业资源的开发种类也在不断扩张。[1] 我国积极发展渔业资源，以 2019 年统计数字为例：按 2019 年当年价格计算，全社会渔业经济总产值 26 406.5 亿元，其中渔业产值 12 934.49 亿元，渔业工业和建筑业产值 5899.17 亿元，渔业流通和服务业产值 7572.83 亿元，三个产业产值的比例为 49：22.3：28.7。渔业流通和服务业产值中，休闲渔业产值 963.68 亿元，同比增长 6.81%。渔业产值中，海洋捕捞产值 2116.02 亿元，海水养殖产值 3575.29 亿元，淡水捕捞产值 398.09 亿元，淡水养殖产值 6186.6 亿元，水产苗种产值 658.49 亿元（渔业产值以国家统计局年报数据为准）。渔业产值中（不含苗种），海水产品与淡水产品的产值比例为 46.4：53.6，养殖产品与捕捞产品的产值比例为 79.5：20.5。[2]

---

〔1〕　陈静娜、赵珍、刘洁编：《渔业经济概论》，海洋出版社 2017 年版，第 14 页。

〔2〕　"2019 年全国渔业经济统计公报出炉！"，载 http：//www.china-cfa.org/xwzx/xydt/2020/0616/314.html，最后访问日期：2020 年 7 月 4 日。

虽然近年来我国渔业资源开发利用数据成果喜人，但早在2000年初时我国学者就指出："我国近海渔业资源已严重衰竭，资源保护问题日益突出"。目前渔业资源已严重衰竭的具体数字尚无法证实，但从产权角度来看，水域资源的产权不明晰往往引发其在使用上的"公共物品"悲剧，淡水水域与海水水域都成了"公共牧地"。如果各沿岸国及地区都在某一或某类渔业资源的繁殖季节不加节制地大肆捕捞，那么"公地悲剧"将是一种必然。

二、渔业资源法与生态文明

渔业资源法是指调整人们在渔业经济活动过程中所发生的经济关系的法律规范的总称，包括养殖业管理、捕捞业管理、渔业资源的增殖和保护等法律制度。我国的渔业资源法以《渔业法》为主，在地方性法规和各部门规章中也分散有有关渔业资源的管理、保护的相关制度规定。

渔业可持续发展的战略目标属于我国生态文明建设的重要内容。渔业保护与可持续发展战略为我国渔业发展提供了建设方向，同时也为评价一个地区渔业发展水平提供了依据。我国发展渔业的基本思路是"抓两头，放中间"，这必然要求我国渔业在发展中要尤其注重渔业种苗、水产品的精深加工的技术研发、渔产品品牌塑造以及产品流通体系的建设和休闲渔业发展等，将占领水域面积较广而效益较低的水产养殖和水产品粗加工等产业向外转移，从而提升渔业产业的层次和效益。[1]20世纪90年代，我国政府就出台了海洋伏季休渔、长江禁渔、捕捞强度控制、海洋捕捞渔民转产转业、水生生物资源增殖放流等一系列政策措施

---

〔1〕 陈静娜、赵珍、刘洁编：《渔业经济概论》，海洋出版社2017年版，第246页。

来保障渔业资源及其生存环境。1996 年，我国制定了《中国海洋21 世纪议程》，明确提出确保海洋生物资源的可持续利用。2006年，国务院批准了《中国水生生物资源养护行动纲要》，将水生生物资源养护工作纳入国家生态安全建设的总体部署。[1]

第二节　我国渔业资源立法沿革

一、我国渔业资源立法历史沿革

1955 年，国务院发布《国务院关于渤海、黄海及东海机轮拖网渔业禁渔区的命令》。1979 年，国务院制定《国务院水产资源繁殖保护条例》，同年还发布了《国务院关于保护水库安全和水产资源的通令》。此外，有关部门还颁布了《渔业资源增殖保护费征收使用办法》《海洋捕捞渔船管理暂行办法》（已失效）、《渔政管理工作暂行条例》等。1986 年，第六届全国人大常委会第十四次会议通过了《渔业法》，解决了我国长期以来在渔业资源管理方面存在的无法可依的问题，该法后于 2000 年、2004 年、2009 年、2013 年进行了四次修正。1987 年，农牧渔业部发布《渔业法实施细则》，后经 2020 年 3 月、11 月两次修订。1988年，农业部等部门联合制定了《渔业资源增殖保护费征收使用办法》。1989 年，为防止和控制渔业水域水质污染，保证鱼、贝、藻类正常生长、繁殖和水产品的质量，制定了《渔业水质标准》（GB11607-89）。1993 年，农业部制定了《水生野生动物保护实施条例》。2003 年 6 月 11 日国务院第十一次常务会议通过了《渔业船舶检验条例》，以保证渔业船舶具备安全航行和作业的条件，

---

〔1〕　参见陈静娜、赵珍、刘洁编：《渔业经济概论》，海洋出版社 2017 年版，第247 页。

保障渔业船舶和渔民生命财产的安全，防止污染环境。2001 年农业部发布《水产苗种管理办法》，于 2005 年修订。2006 年国务院印发《中国水生生物资源养护行动纲要》。2009 年农业部发布《水生生物增殖放流管理规定》，以规范水生生物增殖放流活动，科学养护水生生物资源，维护生物多样性和水域生态安全，促进渔业可持续健康发展。2011 年，农业部发布《水产种质资源保护区管理暂行办法》，以进一步规范水产种质资源保护区的设立和管理。2013 年国务院发布《国务院关于促进海洋渔业持续健康发展的若干意见》。

二、我国渔业资源立法现状

我国目前的渔业资源保护立法主要由有关渔业资源及其生存环境保护与管理的法律法规组成，如《渔业法》《渔业法实施细则》《水产资源繁殖保护条例》《渔业资源增殖保护费征收使用办法》《渔业船舶检验条例》等，一些其他的相关立法中也对渔业资源的保护作出了规定，如《野生动物保护法》及有关水污染防治、海洋环境保护的法律法规等。

第三节　我国渔业资源法内容

一、水产种质资源保护区制度

水产种质资源保护区是为了保护水产种质资源和其生存环境，我国在具有较高经济价值和遗传育种价值的水产种质资源的主要生长繁育区域，依法划定予以特殊保护和管理的水域、滩涂和毗邻的岛礁、陆域。水产种质资源保护区分为国家级水产种质资源保护区和省级水产种质资源保护区。根据保护对象资源状况、自然环境及保护需要，水产种质资源保护区可以划分为核心区和实验区。《渔业法》第 29 条规定，未经国务院渔业行政主管部门批准，任何单位或者个人不得在水产种质资源保护区内从事捕捞活动。我国《水产种质资源保护区管理暂行办法》第 7 条规定，以下区域应当设立水产种质资源保护区：国家和地方规定的重点保护水生生物物种的主要生长繁育区域；我国特有或者地方特有水产种质资源的主要生长繁育区域；重要水产养殖对象的原种、苗种的主要天然生长繁育区域；其他具有较高经济价值和遗传育种价值的水产种质资源的主要生长繁育区域。

经批准设立的水产种质资源保护区由所在地县级以上地方人民政府渔业行政主管部门管理。水产种质资源保护区管理机构的主要职责包括：制定水产种质资源保护区具体管理制度；设置和维护水产种质资源保护区界碑、标志物及有关保护设施；开展水生生物资源及其生存环境的调查监测、资源养护和生态修复等工作；救护伤病、搁浅、误捕的保护物种；开展水产种质资源保护的宣传教育；依法开展渔政执法工作；依法调查处理影响保护区功能的事件，及时向渔业行政主管部门报告重大事项。农业部应当针对国家级水产种质资源保护区主要保护对象的繁殖期、幼体生长期等生长繁育关键阶段设定特别保护期。特别保护期内不得从事捕捞、爆破作业以及其他可能对保护区内生物资源和生态环境造成损害的活动。

二、渔业资源的保护制度

（一）保护渔业水域环境

各级人民政府应当采取措施，保护和改善渔业水域的生态环境，防治污染。从事养殖生产应当保护水域生态环境，科学确定养殖密度，合理投饵、施肥、使用药物，不得造成水域的环境污染。

（二）禁限规定

禁止使用炸鱼、毒鱼、电鱼等破坏渔业资源的方法进行捕捞。禁止制造、销售、使用禁用的渔具。禁止在禁渔区、禁渔期进行捕捞。禁止使用小于最小网目尺寸的网具进行捕捞。捕捞的渔获物中幼鱼不得超过规定的比例。在禁渔区或者禁渔期内禁止销售非法捕捞的渔获物。重点保护的渔业资源品种及其可捕捞标准，禁渔区和禁渔期，禁止使用或者限制使用的渔具和捕捞方法。禁止捕捞有重要经济价值的水生动物苗种。因养殖或者其他特殊需要，捕捞有重要经济价值的苗种或者禁捕的怀卵亲体的，必须经国务院渔业行政主管部门或者省、自治区、直辖市人民政府渔业行政主管部门批准，在指定的区域和时间内，按照限额捕捞。禁止围湖造田。沿海滩涂未经县级以上人民政府批准，不得围垦；重要的苗种基地和养殖场所不得围垦。禁止捕杀、伤害国家重点保护的水生野生动物。

（三）渔业资源增殖

渔业资源增殖指的是"向天然水域投放人工繁育或暂养的水生生物苗种，或移植驯化、繁殖良种，以及营造人工海藻林，建造人工鱼礁等有利于渔业资源的发生、发育、成长和繁殖的设施，以改良渔业生态环境，改善渔业资源品种结构，增加渔业资源量"。[1]简而言之，即通过人工干预来增加自然水域中的渔业资源。《水生生物增殖放流管理规定》第2条规定："本规定所称水生生物增殖放流，是指采用放流、底播、移植等人工方式向海洋、江河、湖泊、水库等公共水域投放亲体、苗种等活体水生生物的活动。"

---

〔1〕 戴瑛、裴兆斌编著：《渔业法新论》，东南大学出版社2017年版，第132页。

首先，在具体放流措施上，要加强放流品种的亲体选定、苗种培育、检验检疫及放流水域生态环境质量等环节的监管，逐步引入放流品种种质鉴定、放流过程监理等制度；放流苗种要有一定比例进行标志；各级渔业生态环境监测机构要对放流区域进行监测，对放流效果进行生态环境评估等，不断总结经验，提高放流效益；新的水产资源生物种群移入一定水域，要使其适应新的环境，自然定居繁殖，形成新的有捕捞价值的种群。

其次，渔业行政主管部门应该向受益的单位和个人征收渔业资源增殖保护费，专门用于增殖和保护渔业资源，具体征收办法按照《渔业资源增殖保护费征收使用办法》执行。[1]

三、控制捕捞制度

（一）捕捞许可证制度

国家对捕捞业实行捕捞许可证制度。到中华人民共和国与有关国家缔结的协定确定的共同管理的渔区或者公海从事捕捞作业的捕捞许可证，由国务院渔业行政主管部门批准发放。海洋大型拖网、围网作业的捕捞许可证，由省、自治区、直辖市人民政府渔业行政主管部门批准发放。其他作业的捕捞许可证，由县级以上地方人民政府渔业行政主管部门批准发放；但是，批准发放海洋作业的捕捞许可证不得超过国家下达的船网工具控制指标，具体办法由省、自治区、直辖市人民政府规定。捕捞许可证不得买卖、出租和以其他形式转让，不得涂改、伪造、变造。到他国管辖海域从事捕捞作业的，应当经国务院渔业行政主管部门批准，并遵守中华人民共和国缔结的或者参加的有关条约、协定和有关

---

〔1〕　秦天宝主编：《环境法——制度·学说·案例》，武汉大学出版社 2013 年版，第 265 页。

国家的法律。

（二）限额捕捞制度

我国实行捕捞限额制度。国务院渔业行政主管部门负责组织渔业资源的调查和评估，为实行捕捞限额制度提供科学依据。根据《渔业法》第 22 条规定，国家根据捕捞量低于渔业资源增长量的原则，确定渔业资源的总可捕捞量，实行捕捞限额制度。中华人民共和国内海、领海、专属经济区和其他管辖海域的捕捞限额总量由国务院渔业行政主管部门确定，报国务院批准后逐级分解下达；国家确定的重要江河、湖泊的捕捞限额总量由有关省、自治区、直辖市人民政府确定或者协商确定，逐级分解下达。捕捞限额总量的分配应当体现公平、公正的原则，分配办法和分配结果必须向社会公开，并接受监督。国务院渔业行政主管部门和省、自治区、直辖市人民政府渔业行政主管部门应当加强对捕捞限额制度实施情况的监督检查，对超过上级下达的捕捞限额指标的，应当在其次年捕捞限额指标中予以核减。因养殖或者其他特殊需要，捕捞有重要经济价值的苗种或者禁捕的怀卵亲体的，必须经国务院渔业行政主管部门或者省、自治区、直辖市人民政府渔业行政主管部门批准，在指定的区域和时间内，按照限额捕捞。

第八章 野生动物保护法

第一节 野生动物保护法概述

一、野生动物的概念与生态价值

（一）野生动物的界定

我国学者对野生动物的界定随着时间的迁移发生了重心的改变。宋延龄研究员认为野生动物是土地生产出来用于改善人类生存质量的产品之一。这个定义凸显出野生动物对于人的部分价值，但忽视了野生动物在整个生态圈中的地位，即野生动物的生态价值。陈文汇认为"野生动物是指那些在其进化过程中在已经适应的环境中栖息，不受人为管束的动物"。[1]但事实上，随着人们科技的进步、对生态保护的认识逐渐深刻和野生动物保护立法的不断修订，野生动物栖息环境不可避免地受到人为因素的干涉；一些野生动物在得到人类的救助后被送回大自然，它们依然是野生动物。吴宪忠、李志海认为"野生动物包括了所有脊椎动物和无脊椎动物……野生动物与其自然环境构成了统一体……凡是脱离野生环境而经人类长期驯养的动物，称为家畜和家禽，而把其他动物或从野外捕捉短期内饲养的动物统称为野

---

〔1〕 陈文汇：《中国野生动植物资源利用的统计体系研究》，中国统计出版社2007年版，第16页。

生动物"。[1]但美国的贝利在他编著的《野生动物管理学原理》一书中对野生动物的描述是："野生动物包括所有自由生活在它们自然相应环境中的脊椎动物。"

笔者认为，野生动物是与饲养动物（一些特色产业养殖的野生动物除外）相对应的动物概念，大多数野生动物都极其适应野外生活，也是生态链必不可少的组成分子，一些野生动物由于人类对其栖息地的破坏而无家可归，需要暂时寄居在人工环境中。因此，野生动物不一定必须生存于人迹罕至的野外，它们是与人类共同生存于自然环境中区别于饲养动物的类概念。我们对野生动物的认识不能只停留在文字层面，它的界定和内涵不是一成不变的，而是随着人类社会的发展而动态变化着的。从生物学的角度讲，我国的野生动物包括了脊椎动物和非脊椎动物。

（二）野生动物的生态价值

价值在哲学范畴上反映的是客观事物对于主体需求的有用性。野生动物的生态价值概念反映的是野生动物与生态环境、生态系统的关系。过去，提及野生动物价值，往往侧重于其对人的价值。在原始社会，人们猎捕野生动物，用野生动物的皮毛做御寒的衣裳，从野生动物的肉中汲取自身生存所需的能量，并随后通过训练野生动物来帮助看守家园、捕猎和农耕。在那个时代，人们与野生动物之间的互动是非常频繁的，野生动物是人类生存、发展必不可少的自然资源。在科技文明高度发达的现在，尽管人类已经掌握了部分蛋白的合成技术，不必从野外获得生命所需的养分，但人类依旧需要与野生动物共同生存。人类与野生动

---

[1] 吴宪忠、李志海主编：《森林资源管理学》，东北林业大学出版社 2005 年版，第 199 页。

物之间的互动方式已经发生了根本性的改变：由过去原始兽性的（满足各自生存所需的）互相猎捕转变为当前的和谐共处的状态。例如，保护野生动物栖息地，对野生动物生存环境进行检测，观察野生动物迁徙、繁衍等行为，已成为人类与野生动物互动的最常见的方式。这一转变的原因仍在于野生动物对于人类的生存而言是有重大意义的——野生动物作为自然界中的一分子，对整个食物链、生态圈发挥着重要的作用，是维持生态平衡不可忽视的力量。

二、我国古代野生动物保护

我国古代素有对野生动物休养生息的保护观念，大禹曾有禁令："三月遄不入网罟，以成鱼鳖之长。"（《逸周书·大聚解》）[1]，而这一时期设置的"虞"官，也成了世界上最早的生态保护官职。《史记·殷本纪》中记载，商汤下令网开三面，成就汤德至矣，及禽兽。[2] 周文王的《伐崇令》规定："毋动六畜，有不如令者，死勿赦。"[3] 后又命人发文："川泽非时，不入网罟，以成鱼鳖之长。不麛不卵，以成鸟兽之长。畋渔以时，童不夭胎，马不驰骛……"（《逸周书·文传解》）[4]《礼记·月令》载，孟春之际，"毋覆巢，毋杀孩虫、胎、夭、飞鸟。"[5]

---

〔1〕 转引自（清）吴楚材、吴调侯编选：《古文观止译注》（上），上海古籍出版社 2006 年版，第 95 页。

〔2〕 （汉）司马迁原著，（清）蒋善辑，党艺峰整理：《史记汇纂》，商务印书馆 2017 年版，第 11 页。

〔3〕 转引自胡留元、冯卓慧：《夏商西周法制史》，商务印书馆 2006 年版，第 329 页。

〔4〕 转引自王磊主编：《周秦伦理文化经典选读》，陕西师范大学出版总社 2016 年版，第 2 页。

〔5〕 转引自杨宽：《战国史》上海人民出版社 1955 年版，第 85 页。

《礼记·祭义》中提到，"杀一兽，不以其时，非孝也。"[1]秦时《田律》规定每年二月到七月，禁止捉取幼兽、卵、毒杀鱼鳖，不准设置捕捉鸟兽的陷阱和纲罝，违反者要被处罚。[2]西汉宣帝下诏："令三辅毋得以春夏摘巢探卵，弹射飞鸟，具为令。"（《汉书·宣帝纪》）[3]南北朝、唐、宋、辽、元、清时期也均有帝王发布命令，对猎捕鸟类、珍奇异兽加以禁止，如唐朝时期发布《禁珠玉锦绣敕》[4]，以消采捕珍稀鸟兽成衣的风气。宋太祖下发的《禁采捕诏》规定："鸟兽虫鱼，俾各安于物性，置罘罗网，宜不出于国门，庶无胎卵之伤，用助阴阳之气，其禁民无得采捕虫鱼，弹射飞鸟。仍永为定式，每岁有司申明之。"[5]宋太宗《二月至九月禁捕诏》规定："禁民二月至九月，无得捕猎，及敕竿挟弹，探巢摘卵。"[6]清朝顺治帝下令禁止广东采珠，康熙免除向皇宫进贡鹰，雍正禁令使用象牙制品。这些对野生动物的保护思想在我国的野生动物保护法律体系中也得以传承。

三、野生动物保护法与生态文明

野生动物保护法是指调整人们在保护、管理和利用野生动物资源过程中所发生的社会关系的法律规范总称。[7]我国的野生动物保护法虽然早有设立并经历多次修改，但仍存在很大问题，其

---

〔1〕 转引自姜涛：《曾子注译》，山东人民出版社 2016 年版，第 29 页。

〔2〕 参见杨宽：《古史探微》，上海人民出版社 2016 年版，第 34 页。

〔3〕 转引自（清）严可均辑，任雪芳审订：《全汉文》，商务印书馆 1999 年版，第 53 页。

〔4〕 参见宋敏求编：《唐大诏令集》，商务印书馆 1959 年版，第 562 页。

〔5〕 转引自苏文衡：《易学与生态环境》，中国书店 2003 年版，第 185 页。

〔6〕 转引自方宝璋：《宋代经济管理思想及其当代价值研究》，经济日报出版社 2017 年版，第 325 页。

〔7〕 王跃先主编：《林业政策与法规》，中国林业出版社 2000 年版，第 140 页。

内容并未真正体现野生动物保护法设立的宗旨，因此也落后于我国生态文明建设的需求。

我国地域辽阔，自然环境多样，野生动物资源也极为丰富。据统计，截止到 2013 年，中国约有脊椎动物 7516 种，其中哺乳类 562 种、鸟类 1269 种、爬行类 403 种、两栖类 346 种、鱼类4936 种。列入国家重点保护野生动物名录的珍稀濒危野生动物共420 种，大熊猫、朱鹮、金丝猴、华南虎、扬子鳄等数百种动物为中国所特有。

我国投资建立了濒危动物拯救中心和大熊猫、海南坡鹿、扬子鳄、麋鹿、野马等国家保护工程 14 处。2019 年 12 月 19 日，国家林业和草原局、云南省人民政府有关领导在昆明为国家林业和草原局亚洲象研究中心揭牌，并向普洱、临沧、西双版纳 3 个市、自治州亚洲象野外研究基地授牌。

在对自然保护区、栖息地等野生动物生存环境的保护管理上，我国建立了大量自然保护区、保护小区、湿地公园等，近年来又大力推进国家公园体系建设，其中很多都是跨境的栖息地，如云南西双版纳野生动物走廊、东北虎豹国家公园等。同时，我国积极参加并认真履行《濒危野生动植物种国际贸易公约》等有关国际公约和协定。中国保护自然资源的成就得到国际社会的公认，1987 年第四届世界自然资源保护大会授予中国林业部"世界自然资源保护领导奖"，我国成为此奖设立后的唯一获得者。国家林业和草原局与公安部于 2019 年 4 月 4 日至 9 月 30 日开展了"依法打击破坏野生动物资源犯罪专项行动"，与国家市场监督管理总局于 2019 年 5 月 24 日至 10 月 31 日开展了"野生动物保护专项整治行动"。两次行动在全国范围内重点对破坏濒危野生动物栖息地、非法猎杀和交易、非法运输濒危野生动物及其制品等违法犯罪活动予以打击和整治。[1] "从 1978 年开始实施的 '三北防护林工程'，以及从 1998 年开始实施的天然林保护、退耕还林还草等一系列大工程，使得我国林草植被覆盖得到恢复和增长，也为野生动植物提供了生存繁衍条件。"[2]

2019 年 8 月 17 日至 28 日在瑞士日内瓦召开的《濒危野生动植物种国际贸易公约》第十八届缔约方大会上，我国提出的将白冠长尾雉、镇海棘螈和高山棘螈、疣螈属、瘰螈属以及睑虎属物种列入附录 II 的 5 项提案全部顺利通过。

从我国对野生动物保护的立法完善与野生动物生态文明实践来看，法律制度与生态文明实践之间的关系总是相互带动，如同两个齿轮上的锯齿，紧密咬合后共同转动前进。

第二节 我国野生动物保护立法沿革

一、我国野生动物保护立法发展

中华人民共和国成立后就启动了有关野生动物保护的立法工作。1950 年，中央人民政府发布了《关于稀有生物保护办法》，对大熊猫等稀有动物进行特有保护。1956 年，林业部颁布了《狩猎管理办法（草案）》，对猎枪的制造、销售、持有等作出具体规定。1957 年，水产部发布《水产资源繁殖保护条例（草案）》。1962 年，国务院发布《国务院关于积极保护和合理利用野生动物资源的指示》，强调对野生动物要 "在保护的基础上加

---

〔1〕 参见 "2019 年中国野生动植物保护十件大事揭晓"，载 http://news. ipanda. com/2020/03/10/ARTI8SDnxTjD4OMK9k8zHGPR200310. shtml？spm = C98970. PqCIQovJseHY. 0. 0，最后访问日期：2020 年 3 月 25 日。

〔2〕 "跨境野生动植物保护的大国行动"，载 http://www. xinhuanet. com/globe/2019-03/20/c_ 137904520. htm，最后访问日期：2020 年 3 月 27 日。

以合理利用。"[1]1979年，国务院发布了《水产资源繁殖保护条例》，提出建立禁渔区，对珍稀水生动植物加以保护，并规定了水域环境的保护要求。1973年外贸部颁发《关于停止珍贵野生动物收购和出口的通知》，同年农林部发布了《野生动物资源保护条例（草案）》和《自然保护区暂行条例（草案）》。1979年，国务院发布《水产资源繁殖保护条例》，规定应重点保护的水生生物名录和禁渔区、禁渔期等。1981年，国务院批转了林业部等《关于加强鸟类保护执行中日候鸟保护协定的请示》。

1982年《宪法》在第9条第2款规定，国家保护珍贵的动物和植物。同年发布《进出口动植物检疫条例》，后被1992年施行的《进出境动植物检疫法》取代。1983年，国务院发布《国务院关于严格保护珍贵稀有野生动物的通令》，明确了对部分珍贵稀有野生动物及其重要栖息地的保护。1985年，林业部发布《森林和野生动物类型自然保护区管理办法》，对自然保护区的管理工作进行了规定。1986年，商业部发布《商业部关于严禁收购、经营珍贵稀有野生动物及其产品的通知》，禁止乱捕滥猎、非法倒卖、走私国家重点保护野生动物的违法行为。同年，国家颁布《国境卫生检疫法》并于2007年、2009年、2018年进行了三次修正。1987年，国务院发布《国务院关于坚决制止乱捕滥猎和倒卖、走私珍稀野生动物的紧急通知》，以纠正"野生无主，谁猎谁有"的错误思想。

1988年，我国正式颁布《野生动物保护法》，其他包含动物保护的条款则分散于《环境保护法》《海洋环境保护法》《森林法》《草原法》《渔业法》《农业法》等法律中。1988年12月，

---

〔1〕 参见颜运秋、陈海嵩、余彦编著：《环境资源法》，中南大学出版社2016年版，第334页。

国务院批准颁布了《国家重点保护野生动物名录》（该名录规定保护的动物达 335 种，其中一级保护野生动物 97 种、二级 238 种）、《陆生野生动物保护实施条例》（1992 年颁布，后于 2011 年、2013 年修订）、《水生野生动物保护实施条例》（1993 年发布，后于 2011 年、2013 年修订）、《自然保护区条例》（1994 年发布，后于 2011 年、2017 年修订）等一系列配套法律文件。根据《野生动物保护法》和相关条例，原国家林业局、公安部制定了《国家林业局、公安部关于森林和陆生野生动物刑事案件管辖及立案标准》，原林业部发布了《国家重点保护野生动物驯养繁殖许可证管理办法》（该规章于 1991 年发布，后于 2015 年修改）。1992 年，林业部、财政部、国家物价局发布《陆生野生动物资源保护管理费收费办法》和《捕捉、猎捕国家重点保护野生动物资源保护管理费收费标准》。1993 年，国务院发布《关于禁止犀牛角和虎骨贸易的通知》，后被 2018 年发布的《国务院关于严格管制犀牛和虎及其制品经营利用活动的通知》取代。1997 年，《动物防疫法》颁布，后于 2007 年、2021 年修订，2013 年、2015 年修正。2000 年，国家林业局发布《国家保护的有益的或者有重要经济、科学研究价值的陆生野生动物名录》，将重点保护对象扩充到日常所说的"三有动物"。2004 年，《野生动物保护法》第一次修正，对外国人开放的猎捕场所的手续由批准变为备案，同年修订的《传染病防治法》规定与人畜共患传染病有关的野生动物、家畜家禽必须经检疫合格才能出售。2009 年，《野生动物保护法》第二次修正，2016 年进行修订时对立法目的、野生动物的定义、法律适用对象等都进行了修改，2018 年第三次修正，将市场管制上的权力主体由"工商行政管理部门"变为"市场监督管理部门"。第十三届全国人大常委会第十六次会议于 2020 年 2 月 24 日通过了《全国人民代表大会常务委员会关于全面禁止非法野生动物交易、革除滥食野生动物陋习、切实保障人民群众生命健康安全的决定》。2020 年 4 月 8 日，国家林业和草原局发布《国家林业和草原局关于稳妥做好禁食野生动物后续工作的通知》（林护发〔2020〕42 号），就稳妥做好禁食野生动物后续工作作出指导。2020 年 5 月 28 日，农业农村部、国家林业和草原局发布《农业农村部、国家林业和草原局关于进一步规范蛙类保护管理的通知》（农渔发〔2020〕15 号），切实解决部分蛙类交叉管理问题，进一步明确保护管理主体，落实执法监管责任，加强蛙类资源保护。

从新中国诞生到现在，我国野生动物保护立法工作从未停步，野生动物保护的立法出发点也发生过巨大的转变，先是从"使用价值级"提升到"经济价值级"，然后又由对野生动物资源的合理利用转变为维护"生态平衡"，推进"生态文明"，即对野生动物的立法角度由资源利用变为生态保护。立法角度的转变也改变了司法、执法工作者和守法群众对野生动物保护的基本思路。因此，我国的野生动物保护立法工作一直处于不断地尝试与进步中。

二、我国野生动物保护立法现状

目前，在野生动物保护方面，我国已形成了在《宪法》的指导下，以《野生动物保护法》为主，《陆生野生动物保护实施条例》《水生野生动物保护实施条例》为辅，配之以《国家重点保护野生动物驯养繁殖许可证管理办法》《国家重点保护野生动物名录》等配套法律性文件以及各地区的野生动物相关保护文件的野生动物保护法律规范体系，对我国珍贵、濒危的野生动物资源加以保护。

第三节 我国野生动物保护法内容

我国的《野生动物保护法》主要包括以下四个方面：野生动物资源国家所有，保护野生动物的生存环境，对珍贵、濒危野生动物实行重点保护，控制野生动物的猎捕。

一、野生动物资源国家所有

野生动物的所有权，是基于野生动物资源管理和资源利用的角度而发展出来的权利，它指明了国家对野生动物享有占用、使用、收益、处分的权利。但是要注意的是，野生动物不同于其他资源、物质，它是具有活动的生命特征的，因而又不能像对待其他资源、物质那样占有、使用、收益、处分。野生动物资源国家所有的意义在于这一制度更有利于国家野生动物保护工作的开展，为国家保护、拯救、管理野生动物提供法律依据，奠定政府职责的法律基础。野生动物的所有权是独立性的权利，它不因野生动物生存或进入的土地、森林、草原、水域的所有权、使用权的权属不同而改变。[1]《野生动物保护法》第 3 条规定，我国的野生动物资源属于国家所有。国家保障依法从事野生动物科学研究、人工繁育等保护及相关活动的组织和个人的合法权益。

二、保护野生动物的生存环境

野生动物的生存环境在我国法律中主要涉及的是野生动物栖息地和自然保护区。我国《野生动物保护法》将野生动物栖息地界定为野生动物野外种群生息繁衍的重要区域。笔者认为栖息地

---

〔1〕 肖乾刚主编：《自然资源法》，法律出版社 1992 年版，第 213 页。

最主要的特征是具有特定野生动物生存、发展所适应的生态气候，并具备这些野生动物充沛的食物来源。为了加强对野生动物的保护和管理，国务院于 1994 年 10 月 9 日颁布了《自然保护区条例》。笔者认为，目前自然保护区的划定要求适应了野生动物自由生存、发展的需要，可防止人类过多涉足野生动物的生活领域。

根据《自然保护区条例》第 10 条，应当建立保护区的有：典型的自然地理区域、有代表性的自然生态系统区域以及已经遭受破坏但经保护能够恢复的同类自然生态系统区域；珍稀、濒危野生动植物物种的天然集中分布区域；具有特殊保护价值的海域、海岸、岛屿、湿地、内陆水域、森林、草原和荒漠；具有重大科学文化价值的地质构造、著名溶洞、化石分布区、冰川、火山、温泉等自然遗迹；经国务院或者省、自治区、直辖市人民政府批准，需要予以特殊保护的其他自然区域。

除野生动物栖息地和自然保护区外，还有一些空间区域是不具备划定自然保护区条件的。对此，我国《野生动物保护法》规定，县级以上人民政府可以采取划定禁猎（渔）区、规定禁猎（渔）期等其他形式予以保护。

（一）保护、管理

1. 制定保护规划

我国《野生动物保护法》规定县级以上人民政府应当制定野生动物及其栖息地相关保护规划和措施，并将野生动物保护经费纳入预算。县级以上人民政府及其有关部门在编制有关开发利用规划时，应当充分考虑野生动物及其栖息地保护的需要，分析、预测和评估规划实施可能对野生动物及其栖息地保护产生的整体影响，避免或者减少规划实施可能造成的不利后果。

2. 保护、恢复与改善职责

省级以上人民政府依法划定相关自然保护区域，保护野生动物及其重要栖息地，保护、恢复和改善野生动物生存环境。

3. 确立共同保护与公众监督的原则

任何组织和个人都有保护野生动物及其栖息地的义务。禁止违法猎捕野生动物、破坏野生动物栖息地。任何组织和个人都有权向有关部门和机关举报或者控告违反《野生动物保护法》的行为。

4. 依法处理举报内容

野生动物保护主管部门和其他有关部门、机关对举报或者控告，应当及时依法处理。

5. 调查、检测、评估及建档

县级以上人民政府野生动物保护主管部门，应当定期组织或者委托有关科学研究机构对野生动物及其栖息地状况进行调查、监测和评估，建立健全野生动物及其栖息地档案。对野生动物及其栖息地状况的调查、监测和评估应当包括下列内容：野生动物野外分布区域、种群数量及结构；野生动物栖息地的面积、生态状况；野生动物及其栖息地的主要威胁因素；野生动物人工繁育情况等其他需要调查、监测和评估的内容。

6. 确定栖息地名录

国务院野生动物保护主管部门应当会同国务院有关部门，根据野生动物及其栖息地状况的调查、监测和评估结果，确定并发布野生动物重要栖息地名录。

（二）禁限规定

法律明确禁止、限制的行为主要有以下三种：①禁止违法猎捕野生动物、破坏野生动物栖息地；②禁止或者限制在相关自然保护区域内引入外来物种、营造单一纯林、过量施洒农药等人为干扰、威胁野生动物生息繁衍的行为；③禁止在相关自然保护区域建设法律法规规定不得建设的项目。

三、对珍贵、濒危野生动物实行重点保护

一直以来，我国《野生动物保护法》都将珍贵、濒危野生动物作为保护、管理工作的重心。我国《野生动物保护法》多年来的立法目的一直都有"拯救珍贵、濒危野生动物"，因而在实践中对珍贵、濒危的野生动物的保护方法和手段也相对成熟。

（一）建立国家及地方重点保护野生动物名录

我国对野生动物实行分类分级保护，并建立了国家重点保护野生动物名录，目前已将我国绝大多数已发现的珍贵、濒危野生动物纳入了该名录中。该名录会根据现实情况进行调整，国务院野生动物保护主管部门每五年会根据评估情况确定对名录进行调整。

（二）保护野生动物遗传资源

我国《野生动物保护法》第17条规定："国家加强对野生动物遗传资源的保护，对濒危野生动物实施抢救性保护。国务院野生动物保护主管部门应当会同国务院有关部门制定有关野生动物遗传资源保护和利用规划，建立国家野生动物遗传资源基因库，对原产我国的珍贵、濒危野生动物遗传资源实行重点保护。"

（三）严格濒危物种的进出口管理

我国缔结或者参加的国际公约禁止或者限制贸易的野生动物或者其制品名录，由国家濒危物种进出口管理机构制定、调整并公布。进出口列入名录的野生动物或者其制品的，出口国家重点保护野生动物或者其制品的，应当经国务院野生动物保护主管部门或者国务院批准，并取得国家濒危物种进出口管理机构核发的允许进出口证明书。海关依法实施进出境检疫，凭允许进出口证

明书、检疫证明按照规定办理通关手续。

四、控制野生动物的猎捕

我国严禁违法猎捕野生动物。具体来看，对野生动物违法猎捕的情形规定主要有三个方面。

（一）在特定时间、空间的违法猎捕

我国自古就十分重视自然发展规律，尤其重视使野生动物正常休养生息。如本章第一节谈及我国对野生动物的保护观念，大禹时期就有"三月遁不入网罟，以成鱼鳖之长"[1]的思想。这一休养生息的观念反映在我国现行的法律中，就是在相关自然保护区域和禁猎（渔）区、禁猎（渔）期内，除法律另有规定外，禁止猎捕以及其他妨碍野生动物生息繁衍的活动。野生动物迁徙洄游期间，在上述区域外的迁徙洄游通道内，禁止猎捕并严格限制其他妨碍野生动物生息繁衍的活动。迁徙洄游通道的范围以及妨碍野生动物生息繁衍活动的内容，由县级以上人民政府或者其野生动物保护主管部门规定并公布。

（二）禁止猎杀国家重点保护野生动物

除了因科学研究、种群调控、疫源疫病监测或者其他特殊情况，需要猎捕国家一级保护野生动物并已向国务院野生动物保护主管部门申请特许猎捕证，和需要猎捕国家二级保护野生动物，已向省、自治区、直辖市人民政府野生动物保护主管部门申请特许猎捕证的情况，我国禁止猎捕、杀害国家重点保护野生动物。

（三）对猎捕非国家重点保护野生动物进行管控

猎捕非国家重点保护野生动物的，应当依法取得县级以上地

---

[1] 转引自（清）吴楚材、吴调侯编选：《古文观止译注》（上），上海古籍出版社2006年版，第95页。

方人民政府野生动物保护主管部门核发的狩猎证，并且服从猎捕量限额管理。猎捕者应当按照特许猎捕证、狩猎证规定的种类、数量、地点、工具、方法和期限进行猎捕。除因科学研究确需网捕、电子诱捕外，禁止使用毒药、爆炸物、电击或者电子诱捕装置以及猎套、猎夹、地枪、排铳等工具进行猎捕，禁止使用夜间照明行猎、歼灭性围猎、捣毁巢穴、火攻、烟熏、网捕等方法进行猎捕。

第四节　国外野生动物保护法律、国际公约简述

一、国外部分野生动物保护立法简介

1980 年，《世界自然资源保护大纲》发表，国际资源与自然保护联合会、联合国环境计划委员会和世界野生生物基金会呼吁各国加强立法，用法律手段对野生动植物加以保护。许多国家制定了保护野生动物的综合性法律，例如：罗马尼亚、蒙古、德国颁布《狩猎法》，苏联颁布《动物界保护和利用法》，泰国颁布《野生动物保存保护法》，匈牙利颁布《森林和野生动物法》，日本颁布《鸟兽保护和狩猎法》，澳大利亚颁布《国家公园和野生动物法》。[1]各国的野生动物保护立法会遵循各自的野生动物存在特征和历史上的法律习惯，兹以英、美、日的野生动物保护立法为例说明。

英国以多部法律来保障野生动物生存、活动，如《动物保护法》《兽医法》等。这些法虽然较为琐碎，但面面俱到，并且还在根据形势不断进行修订。英国 1981 年制定的《野生动植物乡

---

〔1〕　徐军、王洪杰："国外保护野生动物法规简介"，载《野生动物》1989 年第 4 期。

村法》，具体可以根据保护对象分为对野生鸟类的保护和对野生兽类的保护。

美国对野生动物保护采取的方式是制定法，针对一些特殊的野生动物物种还专门制定单行法予以保护，如《海洋哺乳动物保护法》《迁徙鸟类保护法》《海豹保护法》《鲸类保护法》《秃鹰和金鹰保护法》。1972 年，美国总统尼克松提出《濒危物种法案》，确定了美国濒危物种名录制度。学者对这部法案的评价是："它体现了濒危物种优先原则、豁免申请机制、生态评价机制、公众参与制度与公众诉讼制度的先进立法理念，赋予了美国政府定义濒危物种的权威和迅速采取行动拯救濒危物种的权力。"〔1〕对于野生动物栖息地的保护，美国出台了《濒危物种法案》《荒野保护法》等法律。美国还颁布了很多法案来稳定野生动物保护财政来源，如《候鸟狩猎印花税法案》《皮特曼-罗伯逊联邦援助野生动物恢复法》《丁格尔-约翰逊联邦援助渔业恢复法案》《野生动物保护及再投资法案》等。

日本的野生动物保护主要通过《鸟兽保护和狩猎法》来实现。1918 年，日本颁布《狩猎法》，后于 1972 年修订，该法的立法目的主要是保护鸟兽和狩猎正当化，规定了日本野生动物休猎区、狩猎区进入检查、野生动物禁猎地、狩猎区警察职权等。1993 年，日本出台《物种保存法》，虽然立法目的并不是保护、保全受威胁的野生动物，但是该法对面临灭绝危险的野生动物制定了很多保护措施。

二、国际公约

野生动物的迁徙等活动，往往要经过多个国家和地区，而一

---

〔1〕 王昱、李媛辉："美国野生动物保护法律制度探析"，载《环境保护》2015年第 2 期。

些野生动物的栖息地也类似地横跨很多国家。因此，野生动物保护、管理工作需要谋求国际合作，各种国际条约也相继出现，如1867年的《英法渔业公约》、1882年的《北海过量捕鱼公约》、1886年的《莱茵河流域捕捞大马哈鱼的管理条约》、1900年的《保护非洲各种有用和无害的野生动物公约》、1902年的《保护农业益鸟公约》、1911年的《保护海豹条约》等。其中，《保护非洲各种有用和无害的野生动物公约》由法国、德国、英国、意大利、葡萄牙、西班牙等欧洲殖民国签订，是较早的国际野生动物保护公约。该公约禁止无序屠杀对人类有用和无害的野生动物，鼓励建立自然保护区，但该公约受其签订者意图的影响，服务于狩猎以及象牙、皮毛贸易，所以在公约中认定毒蛇、蟒蛇、鳄鱼等动物应当消灭，而狮、鬣狗、豹等动物和部分鸟类应当减少。[1]因此，从其他层面上，该公约又不是彻底的野生动物保护公约。笔者认为国际上比较典型的条约有以下三个。

（一）《濒危野生动植物种国际贸易公约》

1973年2月12日到3月2日，在美国华盛顿召开了关于缔结濒危野生动植物种国际贸易公约的全权代表大会，80多个国家代表出席了该会议。同年3月3日，21个国家签署了《濒危野生动植物种国际贸易公约》（又称为《华盛顿公约》），该公约于1975年7月1日正式生效。该公约共设25个条款，对野生动植物种及其贸易、科学机构、管理机构等明确定义，对三个附录中的物种进出口许可、豁免作出说明，并指出缔约国应采取的措施。[2]

（二）《生物多样性公约》

《生物多样性公约》是在联合国环境规划署主持下于1992年

---

〔1〕　参见朱源编著：《国际环境政策与治理》，中国环境出版社2015年版，第1页。

〔2〕　参见邹瑜、顾明主编：《法学大辞典》，中国政法大学出版社1991年版，第1668页。

签订的，目的在于保护可持续利用的生物资源和遗传资源惠益分享，是第一部保护生物遗传资源与可持续利用的全球性国际协议。该公约由序言、41 个条款以及 2 个附件组成，多是就保护生物资源作总体原则性的规定，意义广泛而又深刻。[1]

（三）《保护迁徙野生动物物种公约》

《保护迁徙野生动物物种公约》又称为《波恩公约》《养护野生动物移栖物种公约》，是为保护通过国家管辖边界以外野生动物中的迁徙物种而订立，并经联合国大会批准的国际公约。该公约承认种类繁多的野生动物是地球自然系统中无可代替的一部分，为了全人类的利益，必须加以保护；对迁徙物种下定义，并且指出应被认为是有利的"保护状况"以及什么情况是"不利的"，将"承认保护迁徙物种的重要性和范围国在任何可能的和适当的时候为此目的而协议采取行动，特别关注保护状况不利的迁徙物种，为保护这些物种和它们的栖息地单独或合作采取适当的和必要的步骤的重要性"作为公约的基本原则。

除以上三个公约外，还有很多其他国际公约，如《国际捕鲸管制公约》《世界保护益鸟公约》等。1981 年 4 月 8 日，我国正式加入了《濒危野生动植物种国际贸易公约》，这标志着中国对野生动物的保护被正式纳入了世界的范畴，也表明了中国野生动植物保护管理进入了一个新的阶段。目前，除《保护迁徙野生动物物种公约》外，中国已加入了大部分的野生动物保护国际公约，并与多个国家签署了保护野生动物的多边、双边协定，中国也牵头了一些协定，为保护全球生态文明作出了重大贡献。[2]

---

〔1〕 参见赵永聚主编：《动物遗传资源保护概论》，西南师范大学出版社 2007 年版，第 101 页。

〔2〕 "跨境野生动植物保护的大国行动"，载 http://www.xinhuanet.com/globe/2019-03/20/c_ 137904520. htm，最后访问日期：2020 年 3 月 27 日。

第九章　林业资源保护法

第一节　林业资源保护法概述

一、林业资源的概念与价值

（一）林业资源的相关概念

林业，是指在人和生物圈中通过先进的科学技术和管理手段，培育、保护、利用森林资源，充分发挥森林的多重效益，且能持续经营森林资源，促进人口、经济、社会、环境和资源协调发展的基础性产业和社会公益事业。[1]林业资源就是林业保护、管理、利用的对象——森林资源。我国古代有"众木为邻""木丛曰林"的说法。英国《牛津词典》将森林定义为：在大面积土地上生长着的树木和其他林下植物，间或混杂着草地。苏卡乔夫认为：森林是分布在某一地区并与该地区的动物界、土壤和气候相互作用的木本植物群落。[2]我国王文革教授认为森林是存在于一定区域内的以树木或者其他木本植物为主体的植物群落。[3]

---

〔1〕　王克强、赵凯、刘红梅主编：《资源与环境经济学》，复旦大学出版社 2015 年版，第 260 页。

〔2〕　转引自刘富刚：《基于环境伦理的资源利用与环境保护》，国防工业出版社 2009 年版，第 129 页。

〔3〕　王文革主编：《自然资源法——理论·实务·案例》，法律出版社 2016 年版，第 199 页。

还有学者认为森林是林地及其所生长的森林有机体的总称。[1]
笔者认为，森林资源作为自然资源的一种，既具备了其他自然
资源的一些特质，也具备了资源稀缺性和效用性。森林资源是
一种可再生资源，具有极其重要的生态价值和经济价值，它是
以林木为集合的有机整体，往往通过整体面积和单位面积蓄积
量来衡量。弗列罗夫认为："森林保护可以看作一个林业生产
部门。"[2]

（二）林业资源的生态价值

森林是地球的"肺"，对二氧化碳进行代谢循环，产出氧气，
这是动物和人类生存不可或缺的养料。很多微生物、动物的生存
以森林资源为依靠。除此之外，森林在保护土壤、培植地力、调
节水流方面发挥着不可替代的重要功能，是自然气候的调节器。
森林为超过 10 亿人提供食物、药物和能源。"33%的世界人口约
24 亿人利用木材为做饭、烧水和取暖等活动提供基本能源。依赖
薪柴和木炭生活的人口从非洲的 63%，亚洲 38%，到拉丁美洲的
16%不等。对全球而言，8.4 亿人为自用而采集薪柴和获取木炭。
木材在 29 个国家提供了国家主要能源的一半以上，其中的 22 个
在撒哈拉以南非洲。总的来说，森林以木质能源的方式提供了约
40%的全球可再生能源，与太阳能、水力发电和风力发电的总和
相当。"[3]林木死去之后，经过腐蚀分解和其他化学作用又能形
成人类工业文明十分需要的矿产资源。也许，林业资源的生态价
值太过于"低调"，在森林存在时人们不会感知到它的重要性，

---

〔1〕 王克强、赵凯、刘红梅主编：《资源与环境经济学》，复旦大学出版社 2015
年版，第 262 页。

〔2〕 ［苏］C. K. 弗列罗夫著，陈常铭、宋慧英译：《森林保护组织》，中国林业
出版社 1955 年版，第 2 页。

〔3〕 《2018 年世界森林状况》，第 241—242 页。

但一旦失去，人类轻则遭受自然灾害的打击，重则丧失生存的家园。恩格斯在《英国工人阶级状况》中曾描述过：“美索不达米亚、希腊、小亚细亚以及别的地方的居民，为了得到耕地，毁灭了森林，他们梦想不到，这些地方今天竟因此成为荒芜不毛之地，因为他们在这些地方剥夺了森林，也就剥夺了水分的积聚中心和贮存器。阿尔卑斯山的意大利人，当它们在山南坡把那些在北坡得到精心培育的枞树林滥用个精光时，没有预料到，这样一来，他们把他们区域里的山区畜牧业的根基挖掉；他们更没有预料到，他们这样做，竟使山泉在一年中的大部分时间内枯竭了，同时在雨季又使更加凶猛的洪水倾泻到平原上来。”[1]这种情景出现不是偶然，这就是以林业资源被毁坏的历史事实来论证人类工业文明对环境的严重破坏的本质是在对自己的正常生活的自我毁灭。

二、森林覆盖现状

2016 年全球森林面积［自然生长或人工种植且原地高度至少为 5 米的直立树木（无论是否属于生产性）所覆盖的土地，不包括农业生产系统中的立木（如果树种植园和农林系统）以及城市公园和花园中的树木］共 39 958 245 平方公里。森林面积全球排名前五的国家分别是俄罗斯、巴西、加拿大、美国、中国。从 1990 年到 2016 年，这五个国家的森林面积覆盖趋势如图 1 所示。可以看出，俄罗斯、加拿大和美国的森林覆盖面积保持平稳，中国森林面积上升幅度较其他国家而言相对明显，但巴西作为热带雨林覆盖的主要国家之一，森林面积却呈现急剧下降的趋势。热

---

〔1〕　［德］弗里德里希·冯·恩格斯著，于光远等译编：《自然辩证法》，人民出版社 1984 年版，第 305 页。

带雨林素有"地球之肺"的美誉，仅亚马孙热带雨林产生的氧气就占全球氧气总量的 1/3，巴西森林面积骤减对人类的生产生活无疑是一种危险的信号。

据国家统计局统计，2018 年我国林业用地面积为 32 591.12 万公顷，森林面积 22 044.62 万公顷，其中人工林面积 8003.1 万公顷，当年我国森林覆盖率在 23%，活立木总蓄积量为 190.07 亿立方米，森林蓄积量为 175.6 亿立方米。

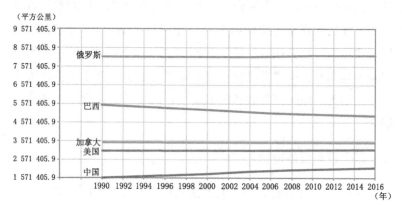

图 1[1]

森林在减缓气候变化上的作用已被广为认知。毁林是仅次于使用矿物燃料而导致气候变化的因素，占全部温室气体排放约 20%，比全球交通部门的总和还多。24%—30% 的减缓气候变化的潜能可以通过停止和逆转热带毁林实现。[2]2019 年，亚马孙森林火灾频发，其中，巴西、秘鲁与玻利维亚交界处的亚马孙地区为火灾重灾区。截至 2019 年 8 月 22 日，巴西境内森林着火点达

〔1〕 参见"世界各国森林面积（平方公里）"，载 https://www.kylc.com/stats/global/yearly_ overview/g_ area_ forest.html，最后访问日期：2020 年 4 月 3 日。
〔2〕《2018 年世界森林状况》，第 242 页。

75 336 处，较 2018 年同期增加 85%，逾半数着火点位于亚马孙雨林。2019 年 8 月以来，巴西森林着火点已达 36 771 处，较 2019 年 7 月同期激增 175%。无独有偶，同年，澳大利亚大火燃烧数月，造成超过 10 亿只动物死亡，1170 万公顷土地被烧毁，直接经济损失达数十亿美元。

三、林业资源法与生态文明

林业资源法的概念很多时候与森林法相同。森林法是以保护、培育和合理利用森林资源，加快国土绿化，发挥森林涵养水源、保持水土、调节气候、改善环境和提供林产品的作用，适应社会主义建设和人民生活的需要为目的，调整林业生产和生态环境建设领域内国家机关、企事业单位、其他组织相互之间以及它们与自然人之间的经济关系的法律规范的总称。[1]森林法所调整的对象，是森林的营造、抚育、采伐、更新保护，林产品的综合利用、运输、销售等活动中所发生的一切社会关系。[2]

森林是众多生物赖以存在和发展的根基，是森林生态文明建设的载体。从环境社会学的角度来看，要继承与发扬传统文明精髓，积极发挥森林生态在可持续发展中的作用[3]，需要正确认识人与森林、生态三者之间的关系，并将保护生态环境意识深固于实践。这些也是森林生态文明建设的重点内容。

---

〔1〕　张力、王洪杰主编：《林业政策法规》（林业专业），高等教育出版社 2002 年版，第 20 页。

〔2〕　石效贵主编：《实用林业管理法》，中国法制出版社 2007 年版，第 79 页。

〔3〕　参见樊雅丽：《新型城镇化与生态文明建设研究》，河北人民出版社 2013 年版，第 117 页。

第二节　我国林业资源立法沿革

一、我国林业资源立法的历史沿革

1963 年，国务院发布了《森林保护条例》。1973 年，农林部发布《森林采伐更新规程》。1979 年，《森林法（试行）》由第五届全国人大常委会第六次会议通过，这是我国森林资源保护的第一部专门法律。1984 年，正式的《森林法》出台，其中对试行法中森林的功能作了重大修正，把森林的生态功能、环境功能放在首位，从而为我国森林保护战略上的转变打下了基础。1998 年，第九届全国人大常委会第二次会议又对《森林法》作了进一步的修正，将原法的 42 条增加到 49 条，突出发挥森林生态功能的作用；2009 年为进一步完善森林保护制度，进行了第二次修正。2019 年 12 月 28 日，第十三届全国人大常委会第十五次会议对《森林法》进行修订，于 2020 年 7 月 1 日施行。这次修订，《森林法》由 7 章 49 条增加为 9 章 84 条，条款数量几乎翻倍；此次修订把握国有林和集体林、公益林和商品林两条主线，建立和完善了森林资源保护管理制度，明确林业发展已经由生产木材为主向生态建设为主转变，由主要提供物质产品向主要为全社会提供优质生态产品、满足经济社会生态文化等多元需求转变。配套法规文件有 1986 年颁布的《森林法实施细则》，后被《森林法实施条例》取代。2000 年 1 月 29 日，国务院发布《森林法实施条例》，后于 2011 年、2016 年、2018 年三次修订。其他重要的规范性文件还有：《森林采伐更新管理办法》（1987 年发布，已于 2011 年修订）、《森林防火条例》（1988 年发布，已于 2008 年修订）、《封山育林管理暂行办法》（1988 年发布）、《森林病虫害防治条例》（1989 年发布）、《林地管理暂行办法》（1993 年发布）、《沿海国家特殊保护林带管理规定》（1996 年发布）、《造林质量管理暂行办法》（2002 年发布）、《林木种子生产经营许可证管理办法》（2016 年发布）等。

二、我国林业资源保护立法现状

我国《宪法》第 9 条明确规定，除法律规定属于集体所有的森林外，森林自然资源属于国家所有，即全民所有。国家保障自然资源的合理利用，保护珍贵的动物和植物。禁止任何组织或者个人用任何手段侵占或者破坏自然资源。《宪法》第 26 条规定："国家保护和改善生活环境和生态环境，防治污染和其他公害。国家组织和鼓励植树造林，保护林木。"《环境保护法》将森林资源作为保护对象。《森林法》作为森林资源和林业方面的基本法，直接对有关森林资源的保护、利用、管理制度作出明确的规定。行政法规方面，国务院颁布了一系列林业法规，如《森林法实施条例》《森林防火条例》《森林采伐更新管理办法》《退耕还林条例》等。部门规章如《林木和林地权属登记管理办法》《占用征用林地审核审批管理办法》等。因此，我国对森林资源的管理、保护已形成在《宪法》的指导下，以《环境保护法》和《森林法》为主要内容，辅之以一系列行政法规、部门规章的森林保护管理法律体系。

第三节　我国林业资源法内容

一、森林权属制度

林权，是指国家、集体、个人、法人或其他组织对林地、树木所依法享有的占有、使用、收益或处分的权利，具体包括林地所有权、林地使用权、林地承包经营权。[1]一些国外学者认为我国自 20 世纪 80 年代以来，私有成分在中国林业发展的作用日益明显。"在农村实行家庭联产承包责任制和森林权属的改革过程中，集体所有和管理的森林逐渐下放给农户，其主要目标是激励农户长期投资和强化管理森林资源。"[2]但这种说法是不准确的，作为以生产资料社会主义公有制为经济基础的社会主义国家，一直以来，我国森林资源除集体所有外，都归属国家所有。《宪法》对森林资源的权属规定十分明确。我国《森林法》第 14 条明确规定，森林资源属于国家所有，由法律规定属于集体所有的除外。但是国家不可能直接开发、利用森林资源，因此出现了 20 世纪 80 年代开始私人或企业参与森林资源开发、利用的情况。为了明确森林权属、加强森林产权保护，我国于 2019 年对《森林法》进行了修订，根据国有森林资源产权制度改革的要求和国有林区、国有林场、集体林权制度改革的实践经验，在"森林权属"一章明确了森林、林木、林地的权属，确定了国有森林资源的所有权行使主体，规定了国家所有和集体所有的森林资源流转的方式和条件，强调了国家、集体和个人等不同主体的合法权益。

二、分类经营管理制度

2019 修订的《森林法》规定了分类经营管理制度，将"国家以培育稳定、健康、优质、高效的森林生态系统为目标，对公

---

[1] 佟占军等编著：《农村生态环境法律研究》，知识产权出版社 2016 年版，第 92 页。

[2] 陆文明、[英] 兰德尔-米尔斯（Landell-Mills, N.）主编：《中国私营林业政策研究》，中国环境科学出版社 2002 年版，第 50 页。

益林和商品林实行分类经营管理"首次作为基本法律制度写入"总则"一章。国家所有的林地和林地上的森林、林木可以依法确定给林业经营者使用。分类经营管理制度可以按照具体情况充分发挥森林多种功能，实现资源永续利用。《森林法》在"森林保护""经营管理"等章节，对公益林划定的标准、范围、程序等进行了细化，对公益林、商品林具体经营制度作了规定，体现了公益林严格保护和商品林依法自主经营的立法原则。

在此基础上，《森林法》规定林业经营者依法取得的国有林地和林地上的森林、林木的使用权，经批准可以转让、出租、作价出资等。集体所有和国家所有依法由农民集体使用的林地（以下简称"集体林地"）实行承包经营的，承包方享有林地承包经营权和承包林地上的林木所有权，合同另有约定的从其约定。承包方可以依法采取出租（转包）、入股、转让等方式流转林地经营权、林木所有权和使用权。未实行承包经营的集体林地以及林地上的林木，由农村集体经济组织统一经营。经本集体经济组织成员的村民会议三分之二以上成员或者三分之二以上村民代表同意并公示，可以通过招标、拍卖、公开协商等方式依法流转林地经营权、林木所有权和使用权。集体林地经营权流转应当签订书面合同。林地经营权流转合同一般包括流转双方的权利义务、流转期限、流转价款及支付方式、流转期限届满林地上的林木和固定生产设施的处置、违约责任等内容。

三、森林资源保护制度

按照生态优先、保护优先，实行最严格的法律制度，《森林法》规定，保护、培育、利用森林资源应当尊重自然、顺应自然，坚持生态优先、保护优先、保育结合、可持续发展的原则。通过森林资源保护发展目标责任制和考核评价制以落实对森林资源的保护责任。国家对森林资源的保护方式体现在不同的角度。

（一）资金保障森林生态修复

国家采取财政、税收、金融等方面的措施，支持森林资源保护发展。各级人民政府应当保障森林生态保护修复的投入，促进林业发展。建立森林生态效益补偿制度，强调科学保护修复森林生态系统，坚持自然恢复为主、自然恢复和人工修复相结合，对新造幼林地和其他应当封山育林的地方，组织封山育林，对国务院确定的需要生态修复的耕地，有计划地组织实施退耕还林还草；坚持数量和质量并重、质量优先，在大规模推进国土绿化的同时，应当科学规划、因地制宜、优化林种、树种结构，鼓励使用乡土树种和林木良种、营造混交林。加大公益林保护支持力度，完善重点生态功能区转移支付政策，指导受益地区和森林生态保护地区人民政府通过协商等方式进行生态效益补偿。

（二）森林防火

森林防火是指对森林火灾的预防和扑救。《森林法》规定，地方各级人民政府负责本行政区域的森林防火工作，发挥群防作用。县级以上人民政府组织领导应急管理、林业、公安等部门按照职责分工密切配合做好森林火灾的科学预防、扑救和处置工作：组织开展森林防火宣传活动，普及森林防火知识；划定森林防火区，规定森林防火期；设置防火设施，配备防灭火装备和物资；建立森林火灾监测预警体系，及时消除隐患；制定森林火灾应急预案，发生森林火灾，立即组织扑救；保障预防和扑救森林火灾所需费用。

（三）禁止破坏森林

《森林法》对人为破坏森林的行为作出禁止性规定，对于破坏森林资源、造成生态环境损害的，县级以上人民政府自然资源主管部门、林业主管部门可以依法向人民法院提起诉讼，对侵权人提出损害赔偿要求，严厉惩罚破坏森林资源的违法行为。

（四）森林病虫害防治

《森林病虫害防治条例》对森林的病虫害预防和除治进行了专门的规定，要求各级林业主管部门负责森林的病虫害预防管理工作，确定对林木种苗的检疫和保护。

（五）珍贵木材及其制品、衍生物出口禁限

出口禁限主要体现在国务院林业主管部门会同相关部门制定禁止、限制出口珍贵木材及其制品、衍生物的名录，并报国务院批准。

除此之外，法律还规定了封山育林制度以及在具有特殊保护价值的林区建立以国家公园为主体的自然保护地，加强保护；将党中央关于天然林全面保护的决策转化为法律制度，严格限制天然林采伐。为确保林地保有量不减少，形成了占用林地总量控制、建设项目占用林地审核、临时占用林地审批、直接为林业生产经营服务的工程设施占用林地审批的林地用途管制制度体系。

四、造林绿化制度

植树造林和绿化是增加森林面积、提高森林覆盖率的主要手段，也是保护森林资源的主要途径。造林绿化离不开各行各业、公民的广泛参与，《森林法》规定了植树节和公民的植树造林、保护森林的义务，鼓励公民通过植树造林、抚育管护、认建认养等方式参与造林绿化，进一步丰富了履行植树义务的方式。县级以上人民政府林业主管部门应当按照规定安排植树造林，恢复森林植被，植树造林面积不得少于因占用林地而减少的森林植被面积。上级林业主管部门应当定期督促下级林业主管部门组织植树造林、恢复森林植被，并进行检查。

五、林木采伐制度

《森林法》从通过采伐许可、采伐量控制、更新造林来保护林木的合理采伐和利用。

（一）采伐许可

1. 申请采伐许可情形

采伐林地上的林木应当申请采伐许可证，并按照采伐许可证的规定进行采伐；采伐自然保护区以外的竹林，不需要申请采伐许可证，但应当符合林木采伐技术规程。采挖移植林木按照采伐林木管理。

2. 申请采伐许可证应提交的材料

申请采伐许可证，应当提交有关采伐的地点、林种、树种、面积、蓄积、方式、更新措施和林木权属等内容的材料。超过省级以上人民政府林业主管部门规定面积或者蓄积量的，还应当提交伐区调查设计材料。

3. 采伐许可主管部门

采伐许可证由县级以上人民政府林业主管部门核发。县级以上人民政府林业主管部门应当采取措施，方便申请人办理采伐许可证。农村居民采伐自留山和个人承包集体林地上的林木，由县级人民政府林业主管部门或者其委托的乡镇人民政府核发采伐许可证。

4. 禁止采伐许可情形

《森林法》规定，有下列情形之一的，不得核发采伐许可证：采伐封山育林期、封山育林区内的林木；上年度采伐后未按照规定完成更新造林任务；上年度发生重大滥伐案件、森林火灾或者林业有害生物灾害，未采取预防和改进措施；法律法规和国务院林业主管部门规定的禁止采伐的其他情形。

（二）采伐量控制

国家严格控制森林年采伐量。这种采伐量的控制是一种预先编制管理的形式。省、自治区、直辖市人民政府林业主管部门根据消耗量低于生长量和森林分类经营管理的原则，编制本行政区域的年采伐限额，经征求国务院林业主管部门意见，报本级人民政府批准后公布实施，并报国务院备案。重点林区的年采伐限额，由国务院林业主管部门编制，报国务院批准后公布实施。采伐森林、林木应当遵守下列规定：①公益林只能进行抚育、更新和低质低效林改造性质的采伐。但是，因科研或者实验、防治林业有害生物、建设护林防火设施、营造生物防火隔离带、遭受自然灾害等需要采伐的除外。②商品林应当根据不同情况，采取不同采伐方式，严格控制皆伐面积，伐育同步规划实施。③自然保护区的林木，禁止采伐。但是，因防治林业有害生物、森林防火、维护主要保护对象生存环境、遭受自然灾害等特殊情况必须采伐的和实验区的竹林除外。《森林法》规定省级以上人民政府林业主管部门按照森林分类经营管理、保护优先、注重效率和效益等原则，制定相应的林木采伐技术规程。

（三）更新造林

《森林法》规定，采伐林木的组织和个人应当按照有关规定完成更新造林。更新造林的面积不得少于采伐的面积，更新造林应当达到相关技术规程规定的标准。采伐单位未完成更新造林任务的，由县级以上人民政府林业主管部门责令限期完成；逾期未完成的，可以处未完成造林任务所需费用二倍以下的罚款；对直接负责的主管人员和其他直接责任人员，依法给予处分。

六、监督保障制度

《森林法》明确了国家实行森林资源保护发展目标责任制和

考核评价制度，对人民政府完成森林资源保护发展目标和森林防火、重大林业有害生物防治工作情况进行考核，并在新增的"发展规划"一章规定县级以上人民政府应当通过合理规划森林资源保护利用结构和布局，实现提高森林覆盖率、森林蓄积量等保护发展目标。为加大扶持力度，修订后的《森林法》规定国家采取财政、税收、金融等方面的措施，支持森林资源保护发展，人民政府应当保障森林生态保护修复的投入。完善森林生态效益补偿制度，明确加大公益林保护支持力度，支持重点生态功能区转移支付，指导地区间横向生态效益补偿等内容。新增森林保险制度，鼓励引导金融机构开展林业信贷业务。为加大监督力度，修订后的《森林法》明确了林业主管部门监督检查职权，以及为履行监督检查有权采取行政强制措施、约谈等，对破坏森林资源造成生态环境损害的，自然资源主管部门、林业主管部门可以依法提起诉讼，向侵权人提出损害赔偿要求。

第四节　国外林业资源法律、国际公约简述

一、国外有关林业资源法律的发展情况

一个多世纪以来，世界上大多数国家对恢复和扩大森林资源都高度重视，在认识方面已经从单纯地生产木材与索取林产品扩大到发挥森林的多种社会效益与自然生态效能。尤其是维持整个自然界生态平衡的作用，已得到全世界经济发达国家和地区的关注。保护现有森林资源、发展后续资源已成为一项十分紧迫的战略性任务。[1]欧洲最早制定森林法的国家是德国。德国早期的森林立法可谓是严格至极，对一般采野果等行为也进行了规定。

---

〔1〕　赵登举主编：《实用森林法学》，吉林人民出版社 1987 年版，第 221 页。

1448 年，德国巴登州发布了《林业条例》；1568 年，巴伐利亚州
制定了《森林和林业普通法规》。1949 年联邦德国成立后，新建
的巴登-符腾堡州由过去的巴登州、符腾堡州和普鲁士州合并而
来，新州分别沿用三地的原有森林法——1833 年的巴登森林法、
1875 年的符腾堡森林法和普鲁士森林法，直至 1976 年《巴登-符
腾堡州森林法》公布。再来看法国，1827 年，法国就颁布了《森
林法》；1882 年，法兰西第三共和国制定了《山地和恢复保护
法》。瑞典在 1903 年通过《森林法》，其内容主要是严格控制森
林采伐量，采伐量绝对不能超过生长量，否则将会面临严厉的处
罚；要求对采伐后的森林进行更新，尽快恢复植被，否则也会面
临严厉的处罚。我们的邻国日本，虽然国土面积小，却一直非常
重视对林木资源的保护，在 1897 年颁布《森林法》，1899 年颁布
《国有林法》，1914 年公布《国有林施业规程》，1951 年和 1961
年两次修改了《森林法》。随着 1964 年首次制定《林业基本法》，
日本的林业政策体系走上了《森林法》和《林业基本法》两套引
擎并行牵引轨道。[1]美国建国历史较其他发达国家短，但相关法
令并不少，1836 年起颁布联邦法令和一些林业法规，如 1873 年
《木材培育条例》、1911 年《威克斯法》、1976 年《国家森林管理
法》、1981 年《自然保护区法》。有学者评价，在美国森林法体
系形成过程中，1960 年《多用途可持续生产法》和 1976 年《国
家森林管理法》有着重要的地位。[2]

　　发展中国家从 20 世纪 50 年代开始也纷纷加强了各自的森林
保护立法，如土耳其、巴西、赞比亚等。[3]

---

〔1〕　周孜予、马晓伟："日本、美国、瑞典森林法框架及启示"，载《世界林业
研究》2016 年第 5 期。

〔2〕　吴真："美国森林法评析"，载《环境保护》2012 年第 5 期。

〔3〕　参见赵登举主编：《实用森林法学》，吉林人民出版社 1987 年版，第 222 页。

二、国际相关规则与公约

（一）《关于森林问题的原则声明》

1992 年 6 月 3 日至 14 日，在巴西里约热内卢举办了联合国环境与发展大会，会议通过了《关于森林问题的原则声明》（以下简称《声明》），同年第四十七届联合国大会通过决议，表示赞同该《声明》。《声明》确认了各国对其森林资源所拥有的主权，并就有关森林管理、维护和持续发展，以及森林方面的国际合作与林业产品的贸易等，制定了一系列基本原则。[1]《声明》包括一个序言和 15 条原则要点，这些原则的指导目标是促进森林的管理、保存和可持续开发，并使它们具有多种多样和互相配合的功能和用途。[2]虽然由于是声明的形式，该《声明》无法律约束力，但其为各国保护和合理利用森林资源的实践提出了指导原则。

（二）《国际热带木材协定》

1983 年，国际上主要的热带木材生产国和消费国为了实现联合国贸易和发展会议关于商品综合方案的第 93（Ⅳ）号和第 124（Ⅴ）号决议的有关目标，达成《国际热带木材协定》。全球 51 个国家于 1994 年 1 月 26 日签订了新的《国际热带木材协定》以取代 1983 年《国际热带木材协定》。51 个国家中有 24 个生产国，全部是发展中国家，剩余 27 个为消费国，除个别发展中国家外，大多数是发达国家。[3]中国于 1996 年 7 月 31 日交存核准书，该协定于 1997 年 1 月 1 日对中国生效。

---

〔1〕 计翔翔主编：《联合国知识词典》，杭州出版社 2000 年版，第 255 页。

〔2〕 杨宇光主编：《联合国辞典》，黑龙江人民出版社 1998 年版，第 213 页。

〔3〕 参见施用海等：《循环经济与中国对外经济贸易》，中国商务出版社 2007 年版，第 89 页。

《国际热带木材协定》的主要目标是，提供有效的与世界木材经济方面有关的磋商、国际合作和政策发展的框架；通过磋商论坛促进正常的木材贸易活动；致力于可持续发展进程；实施提高成员供应能力战略；在 2000 年前获得可持续的能管理的资源，以开展热带木材及其产品的出口；促进国际热带木材贸易的扩展和多元化；促进和支持木材方面的研究和开发；提高木材市场信息的充分性；促进在生产成员内热带木材及其产品进出口；促进国际热带木材贸易的扩展和多元化；促进和支持木材方面的研究和开发；促进在生产成员内热带木材的深加工；鼓励成员方支持和开展热带木材森林的再造、森林管理活动以及恢复退化的森林土地；提高热带木材从可持续有管理的资源中出口的营销与分销水平；促进木材加工技术的获得、交换和技术合作；鼓励分享国际木材市场的信息等。[1]

---

〔1〕 刘德标、祖月主编：《国际经贸组织条约惯例手册》，中国商务出版社 2005 年版，第 175—176 页。

第十章　自然和文化遗产保护法

第一节　自然和文化遗产及其保护

一、我国的自然和文化遗产

《易传·系辞传上》有云：“仰以观于天文，俯以察于地理”。我国幅员广阔，地貌丰富，气候多变，在整个物质自然界与生态系统的长期共同作用下，山川河流、江河湖泊、草原森林，万物滋生。大自然留下的绝美之笔不仅养育了不同地域的人，也教会他们或依山傍水或草原牧马谋生之能。人类在自然中生存，也留下了人类文明的点滴印迹。我国现存的自然和文化遗产交相辉映，闪烁着中国人民的智慧和勤劳的光芒。保护我国的自然和文化遗产是我国生态文明的主要任务之一。

（一）自然遗迹

自然遗迹是指在自然界的漫长变迁过程中，受各种自然因素作用，形成、发展和遗留下来的自然产物，它是自然资源的重要组成部分。通常情况下，根据自然遗迹的自然属性，可将自然遗迹划分为地质遗迹和古生物遗迹两个类型。[1]前者如溶洞、瀑布、温泉、冰川遗迹、火山遗迹、河湖、古树名木、地质剖面、大熊猫生长繁殖地等，后者如古生物化石、古生物活动遗迹的化

---

〔1〕　参见薛达元、蒋明康：《中国自然保护区建设与管理》，中国环境科学出版社 1994 年版，第 26 页。

石等。自然遗迹是从审美和科学角度看具有突出的普遍价值的由物质和生物结构或这类结构群组成的自然面貌；从科学或保护角度看具有突出的普遍价值的地质和自然地理结构以及被明确划为濒危动植物生存区；从科学、保护或自然美角度看具有突出的普遍价值的天然名胜或明确划分的自然区域。由于人类也是自然中的一分子，人类活动在自然界中留下的痕迹也理应成为自然中的一部分，从这种广义的角度来理解自然遗迹，自然遗迹又扩充了人工的特征，它可以被理解为天然或人工的具有生态学、科学、文化和美学价值的自然复合体。

（二）文化遗产

文化遗产是人类社会在历史发展过程中创造出并留下来的一切物质财富和精神财富的总和，它包括物质文化遗产和非物质文化遗产两部分[1]。有学者认为文化遗产是一个比文化更为复杂的概念，本书中所指的文化遗产重点为物质文化遗产。国务院在2005 年下发了《国务院关于加强文化遗产保护的通知》，其中给出了文化遗产的定义：“文化遗产包括物质文化遗产和非物质文化遗产。物质文化遗产是具有历史、艺术和科学价值的文物，包括古遗址、古墓葬、古建筑、石窟寺、石刻、壁画、近代现代重要史迹及代表性建筑等不可移动文物，历史上各时代的重要实物、艺术品、文献、手稿、图书资料等可移动文物；以及在建筑式样、分布均匀或与环境景色结合方面具有突出普遍价值的历史文化名城（街区、村镇）。”[2]

自然遗迹和文化遗产既具有研究、观赏、教育的价值，又具

---

〔1〕　陈志文：《文化遗产的刑法保护研究》，中国政法大学出版社 2017 年版，第15 页。

〔2〕　贾鸿雁、张天来编著：《中华文化遗产概览》，东南大学出版社 2015 年版，第3 页。

有经济、文化和生态价值，更是华夏文明之瑰宝[1]。但无论自然遗迹还是文化遗产，一旦遭到破坏，均难以修复，因此，从这一角度来看，这些资源属于不可再生资源。我们必须对自然遗迹与文化遗产加以保护，以确保自然遗迹与文化资源的永续利用。

二、我国自然和文化遗产与自然和文化遗产保护立法情况概述

我国的自然遗迹类自然保护区建设开始于 20 世纪 80 年代，逐渐展开保护的有辽宁金石滩、湖南万华岩钟乳石、广东从化温泉、广西泥盆系剖面、山东山旺古生物化石和福建深沪湾海底古森林等自然遗迹。但从总体上看，我国自然遗迹类自然保护区的建设与自然资源保护的需求相比，差距依然很大。[2]除地质地貌资源外，我国也十分注重对古树名木的保护。我国古树名木数量多、分布广，仅北京天坛公园就有树龄 200 年以上的古柏 2500 多棵。[3]我国文化遗产众多，如都江堰，云冈石窟，皖南古村落（西递、宏村），明清皇陵（明显陵、清东陵、清西陵），曲阜孔庙、孔林、孔府，龙门石窟，布达拉宫，大昭寺，莫高窟，武当山古建筑群，大足石刻，秦始皇陵，丽江古城，苏州古典园林，周口店"北京人"遗址，平遥古城，承德避暑山庄和周围寺庙，颐和园，故宫等。[4]

我国必须谨慎开发这些自然和文化遗产，但谨慎开发不是完

---

〔1〕 参见蔡守秋主编：《环境与资源保护法学》，湖南大学出版社 2011 年版，第 380 页。

〔2〕 参见薛达元、蒋明康：《中国自然保护区建设与管理》，中国环境科学出版社 1994 年版，第 7—74 页。

〔3〕 常纪文、王宗廷主编：《环境法学》，中国方正出版社 2003 年版，第 278 页。

〔4〕 王文革主编：《自然资源法——理论·实务·案例》，法律出版社 2016 年版，第 358 页。

全放弃。可持续发展战略要求我们对自然资源要做到有效利用和促进社会经济发展，其前提是满足当代人的发展，进而去促进社会经济的良性循环发展；它虽强调保护，但不是无条件地限制发展，更不是被动地保护。尤其在当前形势下，我国的相关自然和文化遗产开发出的旅游业已成为部分地区居民脱贫致富的重要产业。如果只讲保护，不讲发展，地方经济容易陷入长期的困境中，而自然和文化遗产的保护经费更是没有保障。[1]只有充分利用自然和文化遗产的优势，以最小的环境代价来谨慎开发、利用，才能保护这些最美的财富。

目前，我国已经出台了《文物保护法》《风景名胜区管理条例》《森林法》《自然保护区管理条例》等法律法规，地方也针对各自自然和文化遗产的具体保护对象制定地方性法规、地方政府规章。即便如此，我国的自然和文化遗产保护法还存在很大的不协调之处，因此有学者建议在已有法律规范的基础上，出台自然和文化遗产保护法，同时特别强调要加强执法力度。"只有在市场化的过程中不断完善法规体系，加强执法力度，才能确保文化遗产资源按照遗产保护的有关要求，合理开发，永续利用。"[2]

第二节　自然和文化遗产保护法内容

一、有关自然和文化遗产保护主要文件

国际对自然和文化遗产的保护内容十分丰富。从陆地生物资

---

〔1〕　参见徐树建主编：《世界文化与自然遗产》，山东人民出版社 2012 年版，第 26 页。

〔2〕　于海广、王巨山主编：《中国文化遗产保护概论》，山东大学出版社 2008 年版，第 150 页。

源养护方面法律内容来看，涉及对野生动物、野生植物、濒危野生动植物等的保护。其中主要的全球性陆地生物资源养护公约有：1971 年的《关于特别是作为水禽栖息地的国际重要湿地公约》、1973 年的《濒危野生动植物种国际贸易公约》、1979 年的《保护迁徙野生动物物种公约》、1992 年的《生物多样性公约》等。此外，这方面还存在大量的区域性、双边性国际条约，如1940 年的《西半球公约》，1968 年的《非洲保护自然界和自然资源公约》，1979 年的《伯尔尼公约》，1950 年的《世界保护鸟类公约》，1970 年的《捕猎和保护鸟类贝勒拉克斯公约》，1986 年的《南太平洋地区自然资源和环境保护公约》，1972 年的《南极海豹保护公约》，1973 年的《北极熊及生境养护国际协定》等。对人类自然文化遗产管理和养护方面最主要的全球性公约是 1972年的《世界遗产公约》即《保护世界文化和自然遗产公约》。除上述主要立法外，国际水道保护法、国际危险废物管理法、国际核能管理法等也是国际环境保护法的重要组成部分。[1]1985 年我国加入《保护世界文化和自然遗产公约》。

具体实践上，我国在对自然和文化遗产保护方面较为侧重地方自主保护。曾有学者总结我国对自然和文化遗迹地三种保护模式：以分布在自然保护区、风景名胜区范围内的文化遗迹地，作为自然保护区、风景名胜区的组成部分加以保护；对规模较大的文化遗迹地，划为单独的自然保护区或风景名胜区加以特别保护；对定为不同级别的文物保护单位加以保护。[2]本章研究的重点是对纯自然遗产、人工与自然依傍而成的自然和文化遗产资源

---

〔1〕 史玉成主编：《环境与资源法学》，兰州大学出版社 2006 年版，第 297—298 页。

〔2〕 王文革主编：《自然资源法——理论·实务·案例》，法律出版社 2016 年版，第 256 页。

的保护，因此暂不讨论我国现有的与自然关联不大的文化遗产的保护内容。

二、我国自然和文化遗产保护法内容

(一) 风景名胜区保护

风景名胜区，是指具有观赏、文化或者科学价值，自然景观、人文景观比较集中，环境优美，可供人们游览或者进行科学、文化活动的区域。风景名胜区内的景观和自然环境，应当根据可持续发展的原则，严格保护，不得破坏或者随意改变。我国《风景名胜区条例》规定了有关风景名胜区的设立、规划、保护、利用和管理的内容。我国对风景名胜区实行科学规划、统一管理、严格保护、永续利用的原则。

1. 管理、监督主体

风景名胜区所在地县级以上地方人民政府设置的风景名胜区管理机构，负责风景名胜区的保护、利用和统一管理工作。国务院建设主管部门负责全国风景名胜区的监督管理工作。国务院其他有关部门按照国务院规定的职责分工，负责风景名胜区的有关监督管理工作。省、自治区人民政府建设主管部门和直辖市人民政府风景名胜区主管部门，负责本行政区域内风景名胜区的监督管理工作。省、自治区、直辖市人民政府其他有关部门按照规定的职责分工，负责风景名胜区的有关监督管理工作。

2. 风景名胜区的设立原则

设立风景名胜区应当有利于保护和合理利用风景名胜资源。新设立的风景名胜区与自然保护区不得重合或者交叉；已设立的风景名胜区与自然保护区重合或者交叉的，风景名胜区规划与自然保护区规划应当相协调。风景名胜区内的土地、森林等自然资源和房屋等财产的所有权人、使用权人的合法权益受法律保护。

因设立风景名胜区对风景名胜区内的土地、森林等自然资源和房屋等财产的所有权人、使用权人造成损失的，应当依法给予补偿。

3. 规划制度

风景名胜区规划分为总体规划和详细规划。风景名胜区总体规划的编制需体现人与自然和谐相处、区域协调发展和经济社会全面进步的要求，坚持保护优先、开发服从保护的原则，突出风景名胜资源的自然特性、文化内涵和地方特色。

风景名胜区总体规划包括风景资源评价，生态资源保护措施、重大建设项目布局、开发利用强度，风景名胜区的功能结构和空间布局，禁止开发和限制开发的范围，风景名胜区的游客容量和有关专项规划。国家级风景名胜区规划由省、自治区人民政府建设主管部门或者直辖市人民政府风景名胜区主管部门组织编制；省级风景名胜区规划由县级人民政府组织编制。

4. 禁限规定

禁止违反风景名胜区规划，在风景名胜区内设立各类开发区和在核心景区内建设宾馆、招待所、培训中心、疗养院以及与风景名胜资源保护无关的其他建筑物；已经建设的，应当按照风景名胜区规划，逐步迁出。风景名胜区内禁止进行下列活动：开山、采石、开矿、开荒、修坟立碑等破坏景观、植被和地形地貌的活动；修建储存爆炸性、易燃性、放射性、毒害性、腐蚀性物品的设施；在景物或者设施上刻画、涂污；乱扔垃圾。

（二）自然保护区制度

自然保护区是指对保护或者恢复自然复杂性及其组成成分和持续的生态平衡具有特定价值的区域。根据环境和自然保护的目的，自然保护区可以大致分为景观保护区、生物保护区、古生物保护区、水文保护区、地址保护区。[1]我国《自然保护区条例》中对自然保护区的界定是：对有代表性的自然生态系统、珍稀濒危野生动植物物种的天然集中分布区、有特殊意义的自然遗迹等保护对象所在的陆地、陆地水体或者海域，依法划出一定面积予以特殊保护和管理的区域。

1. 设立自然保护区

应当建立自然保护区的地域范围特征为：典型的自然地理区域、有代表性的自然生态系统区域以及已经遭受破坏但经保护能够恢复的同类自然生态系统区域；珍稀、濒危野生动植物物种的天然集中分布区域；具有特殊保护价值的海域、海岸、岛屿、湿地、内陆水域、森林、草原和荒漠；具有重大科学文化价值的地质构造、著名溶洞、化石分布区、冰川、火山、温泉等自然遗迹；经国务院或者省、自治区、直辖市人民政府批准，需要予以特殊保护的其他自然区域。

国家级自然保护区的建立，由自然保护区所在的省、自治区、直辖市人民政府或者国务院有关自然保护区行政主管部门提出申请，经国家级自然保护区评审委员会评审后，由国务院环境保护行政主管部门进行协调并提出审批建议，报国务院批准。地方级自然保护区的建立，由自然保护区所在的县、自治县、市、自治州人民政府或者省、自治区、直辖市人民政府有关自然保护区行政主管部门提出申请，经地方级自然保护区评审委员会评审后，由省、自治区、直辖市人民政府环境保护行政主管部门进行协调并提出审批建议，报省、自治区、直辖市人民政府批准，并报国务院环境保护行政主管部门和国务院有关自然保护区行政主

----

〔1〕　参见高振宁、徐海根主编：《中国—俄罗斯生物多样性信息管理研究》，中国环境科学出版社 2000 年版，第 54 页。

管部门备案。跨两个以上行政区域的自然保护区的建立，由有关行政区域的人民政府协商一致后提出申请，并按照前面规定的程序审批，建立海上自然保护区，须经国务院批准。

2. 禁限规定

自然保护区内保存完好的天然状态的生态系统以及珍稀、濒危动植物的集中分布地，应当划为核心区，禁止任何单位和个人进入；除经批准外，也不允许进入从事科学研究活动。核心区外围可以划定一定面积的缓冲区，只准进入从事科学研究观测活动。缓冲区外围划为实验区，可以进入从事科学试验、教学实习、参观考察、旅游以及驯化、繁殖珍稀、濒危野生动植物等活动。

禁止在自然保护区内进行砍伐、放牧、狩猎、捕捞、采药、开垦、烧荒、开矿、采石、挖沙等活动；但是，法律、行政法规另有规定的除外。禁止任何人进入自然保护区的核心区。因科学研究的需要，必须进入核心区从事科学研究观测、调查活动的，应当事先向自然保护区管理机构提交申请和活动计划，并经自然保护区管理机构批准；其中，进入国家级自然保护区核心区的，应当经省、自治区、直辖市人民政府有关自然保护区行政主管部门批准。禁止在自然保护区的缓冲区开展旅游和生产经营活动。因教学科研的目的，需要进入自然保护区的缓冲区从事非破坏性的科学研究、教学实习和标本采集活动的，应当事先向自然保护区管理机构提交申请和活动计划，经自然保护区管理机构批准。

在自然保护区的核心区和缓冲区内，不得建设任何生产设施。在自然保护区的实验区内，不得建设污染环境、破坏资源或者景观的生产设施；建设其他项目，其污染物排放不得超过国家和地方规定的污染物排放标准。在自然保护区的实验区内已经建成的设施，其污染物排放超过国家和地方规定的排放标准的，应当限期治理；造成损害的，必须采取补救措施。在自然保护区的外围保护地带建设的项目，不得损害自然保护区内的环境质量；已造成损害的，应当限期治理。

参考文献

一、外文期刊论文

[1] Per J. Agrell, Peter Bogetoft, "Economic and Environmental Efficiency of District Heating Plants", *Energy Policy*, Vol. 33, 2005.

[2] Nader A. El-Taweel, Hadi Khani, Hany E. Z. Farag, "Voltage Regulation in Active Power Distribution Systems Integrated with Natural Gas Grids Using Distributed Electric and Gas Energy Resources", *International Journal of Electrical Power & Energy Systems*, Vol. 106, 2019.

[3] Dedi Liu et al. , "Rational Function Method for Allocating Water Resources in the Coupled Natural - Human Systems", *Water Resources Management*, Vol. 33, 2019.

[4] Bokolo Anthony Jr, "Green Information System Integration for Environmental Performance in Organizations: An Extension of Belief-Action-Outcome Framework and Natural Resource-Based View Theory", *Benchmarking: An International Journal*, Vol. 26, No. 3, 2019.

[5] Maria del Mar Delgado-Serrano et al. , "Correction to: Influence of community-Based Natural Resource Management Strategies in the Resilience of Social-Ecological Systems", *Regional Environmental Change*, Vol. 18, 2018.

[6] I. V. Stefanenko et al. , "Fundamentals of Methodology of Development of the Technical Theory of Natural and Technical Systems in Use of Water Resources", *Applied Mechanics and Materials*, Vol. 875, 2018.

[7] K. E. Hughes II, "The Value Relevance of Nonfinancial Measures of Air Pollution in the Electric Utility Industry", *The Accounting Review*, Vol. 75,

No. 2, 2000.

[8] Martin Freedman, Bikki Jaggi, "An Analysis of the Association Between Pollution Disclosure and Economic Performance", *Accounting, Auditing & Accountability Journal*, Vol. 1, No. 2, 1988.

[9] Michael V. Russo, Paul A. Fouts, "A Resource-Based Perspective on Corporate Environmental Performance and Profitability", *The Academy of Management Journal*, Vol. 40, No. 3, 1997.

[10] Sulaiman A. Al-Tawaijri, Theodore E. Christensen, K. E. Hughes II, "The Relations Among Environmental Disclosure, Environmental Performance, and Economic Performance: A Simultaneous Equations Approach", *Accounting, Organizations and Society*, Vol. 29, No. 5-6, 2004.

[11] Anita Jose, Shang-Mei Lee, "Environmental Reporting of Global Corporations: A Content Analysis Based on Website Disclosures", *Journal of Business Ethics*, Vol. 72, No. 4, 2007.

[12] V. K. Smith, "Nonmarket Valuation of Environmental Resources: An Interpretive Appraisal", *Land Economics*, Vol. 69, 1993.

[13] SangHoo Bae, Inshik Seol, "An Exploratory Empirical Investigation of Environmental Audit Programs in S&P 500 Companies", *Management Research News*, Vol. 29, No. 9, 2006.

[14] Pavaloaia Betianu Leontina, Luliana Georgescu, "Approaches of Environmental Information Audit in Annual Reports", *Annales Universitatis Apulensis Series Oeconomica*, Vol. 1, No. 10, 2008.

[15] Boivin B. , Gosselin L. , " Going for a Green Audit", *CA Magazine*, 1991.

[16] Black R. , "A New Leaf in Environmental Auditing", *Internal Auditor*, Vol. 55, 1998.

[17] Noel Brown, Craig Deegan, "The Public Disclosure of Environmental Performance Information—A Dual Test of Media Agenda Setting Theory and Legitimacy Theory", *Accounting and Business Research*, Vol. 29, No. 1, 1998.

[18] Cahill L. B. , "Conducting Third-Party Evaluations of Environmental, Health,

and Safety Audit Programs", *Environmental Quality Management*, Vol. 11, No. 3, 2002.

[19] Cockburn D. , "Going for a Green Audit", *CA Magazine*, Vol. 124, No. 3, 1991.

[20] David J. Collison, "The Response of Statutory Financial Auditors in the UK to Environmental Issues: A Descriptive and Exploratory Case Study", *The British Accounting Review*, Vol. 28, No. 4, 1996.

[21] Philippe de Moor, Ignace DE Beelde, "Environmental Auditing and the Role of the Accountancy Profession: A Literature Review", *Environmental Management*, Vol. 36, 2005.

[22] Charl de Villiers, Chris J. van Staden, "Can Less Environmental Disclosure Have a Legitimising Effect? Evidence from Africa", *Accounting, Organizations and Society*, Vol. 31, No. 8, 2006.

[23] Craig Deegan, Michaela Rankin, "Do Australian Companies Report Environmental News Objectively? An Analysis of Environmental Disclosures by Firms Prosecuted Successfully by the Environmental Protection Authority", *Accounting, Auditing & Accountability Journal*, Vol. 9, No. 2, 1996.

[24] D. Elliott, D. Patton, "Environmental Audit Response: The Case of the Engineering Sector", *Greener Management International*, Vol. 22, 1998.

[25] H. Landis Gabel, Bernard Sinclair-Desgagné, "Environmental Audits and Incentive Compensation", 1994.

[26] Ans Kolk, Paolo Perego, "Determinants of the Adoption of Sustainability Assurance Statements: An International Investigation", *Business Strategy and the Environment*, Vol. 19, No. 3, 2010.

[27] Josephine Chinying Lang, "Legislative, Regulatory and Juridical Dilemmas in Environmental Auditing", *Corporate Social Responsibility and Environmental Management*, Vol. 6, Nol. 3, 1999.

[28] Birendra K. Mishra, D. Paul Newman, Christopher H. Stinson, "Environmental Regulations and Incentives for Compliance Audits", *Journal of Ac-*

counting and Public Policy, Vol. 16, No. 2, 1997.

[29] Natu A. , "Environmental Audit—A Tool for Waste Minimization for Small and Medium Scale Dyestuff Industries", *Chemical Business Bombay*, Vol. 13, 1999.

[30] D. Neu, H. Warsame, K. Pedwell, "Managing Public Impressions: Environmental Disclosures in Annual Reports", *Accounting, Organizations and Society*, Vol. 23, No. 3, 1998.

[31] Mehmet Özbirecikli, "A Review on How CPAs Should Be Involved in Environmental Auditing and Reporting for the Core Aim of It", *Problems and Perspectives in Management*, Vol. 5, No. 2, 2007.

[32] Peter A. Stanwick, Sarah D. Stanwick, "Cut Your Risks with Environmental Auditing", *The Journal of Corporate Accounting & Finance*, Vol. 12, No. 4, 2001.

[33] John-Mark Stensvaag, "The Fine Print of State Environmental Audit Privileges", *UCLA Journal of Environmental Law & Policy*, Vol. 16, 1998.

[34] Dixon Thompson, Melvin J. Wilson, "Environmental Auditing: Theory and Applications", *Environmental Management*, Vol. 18, 1994.

[35] L. E. Tozer, M. R. Mathews, "Environmental Auditing: Current Practice in New Zealand", *Social and Environmental Accountability Journal*, Vol. 14, No. 2, 1994.

[36] Robert R. Tucker, Janet Kasper, "Pressures for Change in Environmental Auditing and in the Role of the Internal Auditor", *Journal of Managerial Issues*, Vol. 10, No. 3, 1998.

[37] Guy Michaels, "The Long Term Consequences of Resource-Based Specialization", *The Economic Journal*, Vol. 121, No. 551, 2011.

[38] Rostow W. , "The Stages of Economic Growth", *The Economic History Review*, Vol. 12, No. 1, 1959.

[39] Isaac Aigbedion, "Environmental Effect of Mineral Exploitation in Nigeria", *International Journal of Physical Sciences*, Vol. 2, No. 2, 2007.

[40] C. Visvanathan, Mandar Parasnis, Arunee Janesiripanich, "Multimedia Environmental Audit in a Rice Cracker Factory in Thailand: A Model Case Study", *Journal of Cleaner Production*, Vol. 6, No. 2, 1998.

[41] Andrew B. Whitford, "A Test of the Political Control of Bureaucracies under Asymmetric Information", *Rationality and Society*, Vol. 20, No. 4, 2008.

[42] Thorvaldur Gylfason, Gylfi Zoega, "Natural Resources and Economic Growth: The Role of Investment", *The World Economy*, Vol. 29, No. 8, 2006.

[43] Frederick van der Ploeg, "Natural Resources: Curse or Blessing?", *Journal of Economic Literature*, Vol. 49, No. 2, 2011.

[44] Elissaios Papyrakis, Reyer Gerlagh, "The Resource Curse Hypothesis and Its Transmission Channels", *Journal of Comparative Economics*, Vol. 32, No. 1, 2004.

[45] Jeffrey D. Sachs, Andrew M. Warner, "Natural Resource Abundance and Economic Growth", *National Bureau of Economic Research Working Paper*, No. 5398, 1995.

[46] Jeffrey D. Sachs, Andrew M. Warner, "The Big Push, Natural Resource Booms and Growth", *Journal of Development Economics*, Vol. 59, No. 1, 1999.

[47] Jeffrey D. Sachs, "Resource Endowments and the Real Exchange Rate: A Comparison of Latin America and East Asia", *Changes in Exchange Rates in Rapidly Developing Countries: Theory, Practice, and Policy Issues*, University of Chicago Press, 1999.

[48] Torfinn Harding, Anthony J. Venables, "The Implications of Natural Resource Exports for Nonresource Trade", *IMF Economic Review*, Vol. 64, 2016.

[49] Kareem Ismail, "The Structural Manifestation of the 'Dutch Disease': The Case of Oil Exporting Countries", *IMF Working Paper*, International Monetary Fund, 2010.

[50] Thorvaldur Gylfason, Tryggvi Thor Herbertsson, Gylfi Zoega, "A Mixed Blessing: Natural Resources and Economic Growth", *CEPR Discussion Papers*, No. 1668, 1999.

[51] Thorvaldur Gylfason, "Natural Resources, Education, and Economic Development", *European Economic Review*, Vol. 45, No. 4, 2001.

[52] Jean-Philippe Stijns, "Natural Resource Abundance and Human Capital Accumulation", *World Development*, Vol. 34, No. 6, 2006.

[53] Luisa Blanco, Robin Grier, "Natural Resource Dependence and the Accumulation of Physical and Human Capital in Latin America", *Resources Policy*, Vol. 37, No. 3, 2012.

[54] Shuai Shao, Lili Yang, "Natural Resource Dependence, Human Capital Accumulation, and Economic Growth: A Combined Explanation for the Resource Curse and the Resource Blessing", *Energy Policy*, Vol. 74, 2014.

[55] Li Li, Yalin Lei, Dongyang Pan, "Economic and Environmental Evaluation of Coal Production in China and Policy Implications", *Natural Hazards*, Vol. 77, 2015.

[56] David C. L. Nellor, "Sovereignty and Natural Resource Taxation in Developing Countries", *Economic Development and Cultural Change*, Vol. 35, No. 2, 1987.

[57] Ross Garnaut, Anthony Clunies Ross, "Uncertainty, Risk Aversion and the Taxing of Natural Resource Projects", *The Economic Journal*, Vol. 85, No. 338, 1975.

二、外文专著教材

[1] Marion Clawson, *Methods of Measuring the Demand for and Value of Outdoor Recreation*, Resources for the Future Inc. , 1959.

[2] Hotelling H. , *The Economics of Public Recreation*, The Prewitt Report, National Parks Service, 1947.

[3] J. Ladd Greeno, Gilbert S. Hedstrom, Maryanne Diberto, *Environmental Auditing: Fundamentals and Techniques*, John Wiley & Sons Inc. , 1985.

三、外文辞典

[1] *Black's Law Dictionary*, Published by West Group of America, 1983.

[2] Henry Campbell Black, *Black's Law Dictionary*, fifth edition, M. A., 1979.

四、译著

[1] 中共中央马克思恩格斯列宁斯大林著作编译局编：《马克思恩格斯选集》（第一卷—第四卷），人民出版社 1995 年版。

[2] ［英］马尔萨斯著，朱泱、胡企林、朱和中译：《人口原理》，商务印书馆 1992 年版。

[3] ［英］亚当·斯密著，郭大力、王亚南译：《国民财富的性质和原因的研究》，商务印书馆 2009 年版。

[4] 联合国贸易与发展会议著，刘刚译：《环境成本和负债的会计与财务报告》，中国财政经济出版社 2003 年版。

[5] ［英］李嘉图著，郭大力、王亚南译：《政治经济学及赋税原理》，商务印书馆 1962 年版。

[6] ［美］奥利弗·E. 威廉姆森、西德尼·G. 温特编，姚海鑫、邢源源译：《企业的性质——起源、演变和发展》，商务印书馆 2009 年版。

[7] ［美］约瑟夫·熊彼特著，吴良健译：《资本主义、社会主义与民主》，商务印书馆 2009 年版。

[8] ［英］彼得·巴特姆斯等著，张磊等译：《绿色核算》，经济管理出版社 2011 年版。

[9] ［英］托马斯·赫胥黎著，林素译：《人类在自然界中的位置》，江苏人民出版社 2011 年版。

[10] ［美］德内拉·梅多斯、乔根·兰德斯、丹尼斯·梅多斯著，李涛、王智勇译：《增长的极限》，机械工业出版社 2013 年版。

[11] ［法］布封著，王思茵译：《自然史》，江苏凤凰文艺出版社 2017 年版。

[12] ［加］马可·德·维利耶著，唐奇译：《人类的出路》，中国人民大学出版社 2012 年版。

[13] 日本资源问题研究会著，刘宗德译：《图解世界资源真相：交易与争夺，如何悄悄驱动国际局势巨变》，大是文化有限公司 2012 年版。

［14］［美］埃里克·西格尔著，周大昕译：《大数据预测：告诉你谁会点击、购买、撒谎或死去》，中信出版集团 2017 年版。

［15］［美］鲁道斯基著，杨昌明、李万亨译：《矿产经济学——自然资源开发与管理》，中国地质大学出版社 1991 年版。

［16］［美］蕾切尔·卡森著，吕瑞兰、李长生译：《寂静的春天》，上海译文出版社 2011 年版。

［17］［美］迪克逊·威克特著，王水编译：《美国总统经济学》，北京时代华文书局 2015 年版。

［18］［罗马］查士丁尼著，张企泰译：《法学总论——法学阶梯》，商务印书馆 1989 年版。

［19］［意］彼得罗·彭梵得著，黄风译：《罗马法教科书》，中国政法大学出版社 1992 年版。

［20］李浩培、吴传颐、孙鸣岗译：《法国民法典》，商务印书馆 1979 年版。

［21］［英］詹宁斯、瓦茨修订，王铁崖等译：《奥本海国际法》（第一卷第一分册），中国大百科全书出版社 1995 年版。

［22］［美］雷吉娜·E. 朗格林、安德莉亚·H. 麦克马金著，黄河、蒲信竹、刘琳琳译：《风险沟通：环境、安全和健康风险沟通指南》（第五版），中国传媒大学出版社 2016 年版。

［23］［奥］凯尔森著，沈宗灵译：《法与国家的一般理论》，中国大百科全书出版社 1996 年版。

［24］［俄罗斯］米哈伊尔·谢尔盖耶维奇·戈尔巴乔夫著，石国雄、杨正译：《苏联的命运：戈尔巴乔夫回忆录》，译林出版社 2018 年版。

［25］罗结珍译：《法国民法典》（上册），法律出版社 2005 年版。

［26］［美］斯科特·L. 蒙哥马利著，宋阳、姜文波译：《全球能源大趋势》，机械工业出版社 2012 年版。

［27］［丹］亨里克·隆德著，王育民译：《可再生能源》，中国三峡出版社 2017 年版。

［28］［苏］C. K. 弗列罗夫著，陈常铭、宋慧英译：《森林保护组织》，中国林业出版社 1955 年版。

五、专著教材

[1]《中国 21 世纪议程——中国 21 世纪人口、环境与发展白皮书》，中国环境科学出版社 1994 年版。

[2] 卜善祥等编著：《国内外自然资源管理体制与发展趋势》，中国大地出版社 2005 年版。

[3] 吴季松：《循环经济——全面建设小康社会的必由之路》，北京出版社 2003 年版。

[4] 潘岳、李德水主编：《建立中国绿色国民经济核算体系》（国际研讨会论文集），中国环境科学出版社 2004 年版。

[5] 解三明主编：《绿色 GDP 的内涵和统计方法》，中国计划出版社 2005 年版。

[6] 习近平：《之江新语》，浙江人民出版社 2007 年版。

[7] 高敏雪、许健、周景博：《综合环境经济核算——基本理论与中国应用》，经济科学出版社 2007 年版。

[8] 吴杰：《矿产资源资产会计论》，石油工业出版社 2009 年版。

[9] 孟旭光主编：《国土资源规划理论与实践》，地质出版社 2009 年版。

[10] 齐亚彬等：《矿产资源开发补偿机制研究》，中国大地出版社 2009 年版。

[11] 叶文虎主编：《可持续发展的新进展》（第 3 卷），科学出版社 2010 年版。

[12] "中国森林资源核算及纳入绿色 GDP 研究"项目组编：《绿色国民经济框架下的中国森林核算研究》，中国林业出版社 2010 年版。

[13] 张贵祥：《首都跨界水源地：经济与生态协调发展模式与机理》，中国经济出版社 2011 年版。

[14] 谷树忠等：《中国资源报告——新时期中国资源安全透视》，商务印书馆 2010 年版。

[15] 审计署农业与资源环保审计司编：《资源环保审计案例》，中国时代经济出版社 2014 年版。

［16］文魁等:《京津冀发展报告（2016）：协同发展指数研究》，社会科学
文献出版社 2016 年版。

［17］张建锋等:《人居生态学》，中国林业出版社 2014 年版。

［18］"中国森林资源核算研究"项目组编:《生态文明制度构建中的中国森
林资源核算研究》，中国林业出版社 2015 年版。

［19］叶文虎、甘晖:《文明的演化——基于三种生产四种关系框架的迈向
生态文明时代的理论、案例和预见研究》（第一卷），科学出版社
2015 年版。

［20］本书编写组编著:《〈中共中央关于全面深化改革若干重大问题的决
定〉辅导读本》，人民出版社 2013 年版。

［21］《党的十九大报告辅导读本》，人民出版社 2017 年版。

［22］《深化党和国家机构改革方案》，人民出版社 2018 年版。

［23］中共中央国务院:《中共中央国务院关于加快推进生态文明建设的意
见》，人民出版社 2015 年版。

［24］蔡运龙编著:《自然资源学原理》，科学出版社 2000 年版。

［25］《关于建立以国家公园为主体的自然保护地体系的指导意见》，人民出
版社 2019 年版。

［26］郝庆、孟旭光、刘天科主编:《国土综合整治研究》，科学出版社 2018
年版。

［27］中国自然资源学会编著:《资源科学学科发展报告 2016—2017》，中国
科学技术出版社 2018 年版。

［28］陆文明、［英］兰德尔–米尔斯（Landell-Mills，N.）主编:《中国私营
林业政策研究》，中国环境科学出版社 2002 年版。

［29］郭莉:《生态文明背景下农业水权法律保障研究》，中国矿业大学出版
社 2018 年版。

［30］中共中央文献研究室编:《十六大以来重要文献选编》（上），中央文
献出版社 2005 年版。

［31］《胡锦涛文选》（第二卷），人民出版社 2016 年版。

［32］中共中央文献研究室编:《十六大以来重要文献选编》（中），中央文

献出版社 2011 年版。

[33] 卢风等：《生态文明新论》，中国科学技术出版社 2013 年版。

[34] 吕少仿：《绿色生化技术与小城镇可持续发展》，华中科技大学出版社 2017 年版。

[35] 汪慧玲编著：《农业自然资源评估》，甘肃人民出版社 2011 年版。

[36] 张寄农、洪乌金、许惠渊主编：《乡村经济管理问题》，北京农业大学出版社 1990 年版。

[37] 安海忠、方伟：《资源信息管理》，地质出版社 2009 年版。

[38] 盖保民：《地球演化》（第三卷），中国科学技术出版社 1996 年版。

[39] 程伟礼等：《中国一号问题：当代中国生态文明问题研究》，学林出版社 2012 年版。

[40] 夏文利：《现代生态哲学视阈中的淮南子研究》，民族出版社 2016 年版。

[41] 陈亮：《人与环境》，中国环境出版社 2017 年版。

[42] 牛文浩：《生态思想维度中社会主义生态文明研究》，经济日报出版社 2019 年版。

[43] 孙燕华：《当代生态问题的文学思考——台湾自然写作研究》，复旦大学出版社 2009 年版。

[44] 广州市环境保护宣传教育中心编：《马克思恩格斯论环境》，中国环境科学出版社 2003 年版。

[45] 曾晖：《丘陵矿区土地利用安全格局研究》，中国大地出版社 2010 年版。

[46] 王曦主编：《生态文明建设议政文集：中国民主建国会中央人口资源环境委员会参政议政成果精选（2008—2012 年）》，上海交通大学出版社 2013 年版。

[47] 史玉成主编：《环境与资源法学》，兰州大学出版社 2006 年版。

[48] 潘静成主编：《经济法概论》，中央广播电视大学出版社 1993 年版。

[49] 徐孟洲主编：《经济法学》，北京师范大学出版社 2010 年版。

[50] 李创、赵海虎主编：《经济法概论》，黄河水利出版社 1997 年版。

［51］ 王文革主编：《自然资源法——理论·实务·案例》，法律出版社 2016 年版。

［52］ 颜运秋、陈海嵩、余彦编著：《环境资源法》，中南大学出版社 2016 年版。

［53］ 任东方主编：《经济法概论》，北京工业大学出版社 2006 年版。

［54］ 王权典主编：《现代环境法学概论》，华南理工大学出版社 2004 年版。

［55］ 肖国兴、肖乾刚编著：《自然资源法》，法律出版社 1999 年版。

［56］ 王宗廷主编：《简明法学》，中国地质大学出版社 1998 年版。

［57］ 戚道孟主编：《自然资源法》，中国方正出版社 2005 年版。

［58］ 黄锡生、李希昆主编：《环境与资源保护法学》（第三版），重庆大学出版社 2011 年版。

［59］ 周林彬主编：《市场经济法》，兰州大学出版社 1994 年版。

［60］ 周旺生主编：《法理学》，西安交通大学出版社 2006 年版。

［61］ 张孝烈、钟澜编著：《自然资源法新论》，四川人民出版社 1989 年版。

［62］ 吴平生、何建邦编著：《资源法导论》，中国展望出版社 1990 年版。

［63］ 肖乾刚主编：《自然资源法》，法律出版社 1992 年版。

［64］ 江伟钰、陈方林：《资源环境法研究及应用》，中国政法大学出版社 2000 年版。

［65］ 吴兴南、孙月红：《自然资源法学》，中国环境科学出版社 2004 年版。

［66］ 曹明德、黄锡生主编：《环境资源法》，中信出版社 2004 年版。

［67］ 韩德培主编：《环境保护法教程》（第八版），法律出版社 2015 年版。

［68］ 刘大炜、陈维厚主编：《蓟门法学》（第五辑），中国法制出版社 2016 年版。

［69］ 缪姝主编：《从物到人：生态正义理论下的新型城镇化道路》，光明日报出版社 2016 年版。

［70］ 张笑宇：《和平发展论》，中央编译出版社 2017 年版。

［71］ 文同爱：《国际环境法治建设与中国》，中国法制出版社 2008 年版。

［72］ 柯静嘉：《可持续发展环境下国际经济法趋势研究》，吉林人民出版社 2017 年版。

[73] 白平则：《人与自然和谐关系的构建：环境法基本问题研究》，中国法制出版社 2006 年版。

[74] 孟庆瑜、申静、李娜编著：《农村生态环境保护法律读本》，甘肃文化出版社 2009 年版。

[75] 毕元丽主编：《环境与自然资源保护法法律适用依据与实战资料》，山西教育出版社 2006 年版。

[76] 金瑞林主编：《环境与资源保护法学》，北京大学出版社 1999 年版。

[77] 官以德主编：《环境与资源保护法学》，中国法制出版社 2000 年版。

[78] 左玉辉主编：《环境社会学》，高等教育出版社 2003 年版。

[79] 陈婉玲编著：《经济法概论》（修订版），中国检察出版社 2010 年版。

[80] 朱勇主编：《中国法律》，中国政法大学出版社 2012 年版。

[81] 陈如龙主编：《中华人民共和国财政大事记》（1949—1985 年），中国财政经济出版社 1989 年版。

[82] 马歆、郭福利主编：《循环经济理论与实践》，中国经济出版社 2018 年版。

[83] 马骧聪：《环境法治：参与和见证——环境资源法学论文选集》，中国社会科学出版社 2012 年版。

[84] 常纪文、王宗廷主编：《环境法学》，中国方正出版社 2003 年版。

[85] 胡留元、冯卓慧：《夏商西周法制史》，商务印书馆 2006 年版。

[86] 王磊主编：《周秦伦理文化经典选读》，陕西师范大学出版总社 2016 年版。

[87] 蔡守秋：《生态文明建设的法律和制度》，中国法制出版社 2017 年版。

[88] 黎江虹、夏露主编：《经济法概论》（第二版），上海财经大学出版社 2011 年版。

[89] 王天义、刘清江：《我国可持续发展的自然资源价格理论研究》，中国经济出版社 2016 年版。

[90] 杨宽：《古史探微》，上海人民出版社 2016 年版。

[91] 孙非亚编著：《环境资源法律制度研究》，辽宁师范大学出版社 2007 年版。

［92］吕忠梅主编：《环境资源法》，中国政法大学出版社 1999 年版。

［93］王树义：《俄罗斯生态法》，武汉大学出版社 2001 年版。

［94］陈凤桂等主编：《基于生态修复的海洋生态损害评估方法研究》，海洋出版社 2015 年版。

［95］郑永琴主编：《资源经济学》，中国经济出版社 2013 年版。

［96］邵丽鸥主编：《生命之源——地球水资源》，吉林美术出版社 2014 年版。

［97］张艳梅：《污水治理与环境保护》，云南科技出版社 2018 年版。

［98］陈进编著：《水·环境与人》，长江出版社 2017 年版。

［99］贡力、孙文主编：《水利工程概论》，中国铁道出版社 2012 年版。

［100］佟占军等编著：《农村生态环境法律研究》，知识产权出版社 2016 年版。

［101］袁铭道编著：《美国水污染控制和发展概况》，中国环境科学出版社 1986 年版。

［102］周珂主编：《生态文明建设与法律绿化》，中国法制出版社 2018 年版。

［103］刘恩媛：《跨境环境损害防治的国际法律问题研究》，知识产权出版社 2018 年版。

［104］彭补拙等编著：《资源学导论》，东南大学出版社 2007 年版。

［105］王克强、王洪卫、刘红梅主编：《土地经济学》，上海财经大学出版社 2014 年版。

［106］杜军主编：《土地管理法学理论与实践》，成都科技大学出版社 1989 年版。

［107］南京市国土资源局编：《土地管理》，中国大地出版社 2001 年版。

［108］邹小钢主编：《国土资源管理工作创新与发展》（上卷），中国地质大学出版社 2010 年版。

［109］潘抱存：《国际环境法新论》，苏州大学出版社 2008 年版。

［110］张洪涛等：《矿产资源资产资本理论与实践》，地质出版社 2014 年版。

［111］鲁夫、宝玲、阿心编：《自然资源法讲解》，海南出版社 1996 年版。

［112］吴显庆主编：《国际公共事务管理概论》，华南理工大学出版社 2007

年版。

[113] 高兰：《冷战后美日海权同盟战略：内涵、特征、影响》，上海人民出版社 2018 年版。

[114] 白玫、朱彤编著：《新能源产业现状与发展前景》，广东经济出版社 2015 年版。

[115] 李剑玲：《低碳绿色城市发展的研究》，中国商业出版社 2015 年版。

[116] 白晓雷、王月华、张寒冰：《农林业发展与食品安全》，吉林人民出版社 2017 年版。

[117] 侯向阳主编：《中国草地生态环境建设战略研究》，中国农业出版社 2005 年版。

[118] 马英杰主编：《海洋环境保护法概论》，海洋出版社 2012 年版。

[119] 文辉：《城镇发展规划研究与实践》，中国经济出版社 2013 年版。

[120] 施文正：《施文正自选集：法学理论与实践》，内蒙古大学出版社 2017 年版。

[121] 于宜法等编著：《中国海洋基本法研究》，中国海洋大学出版社 2010 年版。

[122] 郑敬高等编著：《海洋行政管理》，中国海洋大学出版社 2001 年版。

[123] 马英杰、田其云：《海洋资源法律研究》，中国海洋大学出版社 2006 年版。

[124] 王琪等：《中国海洋管理：运行与变革》，海洋出版社 2014 年版。

[125] 张士璀、何建国、孙世春主编：《海洋生物学》，中国海洋大学出版社 2017 年版。

[126] 鲍君忠主编：《国际海事公约概论》（第二版），大连海事大学出版社 2016 年版。

[127] 黄志、李永峰、丁睿主编：《环境法学》，哈尔滨工业大学出版社 2015 年版。

[128] 秦天宝主编：《环境法——制度·学说·案例》，武汉大学出版社 2013 年版。

[129] 陈文汇：《中国野生动植物资源利用的统计体系研究》，中国统计出

版社 2007 年版。

[130] 吴宪忠、李志海主编:《森林资源管理学》,东北林业大学出版社 2005 年版。

[131] (汉) 司马迁原著,(清) 蒋善辑,党艺峰整理:《史记汇纂》,商务 印书馆 2017 年版。

[132] 杨宽:《战国史》,上海人民出版社 1955 年版。

[133] 姜涛:《曾子注译》,山东人民出版社 2016 年版。

[134] (清) 严可均辑,任雪芳审订:《全汉文》,商务印书馆 1999 年版。

[135] 宋敏求编:《唐大诏令集》,商务印书馆 1959 年版。

[136] 杨文衡:《易学与生态环境》,中国书店 2003 年版。

[137] 方宝璋:《宋代经济管理思想及其当代价值研究》,经济日报出版社 2017 年版。

[138] 王跃先主编:《林业政策与法规》,中国林业出版社 2000 年版。

[139] 魏学红、孙磊主编:《草业政策与法规》,中国农业大学出版社 2016 年版。

[140] (清) 吴楚材、吴调侯编选:《古文观止译注》(上),上海古籍出版 社 2006 年版。

[141] 朱源编著:《国际环境政策与治理》,中国环境出版社 2015 年版。

[142] 赵永聚主编:《动物遗传资源保护概论》,西南师范大学出版社 2007 年版。

[143] 张力、王洪杰主编:《林业政策法规》(林业专业),高等教育出版社 2002 年版。

[144] 石效贵主编:《实用林业管理法》,中国法制出版社 2007 年版。

[145] 樊雅丽:《新型城镇化与生态文明建设研究》,河北人民出版社 2013 年版。

[146] 刘娜等:《家园:生态多样性的中国》,商务印书馆 2018 年版。

[147] 赵登举主编:《实用森林法学》,吉林人民出版社 1987 年版。

[148] 施用海等:《循环经济与中国对外经济贸易》,中国商务出版社 2007 年版。

[149] 刘德标、祖月主编:《国际经贸组织条约惯例手册》,中国商务出版社 2005 年版。

[150] 薛达元、蒋明康:《中国自然保护区建设与管理》,中国环境科学出版社 1994 年版。

[151] 蔡守秋主编:《环境与资源保护法学》,湖南大学出版社 2011 年版。

[152] 陈志文:《文化遗产的刑法保护研究》,中国政法大学出版社 2017 年版。

[153] 徐树建主编:《世界文化与自然遗产》,山东人民出版社 2012 年版。

[154] 于海广、王巨山主编:《中国文化遗产保护概论》,山东大学出版社 2008 年版。

[155] 高振宁、徐海根主编:《中国—俄罗斯生物多样性信息管理研究》,中国环境科学出版社 2000 年版。

[156] 贾鸿雁、张天来编著:《中华文化遗产概览》,东南大学出版社 2015 年版。

[157] 王克强、赵凯、刘红梅主编:《资源与环境经济学》,复旦大学出版社 2015 年版。

[158] 刘富刚:《基于环境伦理的资源利用与环境保护》,国防工业出版社 2009 年版。

[159] 蔡守秋主编:《环境法教程》,法律出版社 1995 年版。

[160] 陈静娜、赵珍、刘洁编:《渔业经济概论》,海洋出版社 2017 年版。

[161] 中国发展研究基金会:《中国发展报告 2017:资源的可持续利用》,中国发展出版社 2017 年版。

[162] 中华人民共和国自然资源部编:《中国矿产资源报告》(2019),地质出版社 2019 年版。

[163] 常纪文:《生态文明体制改革与法治建设的理论和实践》,中国法制出版社 2019 年版。

[164] 刘娟、朱兆荣主编:《畜牧兽医行政法学》,中国农业大学出版社 2005 年版。

[165] 胡敏:《风景名胜资源产权的经济分析:以自然旅游地为例》,武汉大学出版社 2011 年版。

［166］ 洪旗等：《健全自然资源产权制度研究》，中国建筑工业出版社 2017 年版。

［167］ 陈玉秋：《水资源资产产权制度探索与创新》，中国财政经济出版社 2018 年版。

［168］ 卢风：《生态文明与美丽中国》，北京师范大学出版社 2019 年版。

［169］ 刘灿等：《我国自然资源产权制度构建研究》，西南财经大学出版社 2009 年版。

［170］ 张乃根：《法经济学：经济学视野里的法律现象》，上海人民出版社 2014 年版。

［171］ 黄少安等：《产权理论比较与中国产权制度变革》，经济科学出版社 2012 年版。

［172］ 罗薇：《协商与共赢：自然资源利用集体行动中的财产权研究》，中国政法大学出版社 2014 年版。

六、论文

［1］ 斯日吉模楞、毛培："资源型地区自然资源对经济增长影响的实证分析——基于 2000—2016 年中国重点煤炭城市样本"，载《自然资源学报》2019 年第 12 期。

［2］ 邵帅、杨莉莉："自然资源丰裕、资源产业依赖与中国区域经济增长"，载《管理世界》2010 年第 9 期。

［3］ 姜磊、柏玲、吴玉鸣："中国省域经济、资源与环境协调分析——兼论三系统耦合公式及其扩展形式"，载《自然资源学报》2017 年第 5 期。

［4］ 孙侦等："中国水土资源本底匹配状况研究"，载《自然资源学报》2018 年第 12 期。

［5］ 罗开莎、束龙仓、谭炳卿："基于循环经济的淮南采煤沉陷区水、土地、煤炭资源同步利用模式研究"，载《水利经济》2011 年第 4 期。

［6］ 杨军等："煤炭开采与水资源利用保护的耦合关系研究——基于中国 10 个煤炭资源丰裕省份的分析"，载《生态经济》2016 年第 2 期。

［7］ 王慧等："煤矿区煤炭资源与土地资源协调利用耦合关系研究以沛北煤

矿区张双楼矿为例",载《中国矿业》2016年第11期。

[8] 高兵、钟骁勇："自然资源领域高质量发展研究",载《中国矿业》2019
年第12期。

[9] 刘长生、简玉峰、陈华："中国不同省份自然资源禀赋差异对经济增长
的影响",载《资源科学》2009年第6期。

[10] 罗浩："自然资源与经济增长:资源瓶颈及其解决途径",载《经济研
究》2007年第6期。

[11] 邓木林、陈长成、朱江："广州资源环境承载力评价指标体系优化研
究",载《国土与自然资源研究》2019年第6期。

[12] 岳文泽、王田雨："资源环境承载力评价与国土空间规划的逻辑问题",
载《中国土地科学》2019年第3期。

[13] 高洁宇："基于生态敏感性的城市土地承载力评估",载《城市规划》
2013年第3期。

[14] 夏军、朱一中："水资源安全的度量:水资源承载力的研究与挑战",
载《自然资源学报》2002年第3期。

[15] 李新、石建屏、曹洪："基于指标体系和层次分析法的洱海流域水环境
承载力动态研究",载《环境科学学报》2011年第6期。

[16] 干立超、袁钧钒、童星："城市人居环境评价指标体系构建研究",载
《规划师》2016年第S2期。

[17] 黄磊昌等："基于资源与环境关系的城市绿地系统规划评价指标体系",
载《规划师》2014年第4期。

[18] "鹤壁市自然资源和规划局提升资源利用水平全面服务鹤壁市建设高
质量发展城市的若干措施(摘要)",载《鹤壁日报》2019年12月
11日,第4版。

[19] 张春雨："自然资源执法框架下法律责任的竞合问题",载《中国土
地》2019年第12期。

[20] 袁一仁、成金华、陈从喜:"中国自然资源管理体制改革:历史脉络、
时代要求与实践路径",载《学习与实践》2019年第9期。

[21] 成金华、尤喆:"'山水林田湖草是生命共同体'原则的科学内涵与实

践路径",载《中国人口·资源与环境》2019 年第 2 期。

[22] 严金明、张东昇、夏方舟:"自然资源资产管理:理论逻辑与改革导向",载《中国土地科学》2019 年第 4 期。

[23] 周宏春、江晓军:"习近平生态文明思想的主要来源、组成部分与实践指引",载《中国人口·资源与环境》2019 年第 1 期。

[24] 成金华:"自然资源管理:建设生态文明的基本任务",载《光明日报》2011 年 8 月 20 日,第 5 版。

[25] 姜大明:"全面节约和高效利用资源",载《人民日报》2015 年 12 月 8 日,第 7 版。

[26] 习近平:"推动我国生态文明建设迈上新台阶",载《资源与人居环境》2019 年第 3 期。

[27] 黄贤金:"自然资源统一管理:新时代、新特征、新趋向",载《资源科学》2019 年第 1 期。

[28] 王立彦、阴小沛:"建立'环境-经济'相关联核算模式",载《环境保护》1992 年第 10 期。

[29] 王立彦:"生态环境成本核算论略",载《统计研究》1995 年第 3 期。

[30] 杨文衡:"试论中国古代地学与自然和社会环境的关系",载《自然科学史研究》1997 年第 1 期。

[31] 雷明:"中国环境经济综合核算体系框架设计",载《系统工程理论与实践》2000 年第 10 期。

[32] 杨美丽、胡继连、吕广宙:"论水资源的资产属性与资产化管理",载《山东社会科学》2002 年第 3 期。

[33] 杨树滋、王德升:"环境审计探讨",载《审计研究》2002 年第 6 期。

[34] 徐瑜青、王燕祥、于增彪:"环境成本计划与控制的生命周期全成本法",载《上海环境科学》2003 年第 8 期。

[35] 侯元兆:"我国森林绿色 GDP 核算研究的攻关方向与核算实务前景",载《世界林业研究》2005 年第 6 期。

[36] 李翼、祝圣训:"国外环境会计发展概述",载《现代会计》2005 年第 6 期。

［37］王立彦："绿色 GDP 宏观核算与微观环境会计"，载《中国金融》2006 年第 19 期。

［38］耿建新、张宏亮："我国绿色国民经济核算体系的框架及其评价"，载《城市发展研究》2006 年第 4 期。

［39］袁广达："环境保护效益审计及其评价"，载《财会月刊》2006 年第 20 期。

［40］王立彦："环境成本的财务应对"，载《首席财务官》2007 年第 12 期。

［41］张宏亮："自然资源估价理论与方法研究——基于宏观环境会计的视角"，载《山西财经大学学报》2007 年第 3 期。

［42］袁广达："基于可持续发展的河流污染价值补偿机制研究"，载《财会通讯（学术版）》2007 年第 2 期。

［43］李慧勤："马克思恩格斯关于人与自然关系的基本思想与当代价值"，载《清华大学学报（哲学社会科学版）》2008 年第 S1 期。

［44］王曼、刘宪："资源环境责任审计邹议"，载《决策与信息（财经观察）》2008 年第 9 期。

［45］姜玉英："日本环境会计的发展及对我国的启示"，载《财务与会计》2008 年第 20 期。

［46］王立彦："企业环境负债的现实与潜在风险"，载《首席财务官》2008 年第 4 期。

［47］甘泓、高敏雪："创建我国水资源环境经济核算体系的基础和思路"，载《中国水利》2008 年第 17 期。

［48］袁广达、孙薇："环境财务绩效与环境管理绩效评价研究"，载《环境保护》2008 年第 18 期。

［49］钟念、袁广达、罗娅妮："关于环境会计主体角色的思考"，载《财会通讯》2009 年第 12 期。

［50］袁广达："绿色投资、绿色资本及其价值"，载《现代经济探讨》2009 年第 11 期。

［51］袁广达："我国应大力发展绿色投资"，载《财务与会计》2009 年第 20 期。

［52］许松涛、陈霞："环境绩效审计研究综述与展望"，载《安徽农业科学》2010 年第 35 期。

［53］张长江、陈良华、黄寿昌："中国环境审计研究 10 年回顾：轨迹、问题与前瞻"，载《中国人口·资源与环境》2011 年第 3 期。

［54］国家林业局经济发展研究中心："对生产力理论的重大发展——深入学习贯彻习近平总书记关于生态文明建设重大战略思想"，载《中国绿色时报》2014 年 11 月 4 日，第 A01 版。

［55］张宏亮、刘恋、曹丽娟："自然资源资产离任审计专题研讨会综述"，载《审计研究》2014 年第 4 期。

［56］蔡春、毕铭悦："关于自然资源资产离任审计的理论思考"，载《审计研究》2014 年第 5 期。

［57］林忠华："领导干部自然资源资产离任审计探讨"，载《审计研究》2014 年第 5 期。

［58］陈献东："开展领导干部自然资源资产离任审计的若干思考"，载《审计研究》2014 年第 5 期。

［59］马志娟、韦小泉："生态文明背景下政府环境责任审计与问责路径研究"，载《审计研究》2014 年第 6 期。

［60］王泽霞、江乾坤："自然资源资产负债表编制的国际经验与区域策略研究"，载《商业会计》2014 年第 17 期。

［61］耿建新、王晓琪："自然资源资产负债表下土地账户编制探索——基于领导干部离任审计的角度"，载《审计研究》2014 年第 5 期。

［62］李春瑜："编制自然资源资产负债表的几点思考"，载《中国财经报》2014 年 7 月 3 日，第 7 版。

［63］陶玉侠、谢志华："自然资源资产离任审计相关问题思考"，载《财会通讯》2014 年第 34 期。

［64］甘泓等："对水资源资产负债表的初步认识"，载《中国水利》2014 年第 14 期。

［65］张婷："自然资源资产离任审计定义研究"，载《铜陵学院学报》2015 年第 3 期。

[66] 马永欢、刘清春："对我国自然资源产权制度建设的战略思考"，载《中国科学院院刊》，2015 年第 4 期。

[67] 郝庆等："自然资源治理的若干新问题与研究新趋势"，载《经济地理》2019 年第 6 期。

[68] 孙鸿烈、成升魁、封志明："60 年来的资源科学：从自然资源综合考察到资源科学综合研究"，载《自然资源学报》2010 年第 9 期。

[69] 孙鸿烈、封志明："资源科学研究的现在与未来"，载《资源科学》1998 年第 1 期。

[70] 董祚继："关于新时代自然资源工作使命的思考"，载《国土资源》2018 年第 4 期。

[71] 邓玲、郝庆："国土综合整治及其机制研究"，载《科学》2016 年第 3 期。

[72] 王克林等："生态学研究支撑喀斯特区域生态环境治理与科技扶贫"，载《中国科学院院刊》2018 年第 2 期。

[73] 封志明、杨艳昭、游珍："雄安新区的人口与水土资源承载力"，载《中国科学院院刊》2017 年第 11 期。

[74] 邓伟："山区资源环境承载力研究现状与关键问题"，载《地理研究》2010 年第 6 期。

[75] 刘文政、朱瑾："资源环境承载力研究进展：基于地理学综合研究的视角"，载《中国人口·资源与环境》2017 年第 6 期。

[76] 封志明等："百年来的资源环境承载力研究：从理论到实践"，载《资源科学》2017 年第 3 期。

[77] 封志明、李鹏："承载力概念的源起与发展：基于资源环境视角的讨论"，载《自然资源学报》2018 年第 9 期。

[78] 郝庆、封志明、邓玲："基于人文—经济地理学视角的空间规划理论体系"，载《经济地理》2018 年第 8 期。

[79] 樊杰："资源环境承载力专题序言"，载《地理科学进展》2017 年第 3 期。

[80] 刘沛林："虚拟现实与旅游特色小镇的网络化呈现"，载《旅游学刊》

2018 年第 6 期。

[81] 郝庆："对机构改革背景下空间规划体系构建的思考"，载《地理研究》2018 年第 10 期。

[82] 孙鸿烈等："专家笔谈：资源环境热点问题"，载《自然资源学报》2018 年第 6 期。

[83] 赵东晓："全国高效水土保持植物资源配置与开发利用工作的成效与展望"，载《中国水土保持》2019 年第 10 期。

[84] 佟长福等："水资源高效利用实践与可持续利用对策——以鄂尔多斯杭锦旗为例"，载《中国农村水利水电》2019 年第 10 期。

[85] 周玉玺、胡继连、周霞："水资源管理制度创新：一个理论分析框架"，载《山东农业大学学报（社会科学版）》2007 年第 2 期。

[86] 钟兴："如何全面建立资源高效利用制度"，载《北京日报》2019 年 12 月 16 日，第 13 版。

[87] 何勤华、王静："采古人智慧 促生态文明——中国古代关于环境资源保护的观念与法律保护制度之启迪"，载《人民法院报》2017 年 6 月 2 日，第 5 版。

[88] 李显冬："对自然资源法治创新的思考"，载《中国自然资源报》2018 年 11 月 10 日，第 7 版。

[89] 文正邦、曹明德："生态文明建设的法哲学思考——生态法治构建刍议"，载《东方法学》2013 年第 6 期。

[90] 卢风、曹小竹："论伊林·费切尔的生态文明观念——纪念提出'生态文明'观念 40 周年"，载《自然辩证法通讯》2020 年第 2 期。

[91] 吴超："从'绿化祖国'到'美丽中国'——新中国生态文明建设 70 年"，载《中国井冈山干部学院学报》2019 年第 6 期。

[92] 郭思远、杨含："当代中国生态文明建设的现状刍议"，载《艺术科技》2019 年第 1 期。

[93] 周宏春："改革开放 40 年来的生态文明建设"，载《中国发展观察》2019 年第 1 期。

[94] "全面推进生态文明法治建设"，载《中国生态文明》2019 年第 6 期。

［95］陈德敏、梁洋熙："论生态文明视阈下中国自然资源法的完善"，载《重庆大学学报（社会科学版）》2009年第1期。

［96］马生军："推进生态法治 建设美丽中国"，载《人民论坛》2018年第14期。

［97］邓海峰："生态法治的整体主义自新进路"，载《清华法学》2014年第4期。

［98］刘慧："当代西方环境治理流派之争评析"，载《西部学刊》2014年第5期。

［99］苑银和："环境正义论批判"，中国海洋大学2013年博士学位论文。

［100］许传刚、尹丹："浅谈自然资源执法监察工作新思路"，载《国土资源》2019年第6期。

［101］吕忠梅："新时代中国环境资源司法面临的新机遇新挑战"，载《环境保护》2018年第1期。

［102］李长健、罗兴成："我国古代种质资源保护法律制度研究"，载《知识经济》2014年第9期。

［103］孟庆瑜、陈佳："论我国自然资源立法及法律体系构建"，载《当代法学》1998年第4期。

［104］李志龙："论自然资源法的基本原则"，载《山西广播电视大学学报》2008年第6期。

［105］孟庆瑜："自然资源法基本原则新探"，载《河北大学学报（哲学社会科学版）》1999年第3期。

［106］林广伦："试论自然资源法的基本原则"，载《三明学院学报》2009年第3期。

［107］王亚华："自然资源产权的制度科层理论及其应用"，载《公共管理评论》2006年第2期。

［108］施志源："生态文明背景下的自然资源国家所有权研究"，福建师范大学2014年博士学位论文。

［109］林志美："对我国自然资源权属问题的思考"，载《生态文明与环境资源法——2009年全国环境资源法学研讨会（年会）论文集》。

[110] 阮李全、任杰：“节约型社会视野下自然资源行政许可制度研究”，载《资源科学》2008年第4期。

[111] 朱清：“关于'共同但有区别'的自然资源有偿使用制度探讨”，载《国土资源情报》2017年第9期。

[112] 蔡守秋：“自然资源有偿使用和自然资源市场的法律调整”，载《法学杂志》2004年第6期。

[113] 韩卫平：“生态补偿概念的法学界定”，载《甘肃政法学院学报》2016年第2期。

[114] 张璐：“自然资源损害的法学内涵解读——以损害与权利的逻辑关联为视角”，载《华东理工大学学报（社会科学版）》2012年第4期。

[115] 竺效：“论我国'生态损害'的立法定义模式”，载《浙江学刊》2007年第3期。

[116] 冯汝：“自然资源损害之名称辨析及其内涵界定”，载《科技与法律》2013年第2期。

[117] 刘静：“略论美国自然资源损害赔偿范围”，载《河南省政法管理干部学院学报》2009年第2期。

[118] 张红振等：“环境损害评估：国际制度及对中国的启示”，载《环境科学》2013年第5期。

[119] 刘静：“论生态损害救济的模式选择”，载《中国法学》2019年第5期。

[120] 张梓太、王岚：“我国自然资源生态损害私法救济的不足及对策”，载《法学杂志》2012年第2期。

[121] 赵哲远、吴次芳、盛乐山：“论土地生态伦理及生态文明”，载《国土资源科技管理》2004年第1期。

[122] 蒋瑞雪：“俄德奥三国矿业生态保护立法的比较分析”，载《国土资源情报》2013年第12期。

[123] 张小锋、张斌：“我国中长期能源碳排放情景展望”，载《中国能源》2016年第2期。

[124] 张瑞敏、牛余凤：“生态文明视角下中国能源开发利用的法治与伦理

思考",载《社科纵横》2015年第5期。

[125] 胡德胜:"论能源法的概念和调整范围",载《河北法学》2018年第6期。

[126] 蔡守秋、王欢欢:"论中国能源法的生态化",载《时代法学》2008年第5期。

[127] 吴钟瑚:"经验与启示:中国能源法制建设30年",载《郑州大学学报(哲学社会科学版)》2009年第3期。

[128] 蔡守秋:"能源法:立法助解能源之结",载《人民法院报》2006年2月27日,第B01版。

[129] 莫神星:"探讨我国能源法的基本原则",载《资源节约型、环境友好型社会建设与环境资源法的热点问题研究——2006年全国环境资源法学研讨会论文集(二)》。

[130] 王关区、吴晶英:"草原生态文明内涵与目标的探讨",载《理论研究》2019年第2期。

[131] 荣开明:"论生态文明建设的三个基本问题",载《孝感学院学报》2011年第1期。

[132] 杨旭东、杨春、孟志兴:"我国草原生态保护现状、存在问题及建议",载《草业科学》2016年第9期。

[133] 于茜、马军:"跨区域草原生态文明共享问题研究",载《绿色科技》2017年第10期。

[134] 李毓堂:"草地立法和草地管理",载《中国草原》1985年第3期。

[135] 马林、张扬:"中国草原生态文明建设的思路及对策探讨",载《财经理论研究》2017年第6期。

[136] 徐冰:"我国海洋资源开发存在的主要问题及对策研究",载《中国太平洋学会海洋维权与执法研究分会2016年学术研讨会论文集》。

[137] 徐军、王洪杰:"国外保护野生动物法规简介",载《野生动物》1989年第4期。

[138] 王昱、李嫒辉:"美国野生动物保护法律制度探析",载《环境保护》2015年第2期。

［139］周孜予、马晓伟："日本、美国、瑞典森林法框架及启示"，载《世界林业研究》2016 年第 5 期。

［140］张一鸣："中国水资源利用法律制度研究"，西南政法大学 2015 年博士学位论文。

［141］吴真："美国森林法评析"，载《环境保护》2012 年第 5 期。

［142］戎郁萍、白可喻、张智山："美国草原管理法律法规发展概况"，载《草业学报》2007 年第 5 期。

［143］杨振海等："美国草原保护与草原畜牧业发展的经验研究"，载《世界农业》2015 年第 1 期。

［144］囡丁、徐百志："国外草原畜牧业发展经验与启示"，载《中国畜牧业》2012 年第 17 期。

［145］谭柏平："我国海洋资源保护法律制度研究"，中国人民大学 2007 年博士学位论文。

［146］时彦民、左玲玲、陈会敏："加拿大草原管理启示"，载《中国牧业通讯》2006 年第 1 期。

［147］肖国兴："《能源法》与中国能源法律制度结构"，载《中州学刊》2010 年第 6 期。

［148］姜渊、李明华："自然资源法法律关系的法理学重构"，载《河北科技大学学报（社会科学版）》2013 年第 2 期。

［149］朱凌珂："美国自然资源损害赔偿范围制度及其借鉴"，载《学术界》2018 年第 3 期。

［150］王树义、刘静："美国自然资源损害赔偿制度探析"，载《法学评论》2009 年第 1 期。

［151］刘晓华："美国自然资源损害赔偿制度及对我国的启示"，载《法律适用》2020 年第 7 期。

［152］李闽："自然资源法治建设应妥善处理'三对关系'"，载《中国自然资源报》2019 年 12 月 16 日，第 7 版。

［153］曹洪军、李昕："中国生态文明建设的责任体系构建"，载《暨南学报（哲学社会科学版）》2020 年第 7 期。

七、辞典、百科类

[1] 朱贻庭主编:《伦理学大辞典》,上海辞书出版社 2002 年版。

[2] 中国社会科学院经济研究所编:《现代经济辞典》,凤凰出版社、江苏人民出版社 2005 年版。

[3] 曾庆敏主编:《精编法学辞典》,上海辞书出版社 2000 年版。

[4]《新编实用法律辞典》编委会编:《新编实用法律辞典》,中国检察出版社 1998 年版。

[5] 金炳华主编:《马克思主义哲学大辞典》,上海辞书出版社 2003 年版。

[6] 余源培主编:《邓小平理论辞典》,上海辞书出版社 2004 年版。

[7] 祝光耀、张塞主编:《生态文明建设大辞典》(第二册),江西科学技术出版社 2016 年版。

[8]《环境科学大辞典》编辑委员会编:《环境科学大辞典》,中国环境科学出版社 1991 年版。

[9] 邹瑜、顾明主编:《法学大辞典》,中国政法大学出版社 1991 年版。

[10] 杨宇光主编:《联合国辞典》,黑龙江人民出版社 1998 年版。

[11] 计翔翔主编:《联合国知识词典》,杭州出版社 2000 年版。

[12] 黄汉江主编:《投资大辞典——谨献给中华人民共和国成立 40 周年!》,上海社会科学院出版社 1990 年版。

[13]《中国方志大辞典》编辑委员会编:《中国方志大辞典》,浙江人民出版社 1988 年版。

[14] 邵伯定等编:《简明环境法辞典》,中国展望出版社 1989 年版。

[15] 江伟钰、陈方林主编:《资源环境法词典》,中国法制出版社 2005 年版。

[16]《中国资源科学百科全书》编辑委员会编:《中国资源科学百科全书》(上),中国大百科全书出版社、石油大学出版社 2000 年版。

[17] 中国大百科全书出版社编辑部编:《中国大百科全书》(法学),中国大百科全书出版社 1984 年版。

[18] 李伟民编著:《法学辞源》,黑龙江人民出版社 2002 年版。

[19] 罗肇鸿、王怀宁主编:《资本主义大辞典》,人民出版社 1995 年版。